# Ciencias de la Naturaleza

2

## Ciencias Aplicadas



Raúl Aguilera
Elena Díez
Xabier Bachero
Marta Ros
Geli Peña
Marta Balbás
Máximo Ángel Mata
Raquel Rueda

macmillan education

Todas las actividades de este libro deben realizarse en un cuaderno, nunca en el propio libro.

# ÍNDICE

# CÓMO SE USA

## Estructura de la unidad

### Desarrollo de los contenidos

En la página de inicio podrás conocer el **sumario,** que muestra los contenidos desarrollados en la unidad y las **técnicas de trabajo** correspondientes.

Los contenidos se presentan desarrollados de forma clara y sencilla, acompañados de **ejemplos, actividades resueltas** e **infografías,** que te facilitarán su comprensión.

Asimismo se incluye gran cantidad de **actividades propuestas** para que puedas comprobar tu aprendizaje.

Además se aporta información adicional destacada:

Sabías que    Vocabulario    Ampliación

### Páginas finales

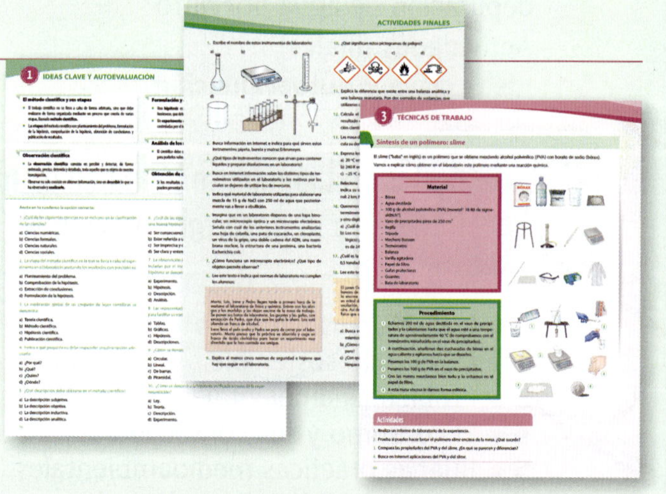


Todas las unidades didácticas terminan con:

- **Técnicas de trabajo,** con procedimientos explicados paso a paso, para que puedas aplicarlos de forma práctica en tu aprendizaje.
- **Actividades finales,** cuyo objetivo es comprobar que has adquirido los conocimientos expuestos en la unidad.
- **Ideas clave** y **Autoevaluación,** resumen de los principales contenidos y preguntas tipo test para comprobar lo que has aprendido.

## Proyectos finales y Anexo

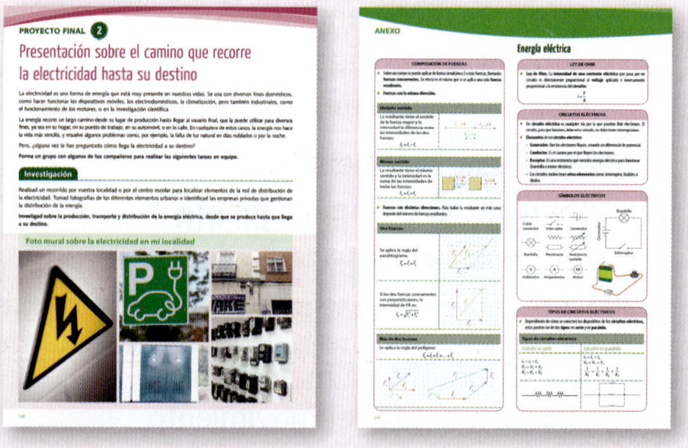


El libro finaliza con:

- Tres **proyectos** con los que aplicarás los conocimientos adquiridos en este módulo en un entorno laboral o en la vida cotidiana.
- **Anexo,** donde se incluyen contenidos adicionales.

Unidad 1

# El método científico

## SUMARIO

- La ciencia y los científicos
- Concepto de método científico
- Observación científica
- Formulación y comprobación de hipótesis
- Conclusiones y publicación de resultados

## TÉCNICAS DE TRABAJO

- El método científico y la oxidación del hierro

# 1 • La ciencia y los científicos

La **ciencia** es una actividad que se caracteriza por la búsqueda de conocimiento sobre un determinado fenómeno.

Se puede realizar una clasificación de las ciencias en **ciencias formales,** como la lógica y las matemáticas; **ciencias naturales,** como la física, la química, la biología, etc.; y **ciencias sociales,** como la historia, la economía, la sociología, etc.

Los **científicos** son profesionales que buscan dar respuesta a una serie de interrogantes que surgen de la necesidad de comprender un hecho. Por ejemplo, en la actualidad los físicos se preguntan qué es la materia oscura del universo e intentan buscar una explicación científica de este hecho.

Los científicos trabajan habitualmente en **instituciones científicas,** como las universidades y centros de investigación. Normalmente, estas instituciones desarrollan sus líneas de investigación con fines sociales o medioambientales.

Los científicos **divulgan los resultados** de sus investigaciones mediante su publicación.

En el trabajo científico se utilizan dos tipos diferentes de razonamientos (Ejemplo 1):

- **Razonamiento inductivo:** a partir de premisas u observaciones particulares, se extraen conclusiones generales.
- **Razonamiento deductivo:** a partir de un enunciado general o universal se extraen conclusiones particulares.

**Ejemplo 1**

- **Razonamiento inductivo:** he ido al cine varios domingos y estaba lleno; luego los domingos el cine siempre está lleno.
- **Razonamiento deductivo:** todos los objetos son atraídos hacia la Tierra por la fuerza de la gravedad; por tanto, si dejo un objeto suelto en el aire, caerá hacia el suelo.

Desde la antigua Grecia, a lo largo de la historia, los científicos han utilizado ambos tipos de razonamientos para formular las leyes y teorías científicas:

- **Método deductivo:** utilizado, entre otros, por **Arquímedes, Pitágoras, Platón, Leibniz** o **Descartes,** que partían de la existencia en nuestra mente de unos principios generales que rigen la naturaleza, a partir de los cuales era posible deducir la realidad.
- **Método inductivo:** otros científicos, como **Aristóteles, Francis Bacon, Galileo, Newton, Locke,** etc., en sus investigaciones partían de observaciones individuales, a partir de las cuales elaboraban teorías generales.

**Galileo Galilei y el método inductivo ?**

Galileo Galilei (1564-1642) fue el primer científico de la historia. En sus investigaciones utilizó el método inductivo.

Galileo observó que, al dejar caer una esfera de madera y otra de hierro desde la misma altura, llegaban al mismo tiempo al suelo. Así, extrajo la conclusión general de que la aceleración de caída es la misma para ambos objetos, independientemente de su masa.

**Alber Einstein y el método deductivo ?**

Albert Einstein utilizó el método deductivo para formular su teoría de la relatividad. Partiendo de razonamientos matemáticos, puramente teóricos, llegó a unas conclusiones que parecían contradecir lo que se podía observar en la realidad.

A partir de esta formulación teórica realizó predicciones, que luego se demostraron correctas mediante diversos experimentos y observaciones.

## Actividades

1. Busca en la biblioteca o en Internet las biografías de los siguientes científicos: Isaac Newton, Marie Curie, Severo Ochoa, Lise Meitner y Margarita Salas. ¿En qué rama científica destacó cada uno de ellos? ¿Qué método aplicaban a sus investigaciones: deductivo o inductivo?

## 2 • Concepto de método científico

El objeto de estudio de la ciencia es tratar de descubrir las leyes que rigen la naturaleza y los seres vivos. Para llevar a cabo esta tarea, los científicos observan fenómenos físicos y químicos, y realizan experimentos. Pero el trabajo científico no se lleva a cabo de forma arbitraria, sino que debe realizarse de forma organizada mediante un proceso que consta de varias etapas, llamado **método científico.**

**Etapas del método científico**

**PLANTEAMIENTO DEL PROBLEMA**

- Analizar y observar con atención el fenómeno.

**FORMULACIÓN DE LA HIPÓTESIS**

- Plantear una explicación provisional del fenómeno observado y de sus posibles causas.

**COMPROBACIÓN DE LA HIPÓTESIS**

- Planificar un experimento para intentar dar solución a la hipótesis.
- Ejecutar el experimento en el laboratorio anotando los resultados con precisión.
- Analizar los resultados y comprobar si la hipótesis es cierta. En caso contrario, emitir una nueva y volver a experimentar.

**OBTENCIÓN DE CONCLUSIONES**

- Enumerar las conclusiones a las que se ha llegado.

**PUBLICACIÓN DE LOS RESULTADOS**

- Redactar un informe científico y difundirlo en distintos medios (jornadas, congresos, revistas científicas, etc.)

1 Para la comprobación de la hipótesis, normalmente es necesario ejecutar el experimento en un laboratorio.

### Ejemplo 2

A continuación vamos a poner un ejemplo de aplicación de las etapas del método científico.

- **Formulación de la hipótesis:** el agua salada conduce la corriente eléctrica, ya que en ella hay iones libres de la sal que actúan como portadores de la electricidad.
- **Comprobación de la hipótesis:** montamos un circuito eléctrico con una pila (generador), cables eléctricos y una bombilla. Primero cerramos el circuito con la sal (es decir, ponemos en contacto los extremos de los cables con la sal) y comprobamos que no se enciende la bombilla; por tanto, la sal no conduce la corriente eléctrica. A continuación comprobamos si el agua pura es una sustancia que conduce la corriente eléctrica. Cerramos el circuito con el agua y observamos que la bombilla no se enciende.
  Para terminar, echamos la sal en el agua, agitamos y cerramos el circuito con el agua salada. Observamos que en este caso la bombilla sí se enciende.
- **Análisis de los resultados:** ni la sal ni el agua conducen la corriente eléctrica. En cambio, la sal disuelta en agua sí conduce la corriente eléctrica.
- **Obtención de conclusiones:** los compuestos iónicos conducen la electricidad si están disueltos en agua.

# 3 • Observación científica

El primer paso que debe dar todo investigador es observar detalladamente la realidad y hacerse preguntas sobre lo que observa, planteándose problemas que deberá ir solucionando a lo largo de la investigación.

La **observación científica** consiste en percibir y detectar, de forma ordenada, precisa, detenida y detallada, todo aquello que es objeto de nuestra investigación.

La observación científica debe ser **objetiva,** es decir, no debe estar sujeta a los criterios personales del investigador. Aunque utilizamos el término "observación", quizás sería más correcto hablar de obtención de información, pues para esta tarea no solo se utiliza la vista, sino todos los sentidos: la observación científica también se puede llevar a cabo a través del oído, el olfato, el gusto o el tacto. Por otro lado, la labor de investigación requiere documentar las observaciones realizadas, por lo que será necesario tomar todo tipo de notas, realizar dibujos y esquemas, tomar fotografías, hacer grabaciones, etc.

**Instrumentos científicos** +

Los órganos de los sentidos del ser humano tienen ciertas limitaciones.

Por ello, se han desarrollado diversos instrumentos científicos de observación (telescopio, microscopio, etc.) y de medida (báscula, regla, cronómetro, etc.), que nos sirven de ayuda para llevar a cabo nuestras investigaciones.

## Descripción y análisis

Observar no solo consiste en obtener información, sino en describir lo que se ha observado y analizarlo.

**Describir** implica detallar las características de lo observado (sea una persona, un espacio o un fenómeno). Consiste en representar algo con palabras, indicando sus distintas partes, modalidades o circunstancias.

Una descripción adecuada debe responder a las preguntas **¿qué?, ¿quién?, ¿cómo?, ¿cuándo?, ¿cuánto?** o **¿dónde?,** pero nunca a la pregunta ¿por qué?, ya que en una descripción los motivos no son importantes.

A la hora de realizar una descripción, se puede hacer de forma **objetiva,** sin incluir opiniones o valoraciones propias, o **subjetiva,** añadiendo a la descripción las valoraciones o impresiones que provoca el elemento observado. En el método científico no debe utilizarse la descripción subjetiva.

**Analizar** supone descomponer un elemento en las partes que lo integran, para observar detenidamente cada una de estas y determinar las relaciones existentes entre ellas y con el total.

**Ejemplo 3**

- **Descripción:** explicar los comportamientos de un grupo de animales en su medio natural.
- **Análisis:** el estudio de una muestra sanguínea implica valorar cada uno de sus componentes y determinar el significado de los valores, tanto por separado como conjuntamente.

## Actividades

2. Busca imágenes de una célula de la sangre y de la epidermis de la cebolla vistas a través de un microscopio y describe en cada caso sus características (color, forma, etc.).

3. Imagina un objeto cualquiera y señala tres de sus características mediante el método descriptivo y otras tres características mediante el método analítico.

4. Señala tres ventajas que tiene, en la vida diaria, el saber observar científicamente.

## 4 • Formulación de la hipótesis

Una vez que se ha delimitado el problema mediante la observación, el siguiente paso que debe dar el científico es buscar una explicación, una causa para ese fenómeno. Es decir, en esta etapa tiene que hacerse una nueva pregunta: **¿por qué?** A partir de sus conocimientos previos sobre el objeto de estudio y de la **información** que haya buscado por diversos medios, el investigador propone unas primeras soluciones al problema planteado, es decir, formula su hipótesis.

Una **hipótesis** es una suposición acerca de las causas de un problema o fenómeno, que debe ser verificada mediante la experimentación.

| Características que debe cumplir una hipótesis |
|---|
| Ser consecuencia de una observación cuidadosa. |
| Ser clara y entenderse perfectamente. |
| Ser precisa y detallada. |
| Ser comprobable experimentalmente. |
| Estar referida a un problema real. |
| Constar de variables precisas y concretas con una relación lógica entre ellas. |

**Búsqueda de información**

Antes de formular una hipótesis, los científicos deben obtener toda la información posible sobre el objeto de estudio, ya que es muy posible que otros investigadores hayan podido realizar experimentos sobre la misma materia antes que ellos.

Para ello pueden acudir a diversa bibliografía, revistas especializadas, bases de datos y, cada vez más, a información contenida en Internet.

### Ejemplo 4

En una empresa en la que se elaboran cosméticos, se fabrica una crema hidratante para las manos. Al analizar el lote de control, se observa que se trata de una crema excesivamente líquida que no adquiere la consistencia deseada.

Debido a que uno de los principales agentes formadores de las cremas hidratantes son los emulsionantes, se plantea la siguiente hipótesis para tratar de explicar el resultado: en el lote de control no se ha añadido este aditivo o el que se ha empleado no tiene las especificidades óptimas para su uso (por ejemplo, puede estar caducado).

Esta hipótesis no aporta una solución al problema que ha surgido, ya que no se especifican las condiciones en las que se ha obtenido ese lote de control, por lo que sería necesario que la hipótesis recogiera más datos sobre el proceso, para así poder realizar experimentos que traten de dar respuesta a la hipótesis planteada o permita diseñar una nueva.

## Actividades

5. Señala cuáles de estas características debe tener una hipótesis: verificable, empírica, ilógica, irreal, precisa, contraria a las leyes, clara, subjetiva e irrefutable.

6. Un grupo de científicos propone la necesidad de añadir una determinada cantidad de abono nitrogenado a un cultivo de patatas para mejorar la producción de este alimento. Después de varias pruebas de laboratorio se obtienen resultados positivos en dos variedades de patatas. El resultado se publica y se comercializan las dos variedades. ¿Cuál es la hipótesis que se plantean los científicos?

## 5 • Comprobación de la hipótesis

Una vez que se ha enunciado una hipótesis, el siguiente paso será la comprobación de su veracidad mediante el experimento correspondiente.

**El control de las pruebas**

Para que una investigación sea científicamente correcta, es muy importante realizar un exhaustivo control de las variables que se analizan. Por ello, se utilizan con frecuencia los denominados "blancos" o grupos de control, que sirven para valorar adecuadamente los resultados obtenidos.

Por ejemplo, cuando se prueba un medicamento, los individuos que participan en la investigación pertenecientes al grupo de control reciben un placebo o medicamento falso (que no produce efecto alguno), mientras otro grupo recibe un medicamento real, sin que los participantes sepan a qué grupo pertenecen.

Además, las investigaciones deben realizarse en ambientes controlados al detalle, ya que cualquier variable que no sea controlada puede anular la validez de la investigación.

Un **experimento** es la observación repetida de un fenómeno, en condiciones controladas para comprobar la validez de una hipótesis.

| Características que debe cumplir un experimento |
|---|
| Ser posible de realizar y adecuado a la hipótesis que trata de verificar. |
| Ser repetible por cualquier persona, con los medios necesarios. |
| Ser sencillo de llevar a cabo. |
| Ser claro e incluir variables y elementos de control definidos. |
| Ser sencillo a la hora de valorar los resultados. |

**Ejemplo 5**

Para tratar de dar una explicación al problema planteado en el Ejemplo 4 es necesario realizar una serie de pruebas experimentales en el laboratorio.

Partimos de la hipótesis de que el emulsionante que ha producido el problema en el lote de control de las cremas de manos está caducado.

Se sabe además que la mezcla de los ingredientes de la crema de manos se ha realizado a una temperatura de 80 °C, y que se deja enfriar hasta 35 °C para añadir por último el emulsionante.

Se van a producir dos lotes de control en los que se incluirán los ingredientes habituales de la crema y emulsionante en una proporción correcta, y otro lote con productos caducados mezclados en la misma proporción. Para realizar el experimento se lleva a cabo el siguiente proceso:

En el primer lote, de cinco muestras, se añaden todos los ingredientes habituales y se utiliza una disolución al 50% de emulsionante con agua destilada.

En el segundo lote, también de cinco muestras, se añaden todos los ingredientes habituales y se utiliza una disolución al 50% de emulsionante caducado con agua destilada.

Una vez que las muestras han alcanzado la temperatura ambiente, si la hipótesis planteada es correcta, aquellas muestras que se hayan preparado con el emulsionante caducado no deberían tener la textura óptima de cremosidad característica de este producto.

### Actividades

7. ¿Qué crees que significa la expresión "la experiencia es la madre de la ciencia"? Justifica tu respuesta.

8. Diseña un experimento para comprobar esta hipótesis: "el agua hierve a 100 °C".

# 6 • Análisis de los resultados

En esta fase, el científico debe ordenar los datos obtenidos en la fase de experimentación y representarlos gráficamente, para poderlos valorar. Para esta tarea, son muy útiles las **tablas** y las **gráficas.**

## Tablas

Para analizar los datos (individualmente y en su conjunto) es conveniente agruparlos en tablas, que permiten observar y comparar de un vistazo todos estos datos. Por regla general, en un experimento se modifica una variable y se observa cómo varía otra, manteniendo constantes todas las demás.

- La variable que se modifica, a juicio del experimentador, se denomina **variable independiente.**
- La variable que se modifica al modificar la variable independiente se denomina **variable dependiente.**

Generalmente, los datos de la variable independiente se sitúan en la primera columna y los de la variable dependiente en la siguiente.

## Gráficas

Las **gráficas** son representaciones de los datos numéricos de forma visual, lo que facilita su comprensión y comparación.

Existen múltiples tipos de gráficas. Las más utilizadas son la **gráfica lineal,** la **de barras** (histograma) y la **de sectores** (circular). En todo caso, antes de utilizar un tipo de gráfica debe valorarse que sea el más adecuado para comparar los datos que se estén analizando.

### Ejemplo 6

Una librería vende libros por Internet al precio de 4 € por libro, más 3 € de gastos de envío, para cualquier número de libros comprados. Consideramos la función que relaciona el número de libros con el precio.

1 libro $\rightarrow 4 + 3 = 7$ €

2 libros $\rightarrow 8 + 3 = 11$ €

Etc.

Para analizar los datos, los recogemos en una tabla:

| Variable independiente | Variable dependiente |
|---|---|
| Libros vendidos | Precio total (€) |
| 1 | 7 |
| 2 | 11 |
| 3 | 15 |
| 4 | 19 |
| 5 | 23 |
| 6 | 27 |

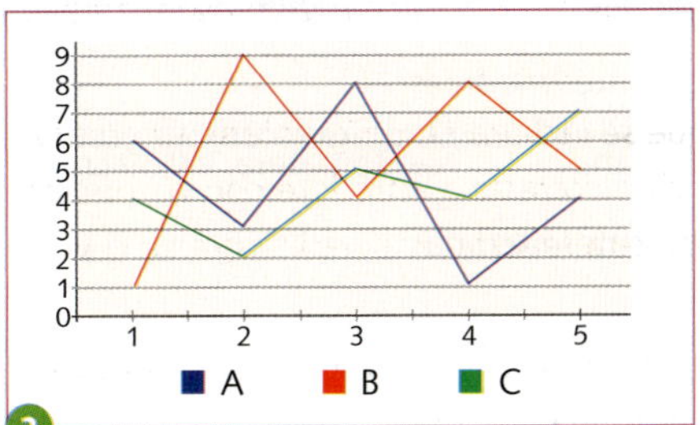


2 Gráfica lineal.

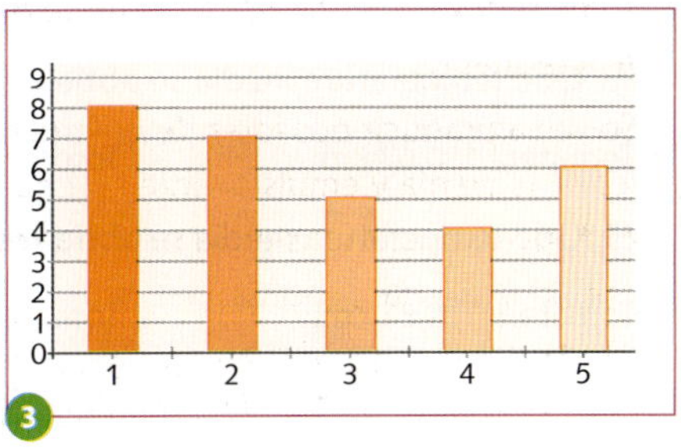

3 Gráfica de barras.

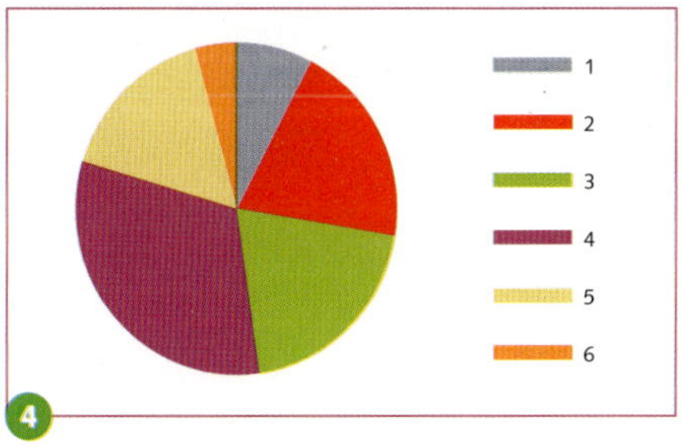

4 Gráfica de sectores.

## Actividades

9. Se realiza un estudio en una heladería sobre los sabores más vendidos y se obtienen los resultados de la tabla siguiente:

| Variable independiente ($x$ = sabores) | Chocolate | Nata | Fresa | Vainilla | Otros |
|---|---|---|---|---|---|
| Variable dependiente ($y$ = unidades) | 12 | 3 | 8 | 20 | 6 |

Representa los datos en un gráfico de barras e interprétalo.

10. En grupos de tres alumnos llevad a cabo el siguiente experimento:

a) Medid la temperatura ambiente en vuestra ciudad durante una semana. Realizad la medición tres veces al día (7 a. m., 12 a. m. y 9 p. m.).

b) Ordenad los datos recogidos en una tabla, representadlos en una gráfica (eligiendo el tipo más adecuado) y analizad su evolución a lo largo de esa semana.

## 7 • Obtención de conclusiones

**Validez de las teorías científicas** +

Existen teorías científicas que son consideradas válidas por la comunidad científica durante un largo periodo de tiempo.

La teoría geocéntrica (la Tierra como centro del universo) formulada por Ptolomeo en el siglo II, es un claro ejemplo. Hasta el siglo XVI estuvo en vigor, y gracias a los avances científicos de la época se sustituyó por la teoría heliocéntrica (el Sol como centro del universo) formulada por Copérnico.

A partir de los datos obtenidos en la experimentación y de su análisis detallado, el científico puede sacar conclusiones sobre el problema o fenómeno estudiado.

Este es el momento de plantearse la pregunta: **¿La hipótesis es correcta?**

- **Si los resultados no verifican la hipótesis:** habrá que revisar cada uno de los pasos anteriores en busca de algún fallo o de algún aspecto que no se haya tenido en cuenta. En último caso, si todo está correcto, habrá que desechar la hipótesis y comenzar de nuevo desde el principio.
- **Si los resultados confirman la hipótesis:** se formulan las conclusiones, que pueden presentar la forma de **leyes** y **teorías.**

Por tanto, cuando los datos experimentales verifican la hipótesis, se pasa a formular una idea general que sirva como conclusión de la investigación. Esa hipótesis verificada a través de la experimentación se denomina **ley,** y a menudo se expresa mediante ecuaciones matemáticas.

Pero la labor del científico no termina ahí, sino que trata de generalizar sus observaciones, estableciendo nuevas hipótesis relacionadas, cuyo resultado serán otras leyes.

El conjunto de todas las leyes relacionadas entre sí se denomina **teoría científica.**

### Actividades

11. En un experimento con plantas de tomate se mantienen idénticas todas las condiciones a excepción de la temperatura. El crecimiento semanal de tres tomateras a 15 °C de temperatura media ha sido el siguiente:

- Tomatera 1: 0,53 cm.
- Tomatera 2: 0,57 cm.
- Tomatera 3: 0,58 cm.

A 20 °C de temperatura media se obtienen las siguientes medidas:

- Tomatera 1: 0,67 cm.
- Tomatera 2: 0,69 cm.
- Tomatera 3: 0,69 cm.

A 25 °C de temperatura media se obtienen las siguientes medidas:

- Tomatera 1: 0,81 cm.
- Tomatera 2: 0,83 cm.
- Tomatera 3: 0,84 cm.

a) ¿Cuál crees que será la hipótesis de este experimento?
b) ¿Cuál es la variable independiente? ¿Y la variable dependiente?
c) Representa los datos en una tabla y mediante una gráfica.
d) Analiza los datos obtenidos. ¿Se verifica la hipótesis inicial en la que has pensado?

12. Se ha observado que la población de mosquitos es mucho mayor en verano y se cree que la causa de este fenómeno es el incremento de temperatura, que hace que los mosquitos se reproduzcan más.

a) Diseña un experimento para intentar demostrar esta hipótesis e indica cuáles son las diferentes variables.
b) Inventa unos datos y, a partir de ellos, elabora una tabla y una gráfica lineal.
c) Interpreta los resultados e indica si la hipótesis es correcta o no.

13. ¿Podrías citar dos casos, a lo largo de la historia, en los que una teoría científica ha sustituido a otra? Busca información en Internet.

## 8 • Publicación de los resultados

Una vez que se han obtenido las conclusiones de la investigación realizada, el último paso es la **publicación de los resultados.**

La publicación debe llevarse a cabo por escrito en un documento que se conoce como **artículo científico,** informe de investigación o comunicado científico.

Este documento detalla cada uno de los pasos que se han realizado para conseguir los resultados, con objeto de que cualquier investigador pueda repetirlo y comprobar que las conclusiones, leyes o teorías son acertadas.

Los artículos tendrán un título claro y se evitará que sea excesivamente largo. En la tabla siguiente se muestran las partes fundamentales de un artículo científico:

| Partes de un artículo científico | |
|---|---|
| Introducción | Se debe exponer el tema objeto de la investigación (la hipótesis), así como la justificación de su elección y su importancia. |
| Material y métodos | Características del material objeto de la investigación, especificando el criterio de selección de las particularidades de la muestra. Asimismo, se expondrá el plan de investigación y las técnicas empleadas. |
| Resultados | Incluye los datos obtenidos, recogidos de forma ordenada en tablas, gráficos, etc., y un adecuado tratamiento matemático de estos. |
| Discusión | Análisis comparativo entre los datos obtenidos y los de otras experiencias anteriores. |
| Conclusiones | Resume los elementos más relevantes del trabajo, confirmando o refutando la hipótesis inicial planteada en la Introducción. |
| Bibliografía | Mención ordenada de las publicaciones consultadas a lo largo de la investigación: webs, revistas, libros, etc. |

La difusión de los resultados de la investigación puede realizarse a través de diferentes tipos de publicaciones: comunicaciones en congresos, artículos en revistas especializadas, libros, monografías, etc. Cada vez tienen más importancia las **publicaciones electrónicas.**

En la actualidad, el principal instrumento de divulgación de la información científica son las **revistas científicas.** Las revistas más prestigiosas en este campo (*Nature*, *Science*, *Cell*, etc.) se publican en **inglés,** lo que permite a toda la comunidad científica acceder a su contenido.

Para lograr publicar un artículo en una revista especializada, este debe ser sometido al dictamen de un comité de expertos en la materia, que valoran la calidad y novedad del trabajo presentado.

### Actividades

14. A partir de la siguiente observación: "las flores se secan al cortarlas", formad grupos de tres y llevad a cabo una investigación al respecto. Para ello, tenéis que seguir todas las fases del método científico: planteamiento del problema, búsqueda de información, formulación de una hipótesis, comprobación de la hipótesis mediante un experimento, análisis de los resultados, elaboración de conclusiones y publicación de los resultados. Comparad los resultados con los otros grupos.

## El método científico y la oxidación del hierro

Habrás observado que algunos metales, como el hierro, que están a la intemperie se oxidan. El hierro se oxida en contacto con el oxígeno de la atmósfera y se transforma en óxido de hierro (llamado herrumbre u orín), una sustancia de color pardo-rojizo.

¿Qué factores favorecen la oxidación del hierro? Vamos a dar respuesta a esta pregunta aplicando el método científico.

### 1 Observación y planteamiento del problema

Parece evidente que el hierro se oxida si está en contacto con el oxígeno y el vapor de agua de la atmósfera. Pero hay otros factores que, sumados a la acción del oxígeno, como el agua, la sal, etc., hacen que el hierro se oxide más rápidamente.

La cuestión que debes responder es la siguiente: ¿el hierro solo se oxida en contacto con el oxígeno o hay otros factores que favorecen su oxidación?

### 2 Hipótesis

Si hay otros factores que, sumados a la acción del oxígeno, favorecen la oxidación del hierro, en presencia de estos la oxidación del hierro será más rápida.

### 3 Diseño experimental

Para comprobar la veracidad de esa hipótesis diseñamos el siguiente experimento:

1. Ponemos un clavo en una placa de Petri y la tapamos. Rotulamos esta placa con el número 1.
2. Ponemos un clavo en una placa de Petri abierta. Rotulamos esta placa con el número 2.
3. Ponemos el tercer clavo en otra placa de Petri con agua destilada. Rotulamos esta placa con el número 3.
4. Ponemos el cuarto clavo en otra placa de Petri con agua destilada y sal. Rotulamos esta placa con el número 4.
5. Dejamos las placas de Petri con los clavos cinco días.

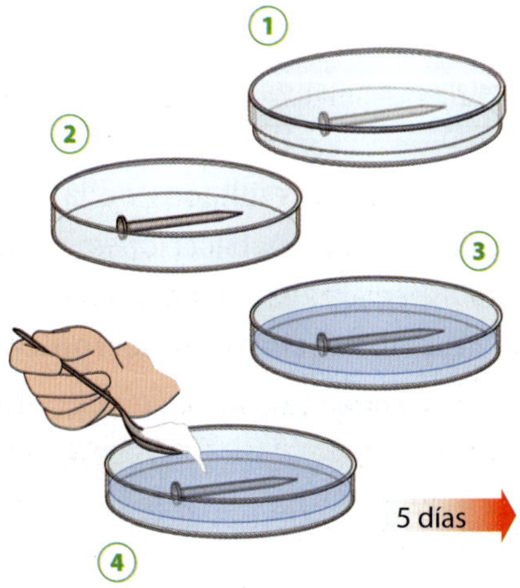


## Actividades

1. En grupos de tres, realizad el experimento propuesto en esta técnica de trabajo, y completad las fases que faltan:

a) **Búsqueda de información:** buscad bibliografía, en Internet o en la biblioteca, sobre los factores que afectan a la oxidación del hierro.
b) **Obtención de datos:** durante cinco días, si es posible a la misma hora, observad las placas y anotad lo que sucede en cada una.
c) **Análisis de los resultados:** recoged toda la información obtenida en una tabla y representad los datos en un gráfico de barras. ¿En qué placa la oxidación del hierro es más rápida?
d) **Elaboración de las conclusiones:** ¿a qué conclusión habéis llegado? ¿Se ha verificado la hipótesis inicial? Podéis repetir el experimento con otras variables, como por ejemplo sumergir un clavo en aceite y sumergir otro clavo en vinagre o en cualquier otro medio ácido.

1. ¿Para qué sirve el método científico?
2. En grupos, organizad un debate en clase sobre la importancia de la investigación científica en nuestra sociedad. Para ello, primero identificad los diversos campos en los que repercute (salud, tecnología, medio ambiente, etc.) y, después, exponed vuestros argumentos de forma estructurada y ordenada.
3. ¿Qué preguntas se deben contestar con la observación científica y cuáles no?
4. Para realizar la observación científica normalmente se deben utilizar una serie de instrumentos como el microscopio o el telescopio, y aparatos de medida como la báscula, la regla y el cronómetro. En grupos de tres o cuatro alumnos, buscad en Internet información sobre qué son y cómo funcionan los anteriores aparatos.
5. Señala si son verdaderas o falsas las siguientes afirmaciones. En caso de no ser ciertas, corrígelas.
   a) La observación científica consiste solo en mirar detenidamente un fenómeno.
   b) La labor del investigador requiere documentar sus observaciones.
   c) Una descripción adecuada requiere contestar solo a tres preguntas: ¿qué?, ¿cómo?, ¿dónde?
   d) En una descripción lo más importante es responder a la pregunta ¿por qué?
   e) En el método científico se pueden hacer descripciones objetivas y subjetivas.
6. ¿Qué es una hipótesis en el método científico? ¿Qué importancia tiene?
7. Julia está observando células con un microscopio en clase de Biología. En su cuaderno de laboratorio apunta la siguiente frase: "las células tienen forma regular y son muy bonitas". ¿Te parece acertada la frase? Justifica tu respuesta.
8. Ordena correctamente las etapas del método científico: obtención de conclusiones, publicación de resultados, formulación de la hipótesis, planteamiento del problema y comprobación de la hipótesis.
9. ¿Qué es más importante a la hora de diseñar un experimento: que haya muchas variables o que haya muchas circunstancias constantes? Argumenta tu respuesta.
10. En el método científico, ¿qué es la descripción? ¿Y el análisis?
11. ¿Sabes por qué se utilizan las gráficas en la representación de datos? ¿Qué tipos de gráficas conoces?
12. Al analizar los resultados de un experimento, resultan útiles dos herramientas. ¿Cuáles son? ¿Qué características tienen?
13. Dejas caer una pelota desde diversas alturas y anotas el tiempo que tarda en caer: 2 m / 0,63 s; 3 m / 0,78 s; 4 m / 0,89 s; 5 m / 1 s. Elabora una tabla para recoger esas mediciones y represéntalas en una gráfica lineal.
14. Menciona el tipo de factores o variables que pueden influir en el resultado de un experimento.
15. Un día, al presionar el botón de encendido del mando a distancia del televisor, este no funciona. Repites la operación cinco veces más sin resultados positivos. Aplica el método científico para resolver el problema:
    a) ¿Qué ocurre con el televisor?
    b) ¿Cuál puede ser la causa de que el control remoto no funcione?
    c) Formula varias hipótesis que expliquen lo sucedido.
    d) ¿Qué experimento plantearías para comprobar qué hipótesis es correcta?
    e) Si, tras llevar a cabo el experimento, el televisor se enciende, ¿cuál sería la conclusión?
    f) ¿Qué deberías hacer si después del experimento el televisor sigue sin encenderse?
16. Indica si los siguientes experimentos siguen el método científico o no y justifica tus respuestas:
    a) Un grupo de científicos quiere probar si una sustancia mejora la combustión de etanol. Para comprobarlo mezclan en una botella un poco de esta sustancia y 100 ml de etanol y lo calientan con un mechero Bunsen. Al hacerlo observan que la combustión de la mezcla es más rápida que la combustión del etanol solo.

    b) Para probar un nuevo medicamento antitumoral se lleva a cabo un experimento con una población de 30 ratones afectados por un tumor en el estómago. Se dividen en seis grupos los ratones y se les administra este producto a todos excepto a uno de ellos, al que se le administra un placebo. Tras un mes de tratamiento y con todas las variables controladas, se observa que en cada grupo tres de los ratones mejoran de su enfermedad. Pero en el grupo al que se le administró el placebo, los ratones no evolucionan favorablemente, por lo que los científicos concluyen que el medicamento combate la enfermedad.

# IDEAS CLAVE Y AUTOEVALUACIÓN

## El método científico y sus etapas

- El trabajo científico no se lleva a cabo de forma arbitraria, sino que debe realizarse de forma organizada mediante un proceso que consta de varias etapas, llamado **método científico.**
- Las **etapas** del método científico son: planteamiento del problema, formulación de la hipótesis, comprobación de la hipótesis, obtención de conclusiones y publicación de resultados.

## Observación científica

- La **observación científica** consiste en percibir y detectar, de forma ordenada, precisa, detenida y detallada, todo aquello que es objeto de nuestra investigación.
- Observar no solo consiste en obtener información, sino en **describir** lo que se ha observado y **analizarlo.**

## Formulación y comprobación de hipótesis

- Una **hipótesis** es una suposición acerca de las causas de un problema o fenómeno, que debe ser verificada mediante la experimentación.
- Un **experimento** es la observación repetida de un fenómeno, en condiciones controladas por el investigador, para comprobar la validez de una hipótesis.

## Análisis de los resultados

- El científico debe ordenar los datos obtenidos y representarlos gráficamente para poderlos valorar. Para ello son útiles las **tablas** y las **gráficas.**

## Obtención de conclusiones

- Si los resultados confirman la hipótesis, se formulan las conclusiones, que pueden presentar la forma de **leyes** y **teorías.**

---

**Anota en tu cuaderno la opción correcta:**

1. ¿Cuál de las siguientes ciencias no se incluyen en la clasificación de las ciencias?

a) Ciencias numéricas.
b) Ciencias formales.
c) Ciencias naturales.
d) Ciencias sociales.

2. La etapa del método científico en la que se lleva a cabo el experimento en el laboratorio anotando los resultados con precisión es:

a) Planteamiento del problema.
b) Comprobación de la hipótesis.
c) Extracción de conclusiones.
d) Formulación de la hipótesis.

3. La explicación global de un conjunto de leyes científicas se denomina:

a) Teoría científica.
b) Método científico.
c) Hipótesis científica.
d) Publicación científica.

4. Indica a qué pregunta no debe responder una descripción adecuada:

a) ¿Por qué?
b) ¿Qué?
c) ¿Quién?
d) ¿Dónde?

5. ¿Qué descripción debe utilizarse en el método científico?

a) La descripción subjetiva.
b) La descripción objetiva.
c) La descripción inductiva.
d) La descripción analítica.

6. ¿Cuál de las siguientes no es una característica que deba reunir una buena hipótesis?

a) Ser consecuencia de una observación cuidadosa.
b) Estar referida a un problema real.
c) Ser imprecisa y detallada.
d) Ser clara y entenderse perfectamente.

7. La observación repetida de un fenómeno, en condiciones controladas por el investigador, para comprobar la validez de una hipótesis se denomina:

a) Experimento.
b) Hipótesis.
c) Descripción.
d) Análisis.

8. Las representaciones de los datos numéricos de forma visual, para facilitar su comprensión y comparación, se denominan:

a) Tablas.
b) Gráficas.
c) Hipótesis.
d) Descripciones.

9. ¿Cómo se denomina también la gráfica de sectores?

a) Circular.
b) Lineal.
c) De barras.
d) Piramidal.

10. ¿Cómo se denomina la hipótesis verificada a través de la experimentación?

a) Ley.
b) Teoría.
c) Descripción.
d) Experimento.

Unidad 2

# El laboratorio

## SUMARIO

- Material de laboratorio
- Microscopía
- Normas de trabajo en el laboratorio
- Medición de magnitudes
- El informe de laboratorio

## TÉCNICAS DE TRABAJO

- Construcción de un densímetro casero y medición de la densidad de un líquido

# 1 • Material de laboratorio

### Instrumentos de medición

1. Probeta
2. Pipetas graduada y aforada
3. Bureta
4. Matraz aforado
5. Balanza
6. Termómetro

### Instrumentos para contener líquidos y preparar disoluciones

7. Matraz Erlenmeyer
8. Matraz de fondo redondo y de fondo plano
9. Vaso de precipitados
10. Probeta - gradilla

### Instrumentos para separar sustancias

11. Embudo
12. Embudo de decantación

### Instrumentos ópticos

13. Lupa
14. Microscopio

### Instrumentos para sostener

15. Soporte
16. Pinza metálica con nuez
17. Rejilla
18. Trípode
19. Pinzas

### Otros instrumentos

20. Varilla agitadora de vidrio
21. Cucharitas metálicas y espátulas
22. Vidrio de reloj
23. Cápsula y mortero
24. Tiras de pH
25. Mechero Bunsen
26. Placa de Petri

### Seguridad e higiene

27. Gafas
28. Guantes
29. Lavaojos
30. Visera de protección
31. Extintor
32. Botiquín de primeros auxilios
33. Recipientes para recogida de productos (líquidos, sólidos, biosanitarios, etc.).

# 2 • Microscopía

En la investigación científica, a menudo es necesario estudiar objetos que no se pueden observar a simple vista (células, tejidos vivos, etc.).

La **microscopía** es el conjunto de técnicas destinadas a hacer visibles objetos o detalles de estos, no observables a simple vista.

Puede distinguirse entre microscopía **óptica** y **electrónica.**

## 2.1 • Microscopía óptica

El funcionamiento de la **microscopía óptica** se basa en hacer pasar luz visible a través de lentes ópticas convergentes, denominadas **lente objetivo** y **lente ocular,** que desvían la luz y forman una imagen virtual y aumentada.

Los instrumentos ópticos más utilizados en el laboratorio son el microscopio óptico y la lupa binocular.

### Microscopio óptico

El **microscopio óptico** es un instrumento en el que la luz pasa a través de la muestra que se observa y forma una imagen virtual aumentada del objeto entre el objetivo y el ocular.

Se caracteriza por tener **varios objetivos** y está diseñado para observar objetos transparentes, o que están cortados en láminas tan finas que se transparentan. Normalmente, es necesario teñir la muestra (colorearla para mejorar la definición de la imagen).

Tiene aumentos entre 100× y 1000×, por lo que es adecuado para el estudio de estructuras microscópicas, como por ejemplo células vivas.

**Lentes convergentes**

Las lentes convergentes son más gruesas por su parte central y más estrechas en los bordes. Se denominan así debido a que unen (convergen) todo haz de rayos de luz que pase por ellas en un punto determinado, que se denomina foco de imagen.

**Aumentos en microscopía óptica**

Los aumentos en microscopía óptica se indican con un número seguido del signo ×. Dado que se dispone de dos lentes, objetivo y ocular, se multiplican ambos aumentos. Por ejemplo, una lupa binocular con un ocular 10× y un objetivo 5× tiene 50 aumentos. Un microscopio con un objetivo 20× y un ocular 30× tendrá 600 aumentos.

**Procedimiento para observar una muestra**

1. Depositar en la placa de Petri (recipiente plano y redondo de cristal o plástico) la muestra que queremos observar.
2. Colocar la placa de Petri con la muestra sobre la base de la lupa.
3. Ajustar la separación entre los oculares a la distancia entre los ojos.
4. Enfocar moviendo la rueda de enfoque, que acerca o aleja el objetivo de la muestra.
5. Corregir, si es necesario, la diferente visión de cada ojo girando el anillo del ocular izquierdo.

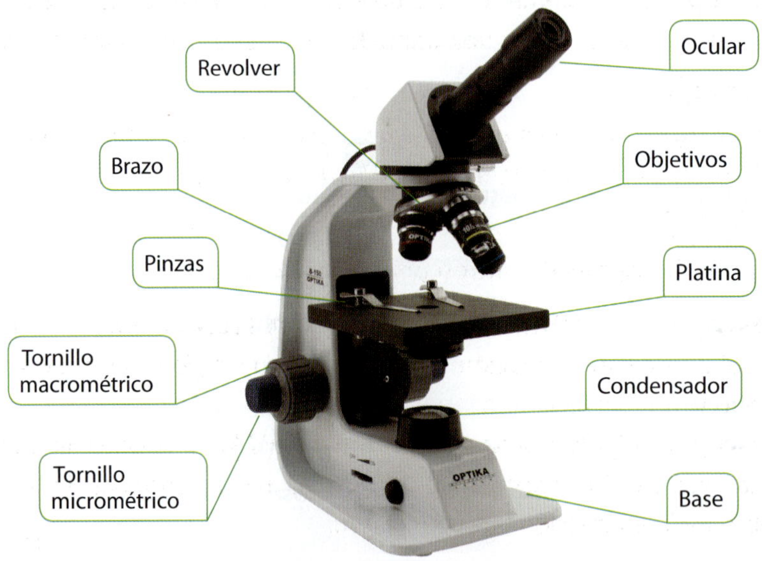


1 Componentes de un microscopio óptico.

### Lupa binocular

La **lupa binocular** es un instrumento que se caracteriza por contar con un juego de lentes fijo, es decir, con **un único objetivo** de aumento. Se denomina binocular porque tiene dos oculares.

Tiene menos aumentos que los microscopios, pero permite observar un campo más amplio; por ello es ideal para estudiar estructuras macroscópicas (por ejemplo, una hoja vegetal).

Con la lupa, se ve la **superficie de la muestra,** por lo que no hay que prepararla, cortarla ni teñirla.

**Procedimiento para observar una muestra**

1. Colocar sobre la platina el portaobjetos con la muestra situada en la parte superior cubierta por el cubreobjetos, cuidando que la muestra quede sobre el agujero central de la platina.
2. Observar por el ocular.
3. Ajustar la fuente de iluminación hasta que pase la mayor cantidad de luz a través de la muestra.
4. Seleccionar con el revólver el objetivo de menor aumento, enfocando con el tornillo macrométrico.
5. Ajustar totalmente el enfoque con el tornillo micrométrico.

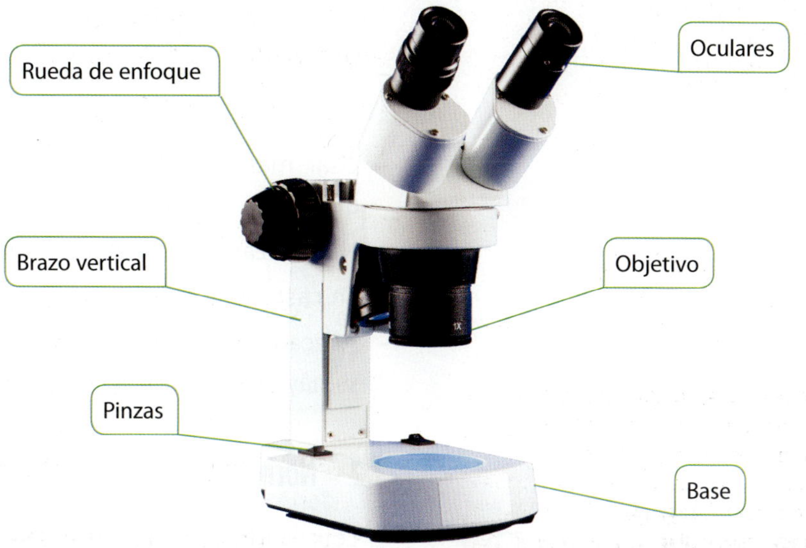


**2** Componentes de una lupa binocular.

## 2.2 • Microscopía electrónica

En **microscopía electrónica,** un haz de electrones choca con la muestra que va a estudiarse y luego llega a una pantalla sensible, que transfiere la imagen a un ordenador.

El haz de electrones también puede llegar a una placa fotográfica, con lo que se obtiene una fotografía de la muestra. Puede aumentar la imagen hasta dos millones de veces.

Hay dos tipos principales de microscopios electrónicos:

- **Microscopios electrónicos de transmisión (TEM):** el haz de electrones pasa a través de la muestra, por lo que esta no debe ser muy gruesa. Proporciona una imagen en dos dimensiones.
- **Microscopios electrónicos de barrido (SEM):** los electrones rebotan sobre la muestra. Proporciona una imagen en tres dimensiones de la muestra debido a la interacción electrón-materia.

Estos microscopios se usan en diversos ámbitos: en biología celular, microbiología, virología, metalurgia, minería, etc.

### Actividades

1. Indica qué tipo de microscopio será el más adecuado para estudiar los siguientes elementos: moho del pan, bacteria, virus de la gripe. Razona tu respuesta.

2. Explica cómo debes preparar un muestra de epidermis de cebolla para observarla a través de un microscopio óptico, y cómo prepararías una hoja de helecho para observar sus esporas a través de una lupa binocular.

3. Busca información en Internet sobre las principales características de los microscopios electrónicos.

# 3 • Normas de trabajo en el laboratorio

Para trabajar en el laboratorio, hay que seguir unas normas de seguridad en todas las tareas que se lleven a cabo, con el fin de no correr ningún riesgo.

## 3.1 • Normas generales

- Conocer el material y los instrumentos del laboratorio.
- Tener localizadas las salidas de emergencia, los extintores y el botiquín.
- No comer ni beber en el laboratorio.
- Utilizar bata, guantes y gafas de seguridad.
- Dejar fuera del laboratorio las prendas de abrigo, mochilas y demás enseres que no se vayan a utilizar.
- Recogerse el pelo en caso de que sea largo.
- No correr por el laboratorio.
- Usar mascarillas desechables para no ingerir ni inhalar ningún producto químico.
- No realizar experimentos sin la autorización del profesor.
- En caso de accidente, comunicárselo inmediatamente al profesor.
- Al acabar la práctica, limpiar y ordenar el material y la mesa de trabajo que se hayan utilizado.

## 3.2 • Normas de manipulación de instrumentos y productos

- Leer la etiqueta de cualquier producto químico antes de utilizarlo y fijarse en los pictogramas de peligro que aparecen en ella.
- Utilizar con especial cuidado el material de vidrio.
- Antes de utilizar un aparato eléctrico, desconectarlo de la red eléctrica.
- Pedir al profesor que revise la instalación eléctrica antes de poner en funcionamiento un circuito.
- Manejar con especial precaución los mecheros, que no deben encenderse si hay cerca sustancias inflamables.
- Sujetar los recipientes calientes con pinzas o guantes apropiados.
- Dejar siempre cerrados los recipientes que contienen sustancias químicas.
- Almacenar los productos inflamables en un lugar adecuado, separados de los ácidos, de las bases y de los reactivos oxidantes.
- Manejar con mucha precaución los ácidos y las bases, que son corrosivos. Echar siempre los ácidos sobre el agua y nunca al revés.

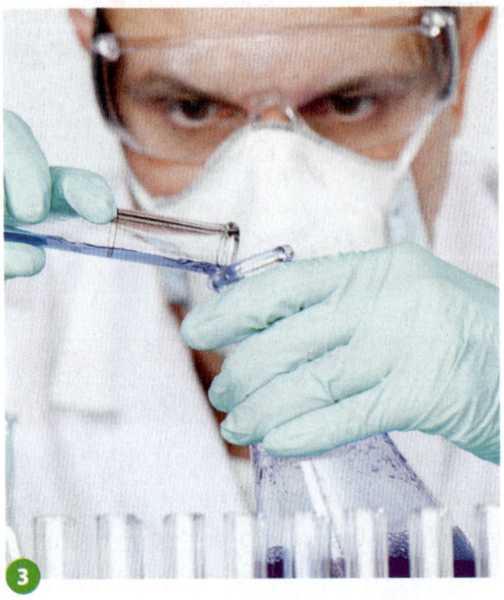

3 En el laboratorio, la bata, los guantes, las mascarillas y las gafas de seguridad forman parte de la indumentaria de trabajo básica.

## Actividades

4. Luis, Inés y María están haciendo prácticas en el laboratorio. Luis está corriendo por el laboratorio y mastica chicle, Inés está manipulando sosa cáustica con guantes, pero sin gafas de seguridad, y María está echando etanol en un vaso de precipitados al lado del mechero. ¿Qué normas de laboratorio están incumpliendo?

## 3.3 • Pictogramas de peligrosidad

Los **pictogramas de peligrosidad** o de riesgo son símbolos que se encuentran en las etiquetas de ciertos productos químicos.

Su objetivo es advertir sobre el daño que la sustancia química puede provocar sobre la salud o el medio ambiente. Por lo tanto, las personas que manipulan, almacenan o transportan productos químicos deben conocer el significado de estos pictogramas. Son los siguientes:

4 Pictogramas de peligrosidad de los productos químicos.

Muchos productos de limpieza de uso cotidiano que se utilizan en los hogares, como por ejemplo amoniaco, lavavajillas, desatascador de tuberías, lejía, insecticida, desodorantes en espray, etc., pueden resultar peligrosos si se hace un mal uso de ellos. Así, siempre que se utilice un producto que incluya en su etiqueta un pictograma de peligro, ha de leerse detenidamente la etiqueta y valorar los posibles riesgos que puede ocasionar su uso.

### Actividades

5. Busca en el diccionario y escribe en tu cuaderno el significado de las siguientes palabras: inflamable, explosivo, comburente, corrosivo, tóxico y nocivo.

6. Observa la etiqueta de tres productos químicos que tengas en tu casa. Anota el nombre de cada producto, identifica los pictogramas que aparecen en ellos y el modo de uso de los productos.

### Etiquetas de productos de limpieza ?

Algunos productos de limpieza de uso común en los hogares contienen productos químicos que pueden resultar peligrosos o tóxicos, y si se utilizan de manera inadecuada causan efectos nocivos sobre la salud humana o sobre el medio ambiente. Según sus propiedades fisicoquímicas, tenemos productos explosivos, comburentes, productos inflamables, etc.

Los símbolos de las etiquetas de productos de limpieza advierten al consumidor de los riesgos que conlleva un uso incorrecto y de las precauciones que debemos tomar al usarlos.

## 4 • La medida

Siempre que realizamos una medida obtenemos una información cuantitativa de una magnitud física.

Una **magnitud física** es toda propiedad que pueda ser medida.

Si queremos dar a conocer el resultado de una medida de un modo coherente, tenemos que utilizar una unidad en la que expresar el resultado de modo que sea interpretable por otras personas.

**Medir** una magnitud es compararla con otra, de valor conocido, que se toma como unidad.

El **Sistema Internacional de Unidades (SI)** es el nombre del sistema de unidades que se utiliza en casi todos los países del mundo. Se adoptó en el año 1960 en la Conferencia General de Pesas y Medidas.

Las unidades básicas, correspondientes a **magnitudes fundamentales,** tienen una definición propia en función de constantes universalmente conocidas. Las demás magnitudes se definen en relación a ellas y se conocen como **magnitudes derivadas.**

**Magnitudes fundamentales**

| Magnitud | Unidad | Símbolo |
|---|---|---|
| Longitud | metro | m |
| Masa | kilogramo | kg |
| Tiempo | segundo | s |
| Intensidad de corriente eléctrica | amperio | A |
| Temperatura termodinámica | kelvin | K |
| Intensidad luminosa | candela | cd |
| Cantidad de sustancia | mol | mol |

Cuando efectuamos una medida, es frecuente que el dato sea un número muy grande o muy pequeño.

Para expresar este tipo de cantidades, tenemos dos posibilidades:

- Utilizar la **notación científica:** el número se expresa como un producto entre una potencia de 10 y un número cuyo valor absoluto está entre 1 y 10.
- Expresar la cantidad mediante sus **múltiplos y submúltiplos:** se multiplica o divide la cantidad por una potencia de 10 (Ejemplo 1).

**Ejemplo 1**

La distancia en metros desde el centro de la Tierra a su superficie es de 6 380 000 m. También podemos expresar esta cantidad de las siguientes formas:

- **Notación científica:** $6{,}38 \cdot 10^6$ m
- **Múltiplos:** 6 380 000 : 1000 = 6 380 km

**Magnitudes derivadas y unidades de uso frecuente**

| Magnitud | Unidad | Símbolo |
|---|---|---|
| Volumen | metro cúbico | $m^3$ |
| Densidad | kilogramo por metro cúbico | $kg/m^3$ |
| Frecuencia | hercio | Hz |
| Fuerza | newton | N |
| Presión | pascal | Pa |
| Energía, trabajo, calor | julio | J |
| Potencia | vatio | W |
| Carga eléctrica | culombio | C |
| Potencial eléctrico | voltio | V |
| Resistencia eléctrica | ohmio | Ω |
| Capacidad eléctrica | faradio | F |
| Velocidad | metro por segundo | m/s |

## Actividades

7. Relaciona cada una de estas medidas con su magnitud e indica su unidad de medida básica: 2 km; 8 $m^2$; 1,5 l; 36 años; 13 kg.

8. Expresa estas medidas en unidades del Sistema Internacional:

a) 12 ml
b) 0,34 $cm^2$
c) 6370 km
d) 27 mg

9. Busca información sobre las unidades de medida de longitud y masa que se utilizan en los países anglosajones y cuáles son sus equivalencias en el Sistema Internacional.

10. Averigua e indica, utilizando la notación científica, cuál es el valor del tamaño de un electrón y a cuánto equivale un año luz en kilómetros.

# 5 • Medición de magnitudes fundamentales y derivadas

A continuación veremos cómo se miden la **masa** y la **temperatura,** que son magnitudes fundamentales, y el **volumen** y la **densidad,** que son magnitudes derivadas.

## 5.1 • Masa

La **masa** es la cantidad de materia que tiene un sistema.

La masa es una propiedad general de los sistemas materiales, y su unidad en el Sistema Internacional es el **kilogramo (kg).**

El kilogramo se implantó en 1889 con un prototipo internacional. Se trata de un cilindro de platino e iridio que se conserva actualmente en la Oficina Internacional de Pesos y Medidas en Francia. El kilogramo equivale a la masa de ese cilindro.

La masa de los cuerpos es **invariable,** es decir, siempre permanece igual independientemente de la temperatura, de su forma geométrica y del estado de agregación en el que se encuentre el cuerpo.

La masa se mide utilizando una **balanza.** Existen varios tipos de balanzas; por ejemplo, las balanzas granatarias y las balanzas analíticas digitales.

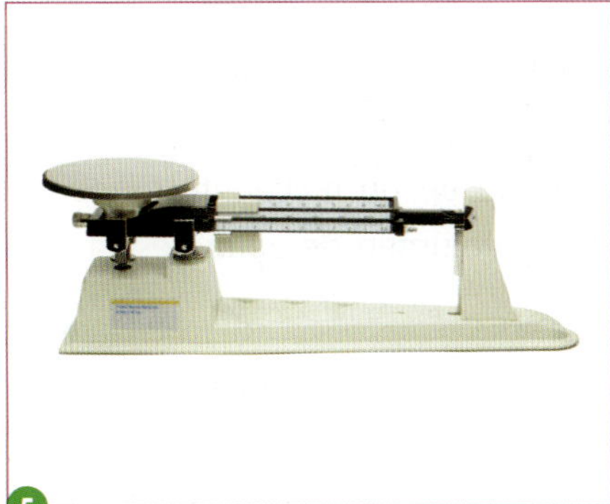

5 Balanza granataria. Tiene una precisión de 0,1-0,01 g, y se utiliza para medir cantidades de hasta 2,5 kg.

6 Balanza analítica digital. Tiene una precisión de 0,0001 g y se utiliza para medir cantidades pequeñas de hasta 300 g.

### Actividades

11. Expresa estas medidas en el Sistema Internacional, aplicando los factores de conversión oportunos, e indica el resultado en notación científica:

a) 2 t b) 16 µg c) 35 mg d) 8 kg

12. Se ha medido la masa de un objeto en dos balanzas distintas. Las medidas son de 200,3 g y de 200,0004 g. ¿Con qué tipo de balanza se ha realizado cada medida?

13. Expresa las siguientes medidas en el Sistema Internacional: 6 cg; 200 mg; 80 µg; 4,56 t.

14. Busca en Internet con qué instrumento se mide la masa de un camión.

**Equivalencias entre unidades de masa** +

$1\ t = 10^3\ kg$

$1\ g = 10^{-3}\ kg$

$1\ cg = 10^{-2}\ g$

$1\ mg = 10^{-3}\ g$

$1\ \mu g = 10^{-6}\ g$

**Masa y peso** ?

Muchas veces se confunde el concepto de masa y el concepto de peso.

El peso es la fuerza de atracción gravitatoria que ejerce un astro sobre los objetos que se encuentran en sus cercanías. Su unidad en el Sistema Internacional es el newton (N). Es una magnitud variable, ya que depende de la aceleración de la gravedad ($g$):

$$F = m \cdot g$$

Por ejemplo, el peso de una persona de 70 kg en la Tierra (donde $g = 9{,}8\ m/s^2$) es igual a:

$$F = 70 \cdot 9{,}8 = 686\ N$$

En la Luna (donde $g = 1{,}63\ m/s^2$), la persona tendría la misma masa, pero su peso sería:

$$F = 70 \cdot 1{,}63 = 114{,}1\ N$$

## 5.2 • Volumen

**Equivalencias entre unidades de volumen**

$1\ m^3 = 10^3\ l$

$1\ dm^3 = 1\ l$

$1\ cm^3 = 1\ ml$

El **volumen** es el espacio que ocupa un cuerpo determinado.

Es una propiedad general de los sistemas materiales y su unidad en el Sistema Internacional es el **metro cúbico ($m^3$),** que es el volumen de un cubo de 1 m de lado. La medida del volumen de un sistema material se hace de forma diferente según se trate de líquidos o sólidos:

- **Líquidos.** Para medir el volumen de un líquido se utilizan recipientes aforados o graduados (pipetas, buretas, probetas y matraces). En recipientes que son estrechos, la superficie de los líquidos se curva formando un menisco. La medida del volumen del líquido se hace colocando los ojos a la altura del menisco. La medida es la que indica la tangente al menisco.
- **Sólidos.** Cuando se mide el volumen de un sólido hay que considerar su forma. Así, distinguimos:
  - **Sólidos regulares** (cubo, cilindro, esfera, etc.). Se determinan las dimensiones del cuerpo y su volumen se halla con su fórmula correspondiente. Por ejemplo:

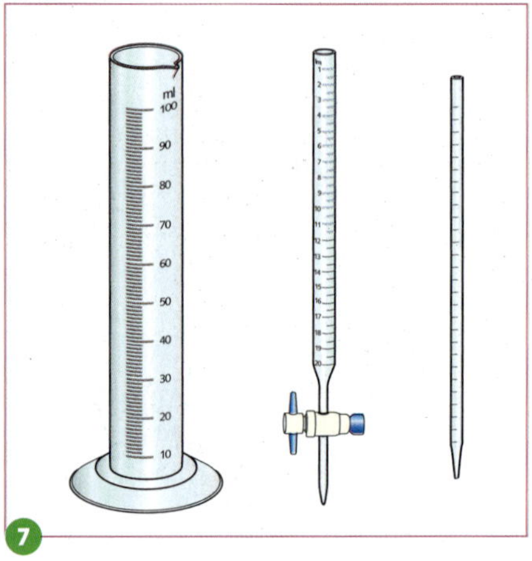

7 La probeta, la bureta y la pipeta son instrumentos con los que se mide con exactitud el volumen de los líquidos.

Cubo — Cilindro — Esfera

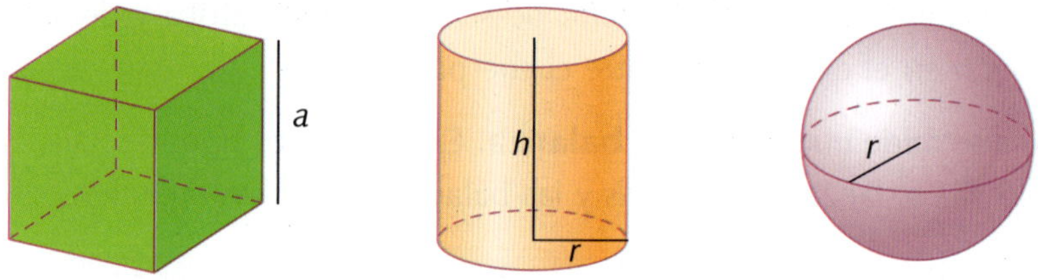


$V = a^3$ — $V = \pi \cdot r^2 \cdot h$ — $V = \frac{4}{3}\pi \cdot r^3$

  - **Sólidos irregulares.** Se sumerge el sólido en un recipiente graduado con un determinado volumen de agua. El volumen de agua desplazado por el sólido es igual a su volumen (Ejemplo 2).

**Temperatura y volumen**

La temperatura modifica el volumen de los sólidos y de los líquidos.

Si la temperatura aumenta, los sólidos y los líquidos se dilatan, es decir, aumentan ligeramente su volumen.

En cambio, si la temperatura disminuye, el volumen de los sólidos y los líquidos disminuye ligeramente.

**Ejemplo 2**

Vamos a calcular el volumen que ocupa un limón.

Para ello, lo sumergimos en un un recipiente graduado con agua y hallamos el volumen desplazado:

$V_{limón} = 26\ ml - 22\ ml = 4\ ml$

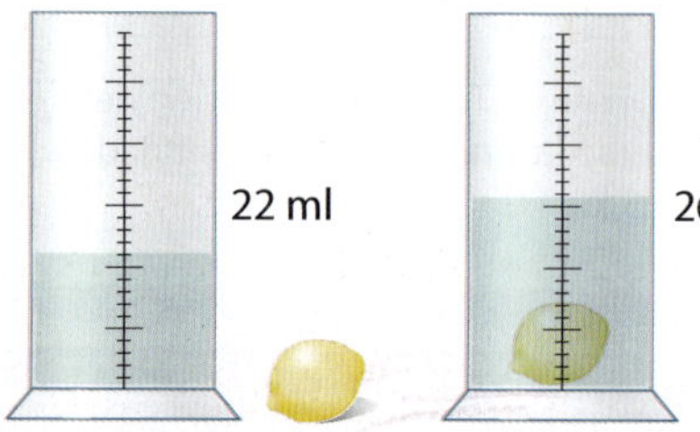


## Actividades

15. Las medidas de la altura y del radio de un cilindro son 8,24 cm y 2,6 cm, respectivamente. Determina cuál es su volumen, e indica el resultado con el número de cifras significativas adecuado.

16. Una probeta contiene 20 ml de agua. Si introducimos una piedra en ella que ocupa 0,004 $dm^3$, ¿qué volumen se ocupa ahora en total?

17. Tenemos que preparar 500 ml de una disolución acuosa de vinagre. Para ello, necesitamos tomar 15 ml de vinagre y añadir agua destilada hasta completar los 500 ml.

¿Dónde prepararemos la disolución y con qué instrumento de medida tomaremos los 15 ml de vinagre? Justifica tu respuesta.

## 5.3 • Temperatura

La **temperatura** es la medida del movimiento de las partículas que forman un cuerpo.

El instrumento que se utiliza para medir la temperatura es el **termómetro.** En un laboratorio, los termómetros más comunes son los de **alcohol** y los **electrónicos.**

La unidad de medida será diferente según la escala que se utilice:

- **Escala centígrada** o **Celsius:** es la escala de medida más utilizada. La unidad de medida es el grado centígrado **(°C).** En esta escala, se asigna el valor 0 a la temperatura de fusión del agua y el valor 100 a la temperatura de ebullición del agua.
- **Escala Fahrenheit:** es la escala que se utiliza en países de tradición anglosajona. Utiliza como unidad de medida el grado Fahrenheit **(°F).** En esta escala, se asigna el valor 32 a la temperatura de fusión del agua y el valor 212 a la temperatura de ebullición del agua.
- **Escala Kelvin** o **absoluta:** es la escala que utiliza el Sistema Internacional. La unidad de medida es el kelvin **(K),** anteriormente denominado grado Kelvin. Se asigna el valor 273 a la temperatura de fusión del agua y el 373 a la temperatura de ebullición del agua.

### Cero absoluto

El cero absoluto de temperaturas, –273 °C o 0 K, es una temperatura inalcanzable. A dicha temperatura, las partículas de un sistema material no tendrían ningún tipo de movimiento.

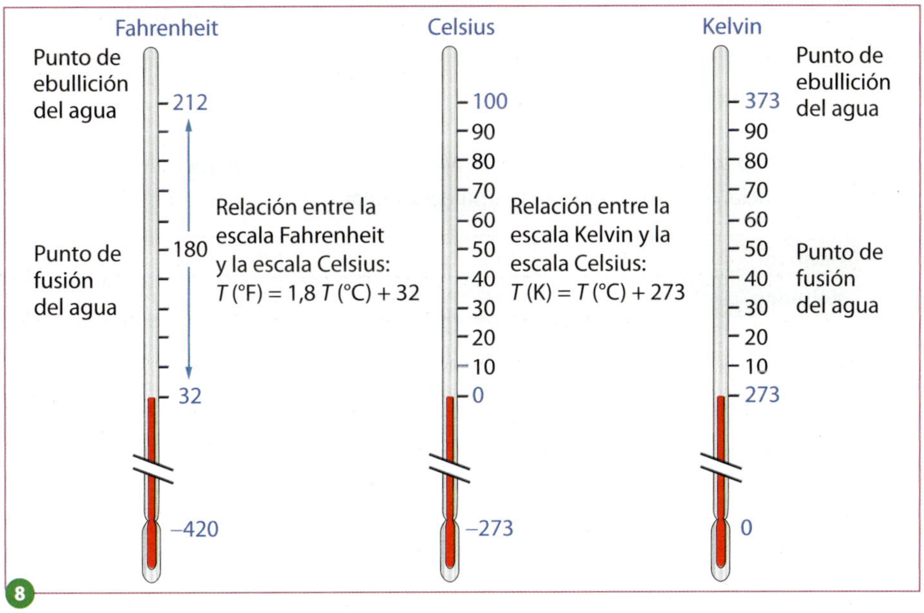


8 Relación entre las escalas Kelvin y Fahrenheit con la escala Celsius.

## Actividades

18. La temperatura del núcleo del Sol es de aproximadamente 15,5 millones de grados centígrados. Expresa esta medida en el Sistema Internacional y da el resultado en notación científica.

19. Hasta hace pocos años se utilizaban los termómetros de mercurio. Hoy en día su uso está prohibido. ¿Cómo funcionaban estos termómetros? ¿Por qué se prohibió el uso de este tipo de termómetros? Busca información en Internet.

20. En un experimento se han obtenido cinco medidas de la temperatura de un sistema material: 20,3 °C; 20,7 °C; 20,1 °C; 20,4 °C; 20,8 °C.

a) Expresa la temperatura de las tres primeras medidas en grados de la escala Kelvin o absoluta.
b) Expresa la temperatura de la cuarta y de la quinta medida en grados de las escala Fahrenheit.

## 5.4 • Densidad

La **densidad** es la relación que existe entre la masa y el volumen de un cuerpo, y se expresa con la fórmula:

$$densidad = \frac{masa}{volumen}$$

La densidad es una propiedad característica de cada material, por lo que, aunque dos materiales diferentes tengan la misma masa o ocupen el mismo volumen, siempre tendrán distintas densidades.

La unidad de medida de la densidad en el Sistema Internacional es el **kilogramo/metro cúbico (kg/m$^3$).** En la práctica, habitualmente se utiliza un submúltiplo de esta unidad: el **gramo/centímetro cúbico (g/cm$^3$).**

| Tabla de densidades | |
|---|---|
| Sustancia | Densidad (g/cm$^3$) |
| Oro | 19,30 |
| Hierro | 7,96 |
| Cemento | 3,00 |
| Agua | 1,00 |
| Hielo | 0,92 |
| Madera | 0,6-0,9 |
| Aire | 0,00129 |

La densidad puede calcularse de varias formas. En el caso de un cuerpo sólido, podemos determinar su masa con una balanza y sumergirlo en un vaso con agua para averiguar su volumen por diferencia entre los niveles de agua (Actividad resuelta 1).

Para medir la densidad de un líquido se emplea un instrumento llamado densímetro, que proporciona una lectura directa de la densidad. También se puede utilizar un vaso graduado que indica el volumen. La masa del líquido se determina al restar la masa del vaso vacío de la masa del vaso lleno de líquido.

### Actividad resuelta 1

En el laboratorio se han tomado diferentes medidas de masa y volumen de una determinada sustancia, que se recogen en la siguiente tabla:

| | | | | | |
|---|---|---|---|---|---|
| **Masa (g)** | 0 | 15 | 50 | 120 | 380 |
| **Volumen (cm$^3$)** | 0 | 1,09 | 3,65 | 8,76 | 27,70 |

La relación entre la masa y el volumen, como hemos visto, es la densidad de la sustancia.

Para calcularla, aplicamos la fórmula de la densidad con los datos obtenidos en las diferentes medidas (redondeamos a dos decimales):

$$d = \frac{m}{V}$$

$$d = \frac{15}{1,09} = \frac{50}{3,65} = \frac{120}{8,76} = \frac{380}{27,70} = 13,70 \text{ g/cm}^3$$

Por tanto, la densidad de una sustancia tiene un valor constante que le caracteriza.

## Actividades

21. ¿Ocupan volúmenes distintos 1 kg de oro y 1 kg de hierro? ¿Por qué?

22. ¿Qué tiene más masa, un litro de leche entera o un litro de leche desnatada? Busca información y argumenta tu respuesta.

23. Ordena de mayor a menor las siguientes densidades: 2 kg/m$^3$; 10 g/cm$^3$; 1 000 mg/dm$^3$.

24. Para realizar dos esculturas, una de hierro y otra de madera, que ocupen 1 dm$^3$, ¿en qué caso necesitaremos una cantidad mayor de material?

# 6 • El informe de laboratorio

En un laboratorio se debe registrar y transmitir lo que se observa para que pueda ser comprendido por toda la comunidad científica.

La finalidad del **informe de laboratorio** es dejar claro qué se ha hecho, cómo y por qué se ha realizado y cuáles han sido los resultados y las conclusiones obtenidas.

Debe estar redactado en forma impersonal, y las ideas han de exponerse con **claridad y precisión,** ordenando la información y cuidando la presentación.

A continuación, indicamos los apartados que debería incluir un informe:

1. **Portada:** incluye el título del informe, el nombre del autor y la fecha.

2. **Introducción:** contiene una breve explicación sobre la práctica, indica sus objetivos y expone sus fundamentos teóricos.

3. **Metodología:** describe los materiales que se han utilizado y el procedimiento que se ha seguido.

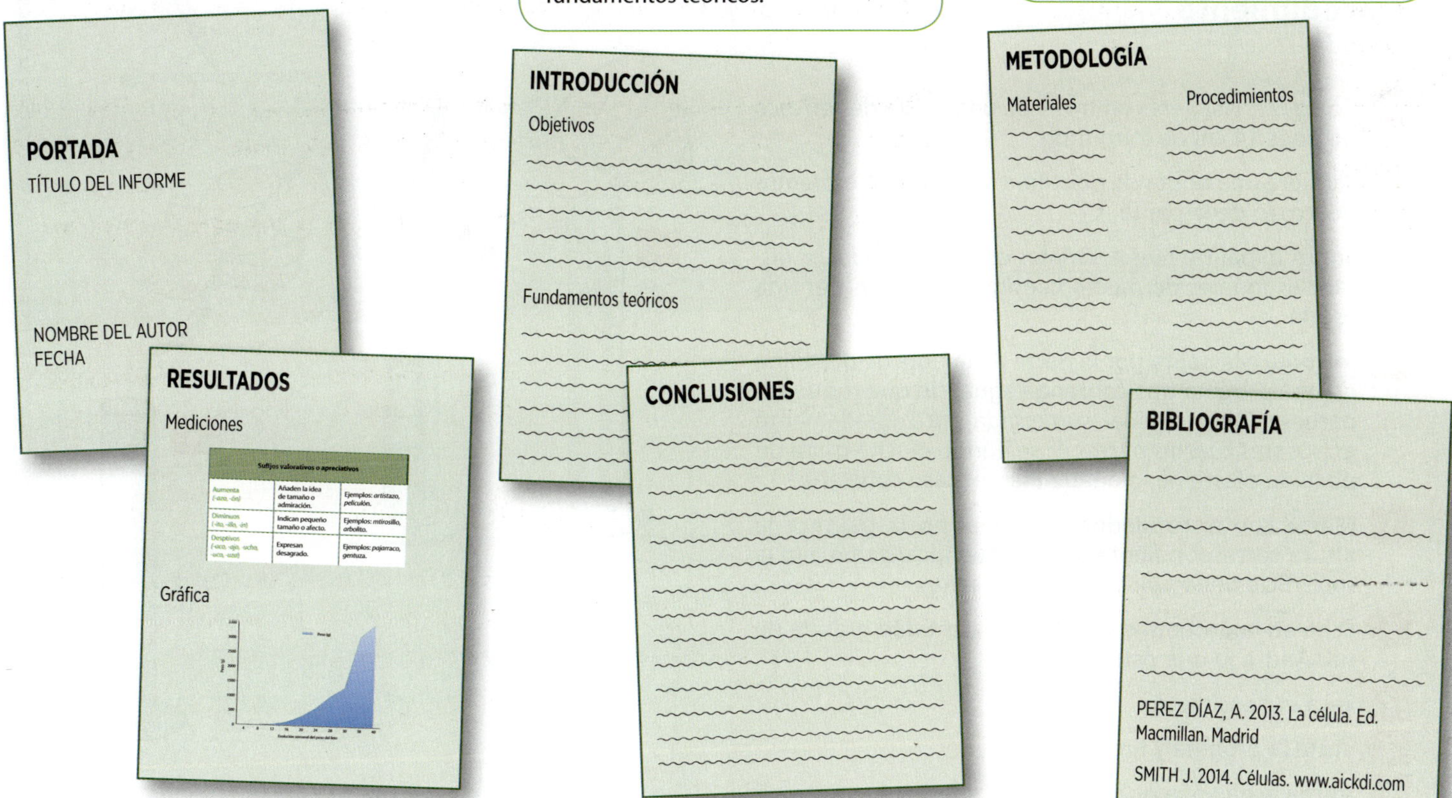


4. **Resultados:** descripción de la práctica que se ha efectuado, lo que incluye datos de mediciones, esquemas, dibujos, gráficas y su interpretación.

5. **Conclusiones:** análisis de los resultados. Se deben comparar los resultados obtenidos con los valores y resultados esperados. A partir de ahí, podemos sacar conclusiones.

6. **Bibliografía:** enumeración de los textos utilizados como referencia: libros, revistas, catálogos, páginas web, etc.

## Actividades

25. ¿Por qué es importante escribir un informe de laboratorio? Justifica tu respuesta.

26. ¿Crees que sería conveniente incluir en el informe de laboratorio aportaciones para mejorar la práctica? Si es así, indica por qué.

## Construcción de un densímetro casero y medición de la densidad de un líquido

Un densímetro es un instrumento que permite medir las densidades relativas de los líquidos. Tiene un bulbo pesado en su extremo para que pueda flotar y un tubo con escala graduada. Cuando se introduce en diferentes líquidos, se hunde más o menos según la densidad del líquido. En los líquidos más densos se hundirá menos y en los líquidos menos densos se hundirá más.

### Material

- Probeta
- Pajitas
- Tijeras
- Plastilina
- Rotulador permanente
- Alcohol
- Agua
- Sal
- Azúcar
- Aceite
- Leche
- Glicerina

### Procedimiento

1. Corta con las tijeras un trozo de una pajita de refresco de unos 14 cm de longitud.
2. Adhiere una bolita de plastilina a uno de los extremos del trozo de la pajita.
3. Sobre la pajita, marca señales con el rotulador, a distancias iguales de medio centímetro para hacer una escala.
4. Introduce la pajita por la parte de la bola de plastilina en una probeta que contenga agua, sin que toque sus paredes. Debe quedar sumergida aproximadamente en sus tres cuartas partes. Si se hunde mucho quita un poco de plastilina, o añade más en caso contrario.
5. Marca con el rotulador una señal en la pajita a la altura correspondiente al nivel que alcanza en ella la superficie del agua. Destaca esta señal.
6. Echa en la probeta con agua una cantidad grande de sal. Anota lo que ocurre.
7. Seca el densímetro.
8. Vacía la probeta y límpiala.
9. Ahora echa en la probeta agua y añade una cantidad grande de azúcar. Anota lo que ocurre.
10. Repite los pasos 7, 8 y 9, pero ahora debes añadir a la probeta leche, aceite, alcohol y glicerina por separado. Anota lo que ocurre en cada caso.

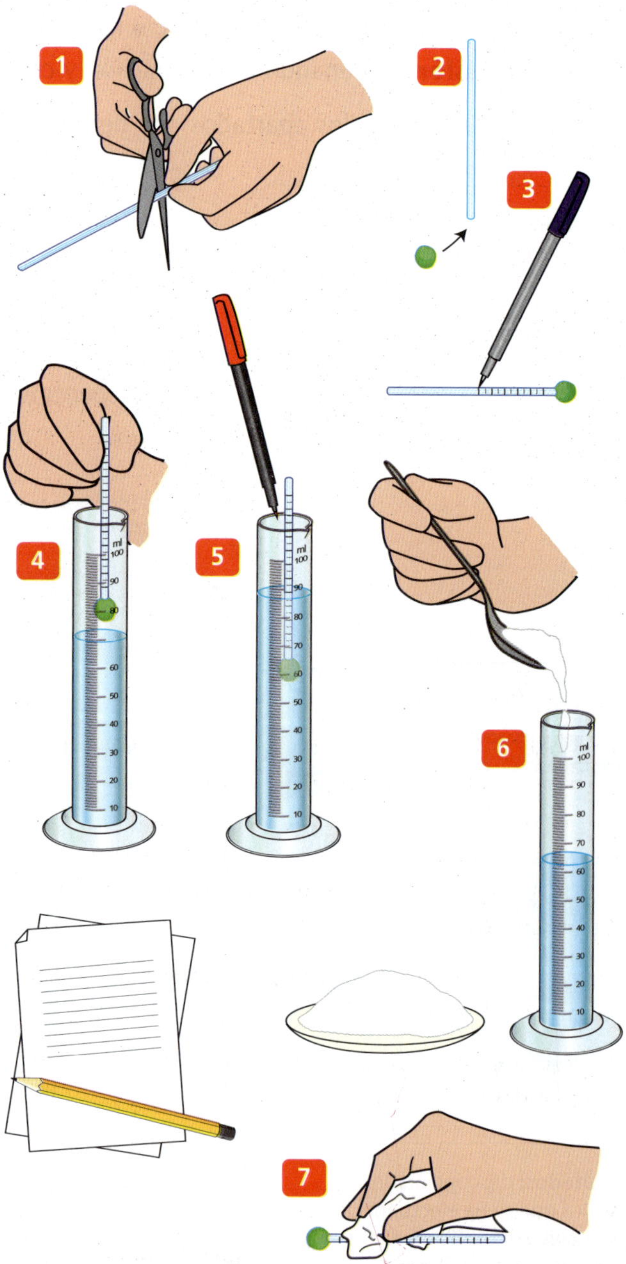


## Actividades

1. Realiza un informe de laboratorio de la experiencia y ordena los líquidos por orden creciente de densidad.
2. Averigua cuáles son las densidades del agua salada, del agua azucarada, del aceite, del alcohol y de la glicerina. ¿Son coherentes estos datos con los que has obtenido en la técnica de trabajo?
3. ¿Para qué se utilizan los densímetros en la producción de la leche? Busca información en Internet.

1. Escribe el nombre de estos instrumentos de laboratorio:

a)

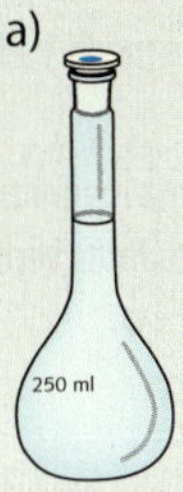


b)

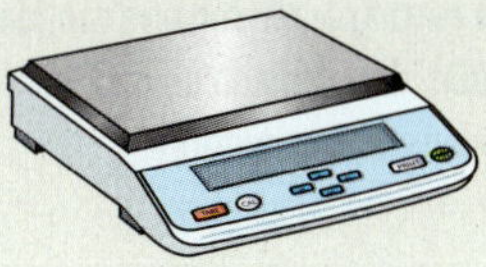

c)

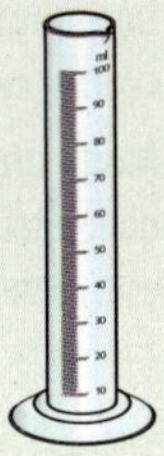

d)

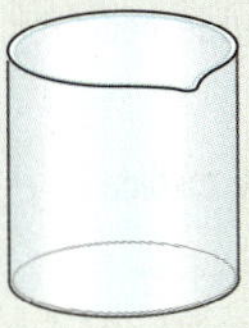

e)

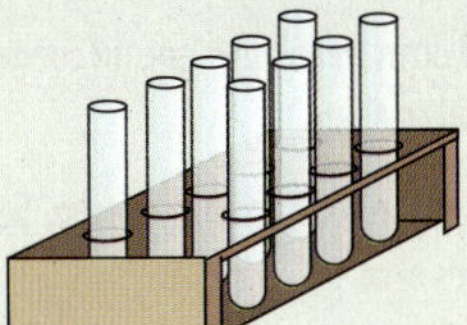

f)

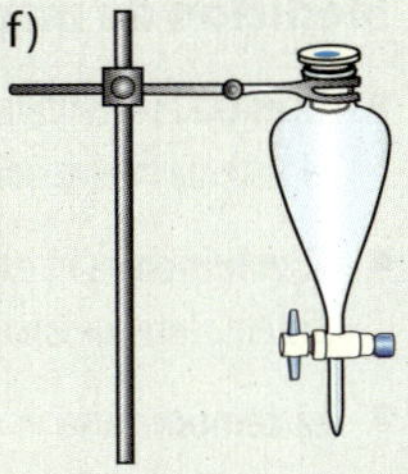

2. Busca información en Internet e indica para qué sirven estos instrumentos: pipeta, bureta y matraz Erlenmeyer.

3. ¿Qué tipos de instrumentos conoces que sirvan para contener líquidos y preparar disoluciones en un laboratorio?

4. Busca en Internet información sobre los distintos tipos de termómetros utilizados en el laboratorio y los motivos por los cuales se dejaron de utilizar los de mercurio.

5. Indica qué material de laboratorio utilizarías para elaborar una mezcla de 15 g de NaCl con 250 ml de agua que posteriormente vas a llevar a ebullición.

6. Imagina que en un laboratorio dispones de una lupa binocular, un microscopio óptico y un microscopio electrónico. Señala con cuál de los anteriores instrumentos analizarías: una hoja de cebolla, una pata de cucaracha, un cloroplasto, un virus de la gripe, una doble cadena del ADN, una membrana nuclear, la estructura de una proteína, una bacteria Escherichia coli.

7. ¿Cómo funciona un microscopio electrónico? ¿Qué tipo de objetos permite observar?

8. Lee este texto e indica qué normas de laboratorio no cumplen los alumnos:

> Marta, Luis, Irene y Pedro llegan tarde a primera hora de la mañana al laboratorio de física y química. Entran con los abrigos y las mochilas y los dejan encima de la mesa de trabajo. Se ponen sus batas de laboratorio, los guantes y las gafas, con excepción de Pedro, que dice que las gafas le afean. Luis está oliendo un frasco de alcohol.
>
> Irene lleva el pelo suelto y Pedro no para de correr por el laboratorio. Marta piensa que la práctica es aburrida y coge un frasco de ácido clorhídrico para hacer un experimento muy divertido que le han contado sus amigas.

9. Explica al menos cinco normas de seguridad e higiene que hay que seguir en el laboratorio.

10. ¿Qué significan estos pictogramas de peligro?

a)

b)

c)

d)

11. Explica la diferencia que existe entre una balanza analítica y una balanza granataria. Pon dos ejemplos de sustancias que utilizarías con cada una de ellas.

12. Calcula el volumen de un cubo de lado 1 mm. Expresa el resultado en unidades del Sistema Internacional y en notación científica.

13. Las masa de un cuerpo es 350 g y su volumen es 200 $cm^3$. Calcula su densidad.

14. Expresa los siguientes cambios de unidades de temperaturas:

a) 20 ºC en K.
b) 240 K en ºC.
c) −25 ºC en K.
d) 300 K en ºC.
e) 1250 ºC en K.
f) −235 ºC en K.

15. Relaciona cada una de estas medidas con su magnitud e indica su unidad de medida básica en el Sistema Internacional: 2 km; 8 °C; 8 $m^2$; 1,5 l; 36 años; 13 kg; 0,45 $m^3$.

16. Queremos medir la temperatura de una habitación con dos termómetros: uno analógico graduado en grados centígrados y otro digital graduado en décimas de grado.

a) ¿Cuál de los dos es más preciso? Justifica tu respuesta.
b) Los resultados de la medición son: 25 °C (termómetro analógico) y 25,1 °C (termómetro digital). Si la temperatura real es de 24,9 °C, ¿cuál es el más exacto? ¿Por qué?

17. ¿Cuál es la masa de 15 $cm^3$ de gasolina? ¿Qué volumen ocupa 0,5 toneladas de gasolina? Densidad de la gasolina: 0,68 $g/cm^3$.

18. Lee este texto y responde a las preguntas que se plantean.

> El joven Galileo Galilei se encontraba sentado en una de las bancas de la catedral de Pisa cuando sus ojos se posaron en la enorme lámpara de cristales que colgaba desde el techo, en mitad del templo. Notó que la lámpara tenía una pequeña oscilación, que era permanente y que no había corrientes de aire. Así descubrió lo que llamó la "ley del péndulo", fenómeno físico que comprobó con diversos experimentos.

a) Busca en Internet quién fue Galileo Galilei y qué descubrimientos hizo.
b) ¿Cómo crees que pudo cuantificar el movimiento de la lámpara?
c) ¿Con qué tipo de magnitud se expresa el movimiento de la lámpara?

# 2 IDEAS CLAVE Y AUTOEVALUACIÓN

### Microscopía

- La **microscopía** es el conjunto de técnicas destinadas a hacer visibles objetos o detalles de estos no observables a simple vista.
- Los instrumentos ópticos más utilizados en el laboratorio son:
  - **Microscopio óptico:** instrumento en el que la luz pasa a través de la muestra que se observa y forma una imagen virtual aumentada del objeto entre el objetivo y el ocular.
  - **Lupa binocular:** instrumento que se caracteriza por contar con un juego de lentes fijo, es decir, con un único objetivo de aumento. Se denomina binocular porque tiene dos oculares.

### Normas de trabajo en el laboratorio

- En los laboratorios es necesario seguir una serie de **normas de seguridad e higiene:**
  - En relación con las instalaciones.
  - En relación con nuestra actitud y comportamiento.
  - En relación con los productos, material e instrumentos.

### La medida

- Una **magnitud** es cualquier propiedad de la materia que se puede medir y a la cual se puede asignar una unidad.
- **Medir una magnitud** es compararla con otra cantidad de la misma magnitud que se toma como patrón, denominada unidad, para averiguar cuántas veces está contenida esta unidad en la magnitud.

### Medición de magnitudes fundamentales y derivadas

- La **masa** es la cantidad de materia que tiene un cuerpo. Su unidad de medida en el Sistema Internacional es el **kg.**
- El **volumen** es el espacio que ocupa un cuerpo. Su unidad de medida en el Sistema Internacional es el **$m^3$.**
- La **temperatura** es la medida del movimiento de las partículas que forman un cuerpo. Su unidad de medida en el Sistema Internacional es el **kelvin (K).**
- La **densidad** es la relación que existe entre la masa y el volumen de un cuerpo. Su unidad de medida en el Sistema Internacional es el **$kg/m^3$.**

**Anota en tu cuaderno la opción correcta:**

1. ¿Cuál de estos instrumentos de laboratorio se utiliza para medir volúmenes?

a) Matraz aforado.
b) Varilla.
c) Frasco lavador.
d) Crisol.

2. ¿Cuál de estos instrumentos de laboratorio sirve para separar sustancias?

a) Vaso de precipitado.
b) Embudo de decantación.
c) Pipeta.
d) Bureta.

3. ¿Qué indican los pictogramas de los productos químicos?

a) Para qué se utilizan en el laboratorio.
b) Las reacciones químicas que se pueden llevar a cabo con ellos.
c) Los peligros de los productos químicos.
d) Las normas de seguridad que deben observarse en su uso.

4. ¿Qué se define como toda propiedad que puede ser medida?

a) Magnitud fundamental.
b) Magnitud física.
c) Magnitud derivada.
d) Magnitud química.

5. La magnitud de la temperatura en el Sistema Internacional es:

a) Kelvin.
b) Fahrenheit.
c) Celsius.
d) Candela.

6. ¿Cuál es la magnitud de la masa en el Sistema Internacional?

a) Gramo.
b) Kilogramo.
c) Newton.
d) Tonelada.

7. ¿A cuántos kelvins equivalen 30 °C?

a) 300 K.
b) 303 K.
c) 30 K.
d) 243 K.

8. ¿A cuántos grados centígrados equivalen 5 °F?

a) 15 °C.
b) 25 °C.
c) −15 °C.
d) −25 °C.

9. ¿Cuál es la masa de una barra de acero que ocupa 5 $m^3$ si su densidad es 7 850 $kg/m^3$?

a) 1 570 kg.
b) 39 250 kg.
c) 15 700 kg.
d) 40 820 kg.

10. El apartado que describe los materiales que se han utilizado en el informe de laboratorio se denomina:

a) Resultados.
b) Conclusiones.
c) Portada.
d) Metodología.

# Unidad 3

# Reacciones químicas

## SUMARIO

- Cambios físicos y químicos
- Tipos de reacciones químicas
- La química en la vida cotidiana
- Química y salud
- Química y reciclaje

## TÉCNICAS DE TRABAJO

- Síntesis de un polímero: *slime*

# 1 • Cambios físicos y químicos

La realidad que nos rodea está en continuo cambio. Si se pone a hervir un poco de agua, al poco tiempo se observa que se ha evaporado; si se deja una fruta varios días al aire libre, podemos ver que se pudre; el hierro expuesto a la intemperie, con el tiempo se oxida.

Se pueden clasificar todos estos cambios en dos grandes grupos: cambios físicos y cambios químicos.

Los **cambios físicos** son aquellas transformaciones en las que las sustancias no se transforman en otras diferentes, y por tanto su estructura química no cambia.

Un ejemplo de un cambio físico es el cambio que se produce en nuestras pupilas al variar la cantidad de luz que reciben (Ejemplo 1).

**Ejemplo 1**

Las pupilas de nuestros ojos regulan la cantidad de luz recibida. Se dilatan si la luz es escasa, y se contraen si hay un exceso de luz, con la finalidad de mejorar nuestra visión. Se produce un cambio físico, pero no varía la naturaleza del ojo.

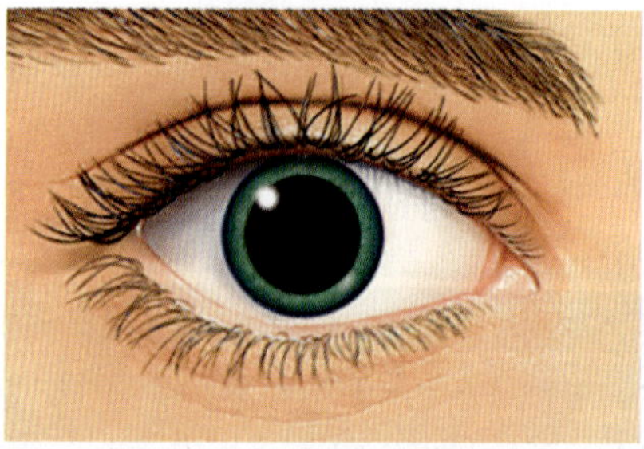

Pupila dilatada

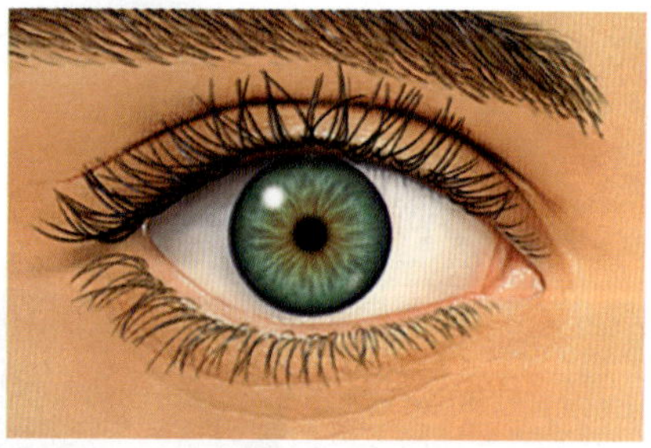

Pupila contraída

Los **cambios químicos** son aquellos que producen una transformación en la estructura química de las sustancias, por lo que cambia su naturaleza.

A diferencia de los cambios físicos, los cambios químicos son irreversibles; aunque se someta a la nueva sustancia a las condiciones iniciales, no volverá a ser la sustancia inicial.

Por ejemplo, en la oxidación de la fruta al reaccionar con el oxígeno del aire se produce un cambio químico (Ejemplo 2).

**Ejemplo 2**

Si dejamos fruta fuera del frigorífico durante varios días, podemos observar un cambio químico. La fruta se oxida al reaccionar con el oxígeno que hay en el aire.

Este proceso puede retardarse si envolvemos con un plástico la fruta para que el oxígeno no entre en contacto con ella.

**Cambios de estado ?**

Los cambios de estado de una sustancia se consideran un tipo de cambio físico, ya que solo se produce una reordenación de los átomos que forman la sustancia. Por ejemplo, cuando un helado se derrite.

## Actividades

1. Pon dos ejemplos de cambios físicos y otros dos de cambios químicos que observes en tu vida cotidiana
2. Indica si los siguientes procesos son cambios físicos o químicos:

a) Un tronco de madera que arde y se convierte en cenizas.
b) Un trozo de mantequilla que se derrite.
c) Un vaso de cristal que se rompe.
d) Una viga de hierro que se oxida.

# 2 • Reacciones químicas

Los cambios químicos reciben el nombre de reacciones químicas.

Una **reacción química** es un proceso por el que unas sustancias, denominadas **reactivos,** se convierten en otras sustancias, conocidas como **productos,** con propiedades diferentes.

Los reactivos, por tanto, se transforman en los productos. Por ejemplo:

$$Mg + Cl_2 \rightarrow Mg_2Cl$$

Donde el magnesio (Mg) y el cloro ($Cl_2$) son los reactivos, y el cloruro de magnesio ($Mg_2Cl$) es el producto.

## 2.1 • Ecuaciones químicas

Las **ecuaciones químicas** son las representaciones mediante símbolos de las reacciones químicas.

Una ecuación química tiene dos miembros unidos por una flecha, que señala el sentido de la reacción. El miembro que está a la izquierda de la flecha incluye las fórmulas químicas de los reactivos y el miembro que esta a la derecha, las fórmulas químicas de los productos.

En una reacción química puede observarse cómo va desapareciendo la masa de los reactivos a medida que aparece la de los productos. Esto se explica gracias a la **ley de conservación de la masa** expuesta por Antoine Lavoisier a finales del siglo XVIII, que afirma que en una reacción química la suma de las masas de los reactivos y la suma de la masa de los productos es la misma (Ejemplo 3).

**Ejemplo 3**

Supongamos que realizamos el siguiente experimento:

- Medimos el peso de una manzana y la dejamos encima de una mesa.
- Metemos otra manzana en un bote de cristal y medimos el peso total.

Dejamos transcurrir una semana.

Al volver a pesar la manzana que está encima de la mesa, esta pesa menos que antes. Al pesar el bote con la manzana dentro, vemos que pesa igual.

La manzana al aire libre ha madurado, es decir, ha sufrido una reacción de oxidación; por eso ha perdido parte de su masa y ha cambiado su color. La manzana contiene carbono, así que la reacción que tiene lugar es:

$$C + O_2 \rightarrow CO_2$$

Como el $CO_2$ es un gas, se va a la atmósfera y la manzana pierde masa porque tiene menos átomos de carbono.

La manzana que estaba dentro del bote también ha madurado, pero al estar cerrado el bote, el $CO_2$ no ha podido escapar a la atmósfera; por lo tanto, el peso del contenido del bote es el mismo.

**Estado de los reactivos y productos en una reacción** +

En una reacción química, las sustancias pueden estar en los siguientes estados:

- (l) Líquido.
- (s) Sólido.
- (g) Gaseoso.
- (aq) Solución acuosa.

## Actividades

3. Señala los reactivos y los productos de las siguientes reacciones químicas:

a) El hidrógeno reacciona con el oxígeno para formar agua.
b) El calcio y el cloro reaccionan para formar cloruro de calcio.

4. En un recipiente con 50 g de agua se agrega sal. Si sumamos la masa del recipiente más la masa del agua más la masa de la sal, se obtiene un valor de 85,5 g. La masa del recipiente vacío es 30 g. ¿Cuál es la masa de la sal agregada?

5. Realiza en el laboratorio el siguiente experimento para demostrar la ley de conservación de la materia:

- Pon un cubito de hielo en un platillo sobre una balanza y mide su masa.
- Deja que el cubito se derrita y mide ahora la masa del agua.

¿Son iguales ambas masas?

1 En las luces de bengala se produce una reacción química para la que solo hace falta un combustible metálico y un oxidante.

## 2.2 • Reacciones químicas y energía

Para que en las reacciones químicas se produzca la transformación de unas sustancias (reactivos) en otras (productos), se rompen los enlaces que mantienen unidos a los átomos en las moléculas de los reactivos, y se forman nuevos enlaces en las moléculas de los productos (Ejemplo 4).

**Ejemplo 4**

Reacción de combustión del metano en el nivel molecular:

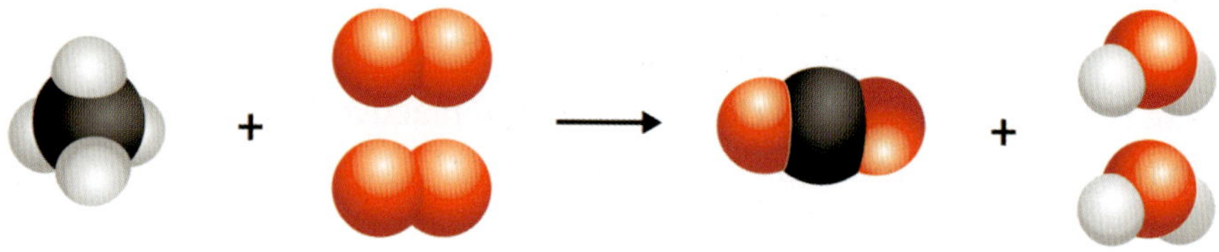

$$CH_4 + 2\,O_4 \longrightarrow CO_2 + 2\,H_2O$$

Los enlaces de los reactivos, el metano ($CH_4$) y el oxígeno ($O_2$), se rompen y forman nuevos enlaces que dan lugar a los productos dióxido de carbono ($CO_2$) y agua ($H_2O$).

Para que tenga lugar la rotura de enlaces en los reactivos se requiere un aporte de energía, mientras que durante la formación de los enlaces en los productos se libera energía.

Por tanto, todas las reacciones químicas implican una variación en la energía existente previamente, que se representa con el símbolo ($\Delta$).

La energía que se desprende o se absorbe en una reacción química se denomina **calor de reacción.**

En función de cómo sea esta variación de energía, podemos distinguir dos tipos de reacciones químicas.

### Reacciones químicas endotérmicas

En este tipo de reacciones, la energía desprendida en la formación de enlaces es menor que la necesaria para la ruptura, por lo que se necesita un aporte energético para obtener los productos, generalmente en forma de calor, energía eléctrica, luminosa o química (Ejemplo 5).

**Ejemplo 5**

Un ejemplo bastante claro de este tipo de reacciones se observa al freír un huevo.

Para que se cocine, se necesita un aporte de calor.

Gracias a este calor, se produce una reacción endotérmica que afecta a las proteínas del huevo y que, entre otras cosas, provoca que la clara se vuelva de color blanco.

### Actividades

6. ¿Cuál es el requisito necesario para que se produzca una reacción química endotérmica?

7. Busca información en Internet sobre la fotosíntesis. Explica por qué se produce una reacción endotérmica en este proceso.

## Reacciones químicas exotérmicas

Las reacciones químicas exotérmicas son las que se producen cuando la energía desprendida en la formación de enlaces químicos es **mayor** que la necesaria para su ruptura. Es decir, se desprende energía al transformar los reactivos en productos, normalmente en forma de **luz** o **calor** (Ejemplo 6).

**Ejemplo 6**

Las reacciones químicas exotérmicas se utilizan habitualmente para generar energía, luz y calor.

Por ejemplo, cuando se quema carbón vegetal, los átomos de carbono que contiene se combinan con el oxígeno del aire para formar dióxido de carbono, además de liberarse mucha energía en forma de luz y calor.

$$C\,(s) + O_2 \rightarrow CO_2\,(g) + \Delta$$

Entre las reacciones exotérmicas, tienen especial interés por su uso doméstico e industrial las **reacciones de combustión.**

## Diagramas de energía de las reacciones

A continuación se muestran las representaciones gráficas de las reacciones endotérmicas y exotérmicas.

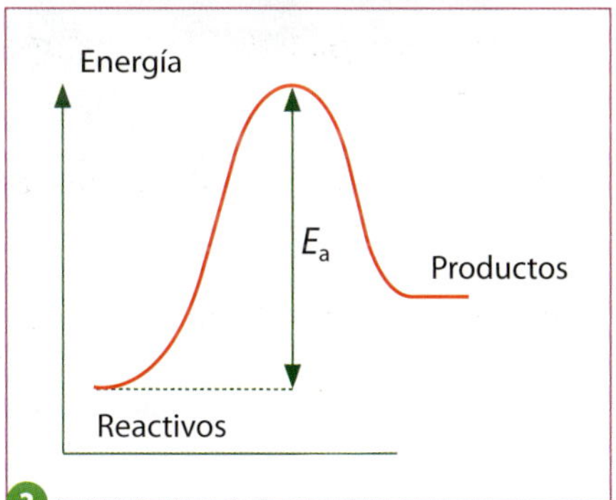


2 Representación gráfica de una reacción endotérmica, donde se suministra energía.

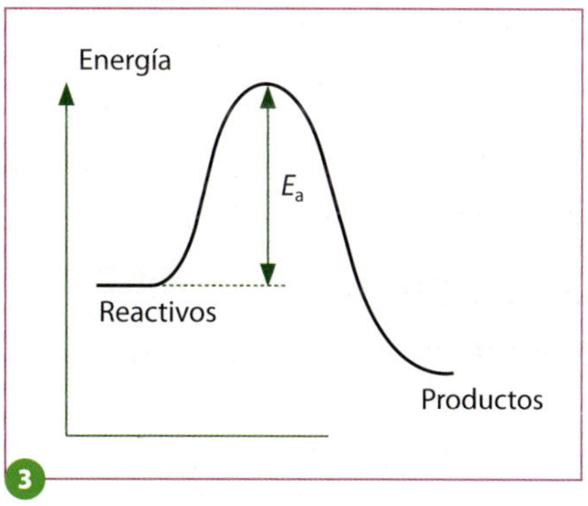


3 Representación gráfica de una reacción exotérmica, donde se desprende energía.

### Intoxicación por monóxido de carbono (CO) ?

El monóxido de carbono (CO) es un producto resultante de la combustión deficiente de la materia orgánica y de los hidrocarburos (como el butano). Es sumamente tóxico, y una de la causas más comunes de envenenamiento en el caso de aparatos de combustión que funcionan defectuosamente. Es importante revisar con regularidad los aparatos domésticos.

## Actividades

8. Busca en Internet el ejemplo de dos reacciones que sean endotérmicas y dos exotérmicas.

9. Indica si las siguientes reacciones son endotérmicas o exotérmicas:

a) La formación de triolita, a partir de hierro y azufre, requiere calor.
b) El óxido de cromo se obtiene calentando el dicromato de amonio.
c) Se mezclan hidróxido de bario y nitrato amónico. Esta reacción produce nitrato de bario, amoniaco y agua. La reacción absorbe tanto calor del ambiente que el agua formada se congela.

10. Busca información sobre la reacción de descomposición del hidrógeno y por qué se utiliza como fuente de energía.

11. Cuando encendemos una estufa de butano, este gas reacciona con el oxígeno del aire y se produce dióxido de carbono y agua. ¿Es una reacción endotérmica o exotérmica? Escribe la ecuación química de la reacción que tiene lugar.

12. Determina si los siguientes procesos son endotérmicos o exotérmicos:

a) Descomposición del ozono.
b) Combustión del butano.
c) Fotosíntesis.
d) Condensación del vapor de agua.
e) Descomposición del agua por electrólisis.

# 3 • Tipos de reacciones químicas

Para comprender mejor las reacciones químicas más importantes, podemos agruparlas en grandes categorías a partir de aspectos comunes que las identifican.

Vamos a ver diversos tipos de reacciones: de **reducción-oxidación** (redox), de **combustión** y de **neutralización** (ácido-base).

## 3.1 • Reacciones de reducción-oxidación (redox)

Las **reacciones de oxidación-reducción (redox)** son aquellas reacciones químicas en las que se produce intercambio de electrones entre los reactivos.

La **oxidación** es el proceso en el cual una especie química pierde electrones y su número de oxidación aumenta (Ejemplo 7).

La **reducción** es el proceso en el cual una especie química gana electrones y su número de oxidación disminuye.

**Ejemplo 7**

Las cadenas de hierro se oxidan en presencia de oxígeno. En este caso se estaría produciendo una transferencia de electrones desde el hierro al oxígeno.

La reacción de oxidación sería la siguiente:

$$Fe + O_2 \rightarrow Fe_2O_3$$

El hierro y el oxígeno dan lugar al óxido de hierro.

## 3.2 • Reacciones de combustión

Las **reacciones de combustión** son aquellas en que una sustancia (con elevado potencial energético), denominada combustible, reacciona con el oxígeno, y da lugar, generalmente, a dióxido de carbono, agua y gran cantidad de energía en forma de luz y calor.

Estas reacciones son las que se emplean habitualmente para producir energía (Ejemplo 8). Lo único que varía, en cada caso, es el combustible utilizado (gas natural, gas butano, gas propano, carbón, madera, gasolina, etc.). Incluso nuestro cuerpo utiliza un combustible, la glucosa, para obtener la energía que necesitamos para vivir.

**Ejemplo 8**

Un ejemplo de este tipo de reacciones es la combustión del propano:

$$C_3H_8 + 5\ O_2 \rightarrow 3\ CO_2 + 4\ H_2O + \text{energía}$$

propano + oxígeno → dióxido de carbono + + agua + energía

## Actividades

13. Averigua por qué cuando arde el contenido de una sartén en la cocina se recomienda taparla para extinguir el fuego.

14. ¿Dónde se oxida antes el hierro, en una ciudad de interior o en la costa? Averigua por qué.

## 3.3 • Reacciones de neutralización (ácido-base)

Este tipo de reacciones se producen entre un **ácido** y una **base.**

La **basicidad** (alcalinidad) o **acidez** de una disolución se expresa mediante el pH (potencial de hidrógeno), que es un índice que indica la concentración de iones hidrógeno en ella.

El **valor numérico** del pH de una sustancia está comprendido **entre 1 y 14** (siendo 1 el pH de las sustancias más ácidas y 14 el de las más básicas).

Las sustancias cuyo pH es inferior a 7 son ácidas; aquellas cuyo pH es superior a 7 son básicas, y las que tienen pH 7 son neutras; por ejemplo, el agua destilada.

Las **reacciones de neutralización** son aquellas en las que un ácido reacciona con una base dando lugar a una sal neutra y agua.

**Ácido + Base = Sal + Agua**

**Valores de pH de algunas sustancias** +

- Ácido de batería de coche: 1
- Zumo de limón: 2
- Vinagre: 3
- Vino: 4
- Cerveza: 5
- Agua de lluvia: 6
- Agua destilada: 7
- Agua de mar: 8
- Bicarbonato sódico: 9
- Pasta de dientes: 10
- Detergente: 11
- Amoniaco: 12
- Lejía: 13
- Sosa cáustica: 14

**Ejemplo 9**

Si hacemos reaccionar una de las sustancias más ácidas, como el ácido clorhídrico (pH 1), con una de las sustancia más básicas, como el hidróxido sódico (pH 14), obtenemos cloruro sódico (sal común) y agua.

$$HCl + NaOH \rightarrow NaCl + H_2O$$

Por eso se conocen como reacciones de neutralización, ya que acidez y alcalinidad se neutralizan mutuamente.

En este ejemplo, dos reactivos altamente tóxicos se convierten en dos productos inocuos.

### Medición del pH

El pH se puede medir de forma muy precisa con un aparato denominado **pH-metro**, pero lo más usual es efectuar una medición aproximada con **tiras de papel indicador.**

Estas tiras se ponen en contacto con la sustancia cuyo pH se quiere medir y el papel se tiñe de un color distinto según sea el pH de la disolución.

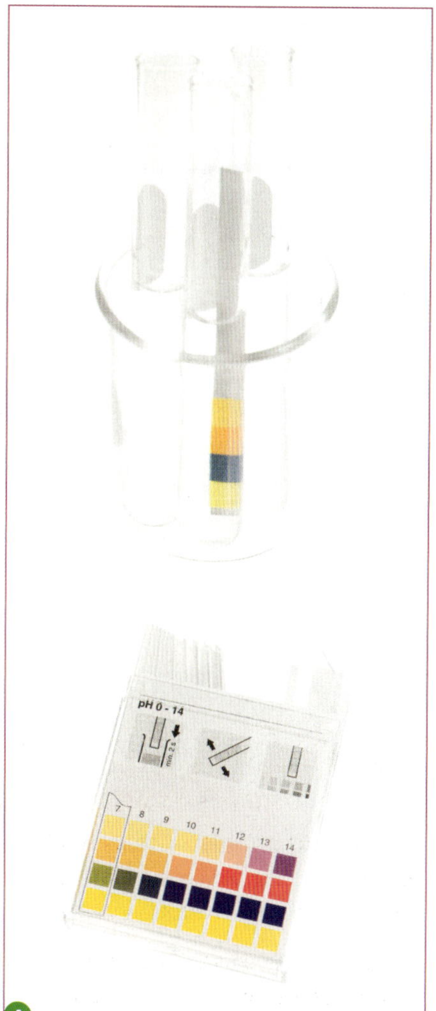


4 Tiras de papel indicador para medir el pH.

## Actividades

15. Una limonada es una solución formada por agua, azúcar y jugo de limón. ¿Su pH será ácido o básico? Busca información y justifica tu respuesta.

16. Busca información y escribe dos reacciones de neutralización.

17. Averigua el pH de las siguientes sustancias: bicarbonato de sodio, aspirina, lluvia ácida, café, sangre, leche, orina y refresco de cola.

18. El pH de la saliva es 6,5. Cuando tomamos azúcar, las bacterias que hay en la boca lo transforman en un ácido que ataca al esmalte de los dientes. ¿Qué tipo de sustancia, ácida o básica, debe de llevar la pasta dentífrica para evitarlo?

19. Busca información sobre col lombarda que actúa como un indicador de pH natural. ¿De qué color se vuelve cuando entra en contacto con un ácido? ¿Y con una base?

# 4 • Reacciones químicas en la vida cotidiana

La química se encuentra presente en todas las actividades de nuestra vida diaria.

La **química** es la ciencia que estudia la estructura de la materia, sus propiedades y las transformaciones que experimenta en estructura y composición.

Nos mantenemos vivos gracias a la energía que nos aporta la respiración. Además, obtenemos energía, para realizar las funciones vitales, a partir de las reacciones químicas que se producen duranle la digestión de los alimentos y en el interior de las células.

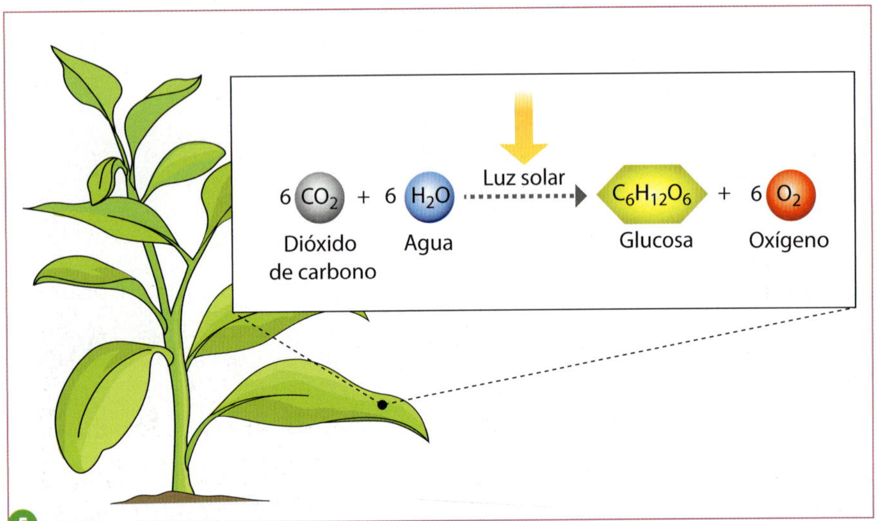


5 Reacción de fotosíntesis.

En la naturaleza se producen reacciones químicas continuamente; por ejemplo, la **fotosíntesis** de las plantas.

Algunos ejemplos de la importancia de la química en nuestra vida cotidiana son: las reacciones necesarias para producir energía o para generar frío, los alimentos envasados, determinados procesos en la cocina, los productos de limpieza, las industrias agrícola y ganadera, los circuitos informáticos, los fármacos o los cosméticos.

Gracias al desarrollo de la química, el ser humano es capaz de potabilizar el agua, un proceso de gran importancia para nuestra salud. El desarrollo de la medicina y la farmacia ha permitido la aparición de los medicamentos, antibióticos y vacunas. La química también ha permitido incrementar el rendimiento de los cultivos, mejorando la disponibilidad de alimentos y las condiciones de higiene.

En nuestra época, la química puede ser muy útil en la lucha contra los principales problemas sociales (hambre, malnutrición, pandemias) y medioambientales de nuestro tiempo, cuya comprensión requiere el conocimiento de las reacciones químicas que los originan (lluvia ácida, efecto invernadero, agujero en la capa de ozono, cambio climático, etc.).

Hoy en día se tiende hacia el desarrollo de la llamada **química sostenible** (también llamada química verde), orientada al diseño de productos y procesos químicos que impliquen la reducción o eliminación de sustancias nocivas.

## Actividades

20. Busca información y cita cuatro grandes descubrimientos de la historia de la ciencia que se han podido llevar a cabo gracias al desarrollo de la química.

21. Enumera cuatro actividades que lleves a cabo desde que te levantas hasta que llegas a tu centro educativo, en las que intervenga la química.

# 5 • La química en la industria agrícola y ganadera

Hoy en día, la utilización de productos químicos en la agricultura y la ganadería resulta imprescindible para mejorar la producción y reducir los costes.

| Contribución de la química a la mejora agrícola | | |
|---|---|---|
| Fertilizantes | El desarrollo de la química ha permitido obtener fertilizantes que aportan a las plantas los nutrientes que no pueden conseguir mediante la fotosíntesis (S, Mg, Ca, Fe, N, P o K).<br>La química interviene en la obtención de estos fertilizantes, ya sean **orgánicos** (a través del proceso de **compostaje** o de la obtención de lodos en la depuración de aguas) o **inorgánicos** (compuestos a partir de N, K o P). |  |
| Pesticidas | Los pesticidas o plaguicidas son sustancias que eliminan las plagas de insectos, ácaros, roedores u hongos, que pueden atacar a poblaciones vegetales.<br>Todos estos seres vivos producen enfermedades o malformaciones en plantas y animales, afectando a su correcto desarrollo.<br>El proceso de aplicar estas sustancias sobre las plantaciones se denomina **fumigación**. |  |
| Herbicidas | Los herbicidas son sustancias químicas que eliminan las malas hierbas que crecen en los cultivos de explotaciones agrícolas y que impiden su buen crecimiento.<br>No dañan los cultivos, aunque pueden tener un efecto negativo sobre las poblaciones de pájaros de las zonas donde se usan.<br>En agricultura ecológica, no se utiliza ningún herbicida, ya que son productos de síntesis química, pero se está investigando para obtener herbicidas procedentes de la naturaleza. |  |

Además, la química se utiliza en la **industria ganadera** para proteger a los animales de enfermedades mediante fármacos y vacunas, y evitar de este modo que dichas enfermedades puedan transmitirse a los seres humanos. Los medicamentos de uso veterinario se denominan **fármacos zoosanitarios.**

## Actividades

22. Averigua en qué consiste el proceso del compostaje.

23. ¿Por qué crees que es importante vacunar y suministrar medicamentos al ganado? Investiga sobre las enfermedades humanas que se deben al contacto con los animales y realiza un informe sobre el tema.

24. Busca en Internet información acerca del efecto de los pesticidas y herbicidas químicos sobre el medio ambiente. ¿Existen alternativas naturales y ecológicas para estos productos químicos?

# 6 • Tecnología de los alimentos y nutrición

**Características organolépticas de los alimentos**

Son aquellas características de los alimentos que pueden percibirse a través de los sentidos (olor, sabor, color, etc.).

Un aditivo que afecte a estas propiedades hará que un alimento sea más agradable a la vista, huela mejor, etc.

Los alimentos son sustancias que ingieren o absorben los seres vivos para poder realizar sus funciones básicas. Están formados por una mezcla de diferentes compuestos químicos como glúcidos (hidratos de carbono), lípidos (grasas), proteínas, vitaminas, sales minerales y agua.

La **tecnología de los alimentos** se ocupa del estudio y desarrollo de las técnicas y procedimientos necesarios para preservar la calidad de los productos alimenticios durante todo el proceso de preparación (recolección, manipulación, envasado y transporte), así como durante la fase de cocinado.

Hay que tener en cuenta que, durante todas las fases indicadas, existen muchos factores que pueden afectar no solo a la calidad del producto, sino fundamentalmente a sus condiciones higiénicas y sanitarias. Los alimentos pueden resultar contaminados por hongos o bacterias, y pueden sufrir daños por efecto del frío o el calor, o por la presencia o ausencia de humedad.

Existen diversos métodos químicos para preservar la calidad de los alimentos durante todo este proceso, y también para facilitar su conservación y para mejorar sus propiedades organolépticas. Para ello, se añaden a los alimentos los denominados **aditivos alimentarios.**

| **Principales aditivos alimentarios** | |
|---|---|
| Conservantes | Protegen los alimentos frente a la acción de microorganismos, para evitar que se pudran o deterioren. Tradicionalmente, se han utilizado procedimientos naturales como la acidificación (por ejemplo, los encurtidos), la adición de aceite (conservas), la deshidratación, etc. Actualmente, también se utilizan diversos aditivos químicos que tienen el mismo efecto: ácido láctico, ácido fórmico, etc. |
| Antioxidantes | La luz solar y el oxígeno provocan la oxidación de los alimentos, y producen su descomposición. Para conservarlos, en algún caso se utilizan recipientes opacos (las conservas), se envasan al vacío o se les añaden productos químicos reductores, que retardan las reacciones de oxidación en el alimento. |
| Emulsionantes y estabilizantes | Se suelen utilizar, por ejemplo, en mayonesas, margarinas o helados para mantener ligadas las sustancias que componen estos alimentos, así como para mejorar el aspecto de algunos productos horneados. |
| Colorantes | Los colorantes se usan para resaltar el color natural de los alimentos y para devolver el color perdido durante las manipulaciones necesarias para su conservación. |
| Aromas | Son condimentos utilizados para dar a los platos y alimentos el gusto deseado. |

Según la normativa de la UE, los aditivos autorizados en los alimentos tienen un código que empieza con la letra **E** seguida de tres o cuatro cifras que los identifican. Por ejemplo, el código E-951 corresponde al edulcorante aspartamo.

La química también está muy presente en los diversos procesos involucrados en el **cocinado de alimentos.**

En cualquier cocina, constantemente se están produciendo reacciones químicas y transformaciones moleculares: cuando se cuecen, asan o fríen los alimentos; cuando se emulsionan (por ejemplo, al hacer una mayonesa); cuando se sazona un alimento (se le añade NaCl, sal común); al caramelizar azúcar; etc.

## Actividades

25. Busca información sobre los colorantes naturales y las ventajas que presentan frente a los colorantes artificiales.

26. Señala en qué puede mejorar la calidad de un alimento el uso de conservantes y antioxidantes.

# 7 • Los polímeros

La fabricación de polímeros ha tenido un papel esencial en el desarrollo de las sociedades modernas.

Pese a que su nombre puede que no nos resulte familiar, estamos rodeados de polímeros, tanto naturales, por ejemplo las prendas de lana o algodón, como artificiales, por ejemplo los plásticos de las botellas de agua mineral, fabricadas de PET (tereflatato de polietileno).

Los **polímeros** son macromoléculas constituidas por largas cadenas de átomos que contienen carbono.

Los polímeros son imprescindibles para numerosos procesos industriales y en muchas actividades de la vida cotidiana: la construcción, el mundo textil, la medicina, la automoción, etc.

Estos compuestos suelen ser muy resistentes.

| **Tipos de polímeros** | |
|---|---|
| Naturales | Son los que existen de forma natural en el mundo animal o vegetal. Entre las biomoléculas que forman los seres vivos, la más importante para la vida es el ADN, pero también son polímeros las proteínas o los polisacáridos, como la celulosa o el almidón. Otros polímeros de uso corriente son la lana, la seda, el algodón, el látex, etc. |
| Semisintéticos | Se elaboran aplicando procesos químicos a los polímeros naturales: por ejemplo, el caucho vulcanizado de los neumáticos. |
| Sintéticos | Se obtienen a partir de procesos químicos. Son los materiales que coloquialmente denominamos "plásticos". Existe gran variedad: polietileno, vinilo, poliestireno, polipropileno (PP), nailon, PVC, PET, metacrilato, etc. |

6

El polipropileno (PP) se utiliza en la fabricación de algunos juguetes.

Los **plásticos** presentan múltiples ventajas para ser utilizados en la industria: son ligeros, fácilmente moldeables, baratos de producir, resistentes a la degradación y a la corrosión, y también buenos aislantes térmicos y eléctricos.

Su principal inconveniente radica en que son tan resistentes que, en muchos casos, no son biodegradables y pueden contaminar el medio ambiente durante largos periodos de tiempo. No es sencillo ni barato reciclarlos y son muy contaminantes.

7

Además de para fabricar prendas de vestir, el nailon se utiliza, entre otras cosas, para fabricar cuerdas de guitarra.

## Actividades

27. ¿Qué significa que un polímero es biodegradable? Busca algún ejemplo de este tipo de polímeros.

28. Pon tres ejemplos de cada uno de los tipos de polímeros.

29. En grupos de tres alumnos, elaborad una lista con todos los materiales que tengáis a la vista que estén fabricados a partir de polímeros. Poned en común las listas de toda la clase.

30. ¿Por qué es de vital importancia el reciclaje de los plásticos? ¿Cómo crees que deberían ser todos los plásticos en el futuro?

# 8 • La industria textil

**La industria textil: la segunda más contaminante del planeta** ?

A diferencia de lo que pasa con las cáscaras de los plátanos, las ropas viejas no se pueden reciclar fácilmente, incluso si han sido manufacturadas con materiales naturales, pues se blanquean con lejía, se tiñen, se estampan... Los compuestos químicos que desprenden pueden ir a parar a las aguas subterráneas.

Además, las fibras sintéticas no son biodegradables. Por si fuera poco, contribuyen al calentamiento global. Hacen falta unos 70 millones de barriles de petróleo para fabricarlas. Y en cuanto al algodón, que es la fibra natural más usada, su cultivo concentra el 18% de los pesticidas que se usan en el mundo y el 25% de los insecticidas.

Así pues, la ropa desechada debería reutilizarse tantas veces como sea posible.

Fuente: http://www.xlsemanal.com (adaptación).

Tradicionalmente, la industria textil ha utilizado **recursos naturales:** elaboración de las prendas a partir de fibras extraídas del mundo animal o vegetal (seda, lino, lana, algodón, etc.) y uso de colorantes naturales derivados de plantas y animales. Pero, incluso cuando las fibras textiles tenían un origen natural, la química ya formaba parte del proceso de teñido, mediante una reacción química entre las fibras del tejido y el tinte o colorante aplicado.

Las primeras **fibras artificiales** se descubrieron en el siglo XIX, a partir de elementos naturales como la celulosa o proteínas vegetales y animales (por ejemplo, el rayón, el muaré, etc.).

El gran avance vino con las **fibras sintéticas,** polímeros derivados del petróleo que han supuesto una verdadera revolución en la industria textil. Se trata de tejidos baratos de producir, resistentes, fáciles de lavar, que se secan rápido y que, al poder ser diseñados a voluntad, pueden adaptarse a las circunstancias de uso que se les exija por extremas que sean (resistencia al agua, ausencia de arrugas, ajuste al cuerpo, facilidad de transpiración, etc.).

| Principales fibras sintéticas | |
|---|---|
| Poliamidas | Fueron las primeras fibras sintéticas. La más importe es el **nailon.** A esta familia pertenecen también tejidos como el **Kevlar** o **Nomex.** |
| Poliésteres | Este grupo incluye varios polímeros de uso habitual. Por ejemplo, el **PET** (en su uso textil conocido como tergal). Se suelen mezclar con fibras naturales para aumentar la resistencia del tejido y su cuidado, lo que permite obtener prendas que no necesitan planchado. |
| Acrílicos | Son fibras con apariencia similar a la lana, por lo que se suelen utilizar para prendas como jerséis, faldas, etc. Estos tejidos son vistosos, además de resistentes y de fácil cuidado. |
| Poliolefinas | A este grupo pertenece el **polietileno,** muy utilizado en embalajes y ropa industrial. La fibra más conocida de este grupo es el **elastano,** imprescindible en la moda actual por sus propiedades elásticas. Se utiliza en ropa interior y de baño, en la ropa deportiva y se añade a prendas de algodón (por ejemplo, los vaqueros), para dotarlas de elasticidad. |

Además, la relación entre el mundo textil y la química está en permanente desarrollo y continuamente se están creando nuevas fibras. La última revolución textil tiene un nombre: **nanofibras.** Con la utilización de una nueva técnica de hilado de los polímeros se consiguen fibras cien veces más pequeñas que las normales, que permiten fabricar prendas con propiedades asombrosas: repelen el agua, son muy transpirables y antimicrobianas, mantienen la temperatura corporal, no se manchan, son ignífugas, etc.

## Actividades

31. Anota en tu cuaderno la composición de alguna de tus prendas de vestir, que se indica en su etiqueta. Copia también los pictogramas de la etiqueta. ¿De qué tipo de fibra está hecha? ¿Qué propiedades tiene? ¿Qué cuidados hay que tener para su correcto mantenimiento?

32. Busca información sobre el proceso de obtención del tergal y del nailon.

# 9 • La industria cosmética

La industria cosmética es la que se dedica a la fabricación y venta de productos destinados a la higiene y belleza del cuerpo.

Quizás uno de los cosméticos más antiguos es el **jabón,** que es el resultado de una reacción química denominada **saponificación.** Los jabones y los detergentes contienen moléculas constituidas por una parte hidrofílica (afín al agua) y una parte hidrófoba (que repele el agua) afín a las grasas (Ejemplo 10).

**Ejemplo 10**

Si echamos detergente en agua con grasa, el jabón se dispone molecularmente formando lo que se denominan micelas. Las cadenas hidrófobas del detergente se orientan hacia el interior, interaccionando con la grasa, y las cadenas hidrofílicas se orientan hacia el exterior y forman fuertes interacciones con las moléculas de agua. De este modo, las grasas son separadas de la superficie donde están (piel, tejido textil…) y arrastradas por el agua.

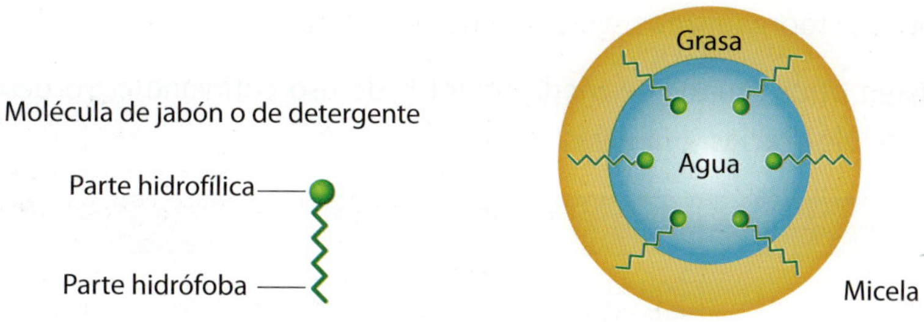


Otro grupo de cosméticos muy utilizado y relacionado con el mundo de la química es el de los **perfumes.** Se trata de productos químicos elaborados a partir de diversas **sustancias aromáticas** (que pueden ser aceites esenciales naturales, derivados de las plantas o animales, o esencias sintéticas producidas en laboratorio), un **disolvente** (generalmente, alcohol) y una **sustancia fijadora,** cuyo fin es mantener el aroma.

También está muy extendido el uso de los **desodorantes.** El mal olor de la transpiración se debe a una bacteria que prolifera en ambientes húmedos y cálidos (como los que se generan por el sudor).

Por ello, los desodorantes tienen una triple acción: por un lado incluyen agentes **antibacterianos** para matar a las bacterias; por otro lado, **perfume** para proporcionar buen olor y, finalmente, **antitranspirantes** para disminuir la sudoración.

## Actividades

33. Averigua qué productos naturales constituyen la base para la elaboración de jabón natural y explica en qué consiste el proceso.

34. Busca en Internet una receta a partir de la cual puedas elaborar un perfume en casa.

35. En grupos, buscad información sobre la industria cosmética, volumen de ventas, principales multinacionales del sector y tipos de empleos que genera. Elaborad una presentación y exponedla en clase.

**El pH neutro**

La publicidad no cesa de anunciar productos cosméticos con pH 5,5, y se afirma que tienen "pH neutro". ¿Eso es cierto?

Ya hemos visto que el pH neutro es 7 (la mitad entre 1 y 14), que corresponde al agua destilada. El pH de nuestra piel es, aproximadamente, de 5,5; es decir, ligeramente ácido para poder luchar contra los microorganismos externos. Por eso, los jabones, champús y geles tienen un pH muy parecido al de nuestra piel, para reponer el manto ácido que eliminan con el lavado.

Por tanto, en este caso "neutro" hace referencia a "neutro respecto del pH de la piel humana".

**Parabenos**

Los parabenos son unos compuestos químicos muy utilizados en los cosméticos. Sin embargo, algunos están bajo sospecha de que puedan alterar el equilibrio hormonal del organismo.

# 10 • Química y salud

En el siglo xx, la **esperanza de vida** en los países desarrollados se incrementó en más de 30 años, mucho más que en todo el tiempo transcurrido hasta ese momento. Ello fue debido a diversos factores, como las mejoras en alimentación o el desarrollo tecnológico, pero fundamentalmente al enorme avance de las ciencias de la salud que tuvo lugar en ese periodo. El **tratamiento del agua,** con cloro y con otros productos químicos, ha permitido salvar muchas vidas, ya que gran parte de las enfermedades, como el cólera, se transmiten al beber agua no potable..

Los medicamentos más importantes para mejorar nuestra esperanza de vida son:

- Las **vacunas,** que inmunizan a millones de personas al inducir la formación de anticuerpos contra esas enfermedades (mediante la inoculación de los patógenos muertos o atenuados para que el sistema inmunológico aprenda a luchar contra ellos).
- Los **antibióticos,** que han permitido luchar contra las infecciones provocadas por microorganismos, generalmente bacterias.

Pero existen otros grupos de medicamentos de uso cotidiano cuyo desarrollo ha sido posible gracias a la investigación química:

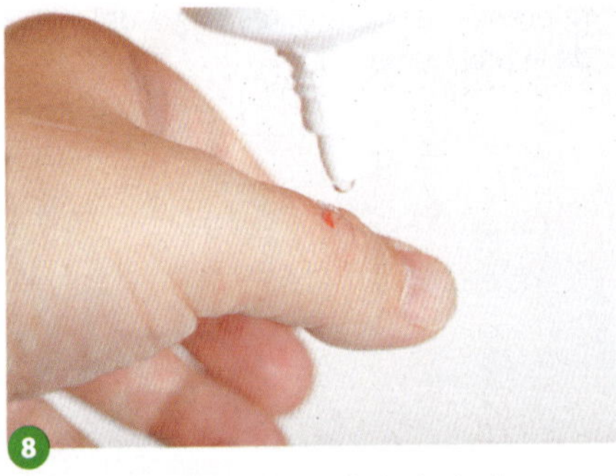

8 Los antisépticos, como el alcohol o la solución de yodo, se usan para desinfectar heridas.

| **Medicamentos de uso cotidiano** | |
|---|---|
| Antisépticos | Son sustancias antimicrobianas, que se usan para impedir las infecciones en heridas. |
| Analgésicos | Son medicamentos destinados a reducir o eliminar el dolor y la inflamación. El más conocido es la aspirina, cuyo mecanismo químico consiste en inhibir una determinada enzima. También es muy usado el paracetamol. |
| Antiácidos | Por la naturaleza de las reacciones ácido-base, sabemos que para combatir un entorno ácido es necesaria una base. Por eso, el antiácido más tradicional ha sido el bicarbonato sódico, que al reaccionar con los jugos gástricos se convierte en una sal y en agua. |

En el terreno de la **cirugía,** los medicamentos (como los anestésicos, desinfectantes, antisépticos., etc.) y los materiales con los que se fabrican las prótesis, el instrumental quirúrgico, los tubos de plástico, etc., han resultado también decisivos para aumentar la esperanza y la calidad de vida de la población.

**El uso de los plásticos en la medicina**

Muchos avances en la medicina se han debido, en gran parte, al uso de materiales plásticos, presentes en todas las áreas sanitarias.

Además, su utilización ha revolucionado el terreno de la cirugía y de los implantes. Se utilizan materiales plásticos en ortopedia como elementos de sujeción, para reemplazar articulaciones y en la elaboración de todo tipo de prótesis.

## Actividades

36. Investiga cómo actúan los antibióticos frente a las bacterias y por qué no son eficaces frente a los virus.

37. ¿Cómo actúan las vacunas? Mira en tu cartilla médica las vacunas que te han puesto y qué enfermedades previenen.

38. Busca información sobre los materiales con los que están fabricados los distintos tipos de prótesis.

39. Realiza un trabajo sobre la nanotecnología y su aplicación en el campo de la medicina y la salud.

## 11 • Química y reciclaje

Como hemos visto en la unidad, los **plásticos** han tenido gran importancia en el desarrollo tecnológico del último siglo. Hoy día sería difícilmente concebible la vida en las sociedades industrializadas sin el uso de estos polímeros sintéticos.

Ahora bien, el uso de los plásticos tiene unas consecuencias muy negativas para el medio ambiente.

Las propias características de los polímeros hacen que estos materiales no sean biodegradables y permanezcan en el medio ambiente durante periodos de tiempo muy largos: objetos como las bolsas o botellas de plástico tardan cientos de años en degradarse, y durante todo este tiempo contaminan gravemente el medio ambiente.

Por ello, la alternativa para el tratamiento de estos residuos químicos pasa por su **reciclaje.**

De este modo, no solo se evitan vertidos, sino que se disminuye el consumo de las materias primas necesarias para fabricar nuevos envases, con la consiguiente reducción de emisiones tóxicas a la atmósfera.

**Materiales biodegradables**

Se trata de materiales que tienen origen natural o bien están formados por productos orgánicos y, por tanto, se descomponen en los elementos químicos que los forman gracias a agentes biológicos, como plantas y animales, en condiciones naturales.

Un ejemplo de materiales biodegradables son las bolsas de papel.

### Sistemas de reciclaje de los plásticos

Para evitar los efectos nocivos de los plásticos, resulta imprescindible su reciclado, que implica tres fases: **recogida, separación y reutilización**.

Se distinguen tres sistemas de reciclaje de los plásticos:

| Sistemas de reciclaje de los plásticos | |
|---|---|
| Reciclaje químico | Mediante una serie de procesos, se rompen las moléculas de los polímeros dando lugar a nuevos plásticos. Lo realizan las industrias petroquímicas. No requiere la clasificación previa ni la separación de los residuos. |
| Reciclaje mecánico | Es un proceso físico en el que se utilizan materiales plásticos granulados para obtener nuevos productos. En una primera fase, los plásticos se separan de forma selectiva. A continuación, se trituran, se lavan y se secan. Posteriormente, el material se compacta. En la siguiente fase se funde el material y se obtienen largos filamentos continuos. En la última fase, los filamentos obtenidos se trituran y se transforman en granos plásticos. |
| Reciclaje energético | En este proceso se queman los residuos plásticos y se obtiene energía, que se utilizará en procesos industriales, o en la producción de calor y electricidad. |

## Actividades

40. Busca información sobre la regla de las tres erres.

41. ¿Cuáles crees que son las principales ventajas e inconvenientes de cada uno de los sistemas de reciclaje de los plásticos?

42. ¿Qué ventajas tienen las carreteras que se han construido con capas asfálticas que contienen restos de neumáticos? Busca información en Internet al respecto.

## Síntesis de un polímero: *slime*

El *slime* ("baba" en inglés) es un polímero que se obtiene mezclando alcohol polivinílico (PVA) con borato de sodio (bórax).

Vamos a explicar cómo obtener en el laboratorio este polímero mediante una reacción química.

### Material

- Bórax
- Agua destilada
- 100 g de alcohol polivinílico (PVA) [mowiol® 18-88 de sigma-aldrich®]
- Vaso de precipitados pírex de 250 $cm^3$
- Rejilla
- Trípode
- Mechero Bunsen
- Termómetro
- Balanza
- Varilla agitadora
- Papel de filtro
- Gafas protectoras
- Guantes
- Bata de laboratorio

### Procedimiento

1. Echamos 200 ml de agua destilada en el vaso de precipitados y la calentamos hasta que el agua esté a una temperatura de aproximadamente 40 °C (lo comprobamos con el termómetro introducido en el vaso de precipitados).
2. A continuación, añadimos dos cucharadas de bórax en el agua caliente y agitamos hasta que se disuelva.
3. Pesamos los 100 g de PVA en la balanza.
4. Pesamos los 100 g de PVA en el vaso de precipitados.
5. Con las manos mezclamos bien todo y lo echamos en el papel de filtro.
6. A esta masa viscosa le damos forma esférica.

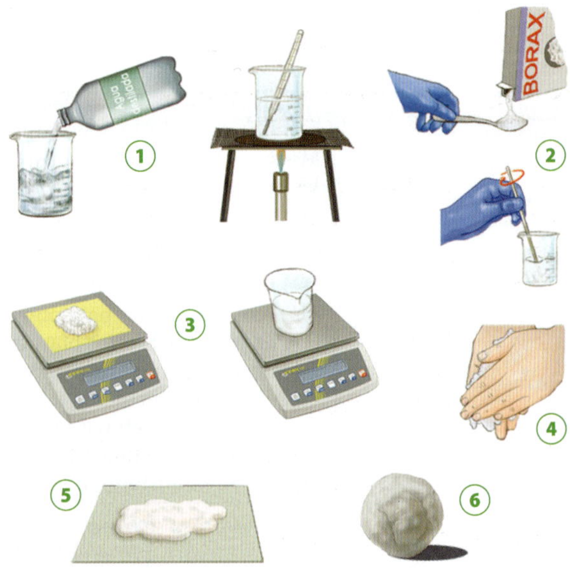


## Actividades

1. Realiza un informe de laboratorio de la experiencia.
2. Prueba si puedes hacer botar el polímero *slime* encima de la mesa. ¿Qué sucede?
3. Compara las propiedades del PVA y del *slime*. ¿En qué se parecen y diferencian?
4. Busca en Internet aplicaciones del PVA y del *slime*.

**1.** ¿En qué tipo de procesos se transforma la naturaleza de las sustancias, en los cambios físicos o en los químicos?

**2.** Explica en cuáles de los siguientes casos se produce un cambio físico y en cuáles un cambio químico. Razona tu respuesta:

a) Una cerilla que arde.
b) Evaporación de alcohol en un recipiente abierto.
c) Oxidación de una llave de hierro que se ha dejado a la intemperie.
d) Combustión del gas butano de una estufa.

**3.** Se disuelven varias cucharadas de sal en un vaso de agua:

a) ¿Qué ocurre si se evapora el agua?
b) ¿Qué tipo de cambio se ha producido?

**4.** Indica cómo se denominan las sustancias iniciales que dan lugar a una reacción química. ¿Cómo se llaman las sustancias resultantes?

**5.** ¿Qué afirma el principio de conservación de la masa?

**6.** ¿Cuál es el requisito necesario para que se produzca una reacción química endotérmica? ¿Y una exotérmica?

**7.** Indica cuáles de los siguientes fenómenos constituyen reacciones endotérmicas y justifica por qué:

a) La fotosíntesis.
b) El cambio de estado de líquido a sólido.
c) La fusión del hielo al calentarse.
d) La formación de gotas de lluvia a partir del vapor de agua.

**8.** ¿Qué es una combustión? ¿Qué se produce en esta reacción química?

**9.** Clasifica las siguientes sustancias en sustancias ácidas o básicas: batería de coche, cal para pintar, detergente, agua de lluvia, vinagre, lejía, agua de mar. Busca información en Internet si lo necesitas.

**10.** Busca información en Internet sobre el tipo de reacción química que se produce en las pilas eléctricas. Pon dos ejemplos más de reacciones de este tipo.

**11.** Averigua qué semejanzas y diferencias hay entre una reacción de combustión y una de oxidación.

**12.** Las molestias ocasionadas por la picadura de una abeja se alivian aplicando una solución de amoniaco. ¿Qué conclusiones puedes sacar sobre el pH del veneno de la abeja?

**13.** Copia las siguientes frases en tu cuaderno y complétalas:

a) Las reacciones entre un ácido y una base se llaman ▒▒▒.
b) Si el pH de una disolución es menor de 7 la disolución es y si el pH es 10 es ▒▒▒.
c) El pH del agua es ▒▒▒.

**14.** Debate en clase con tus compañeros sobre cuáles son los principales problemas que afectan a la sociedad y al medio ambiente, y cómo puede contribuir la química a luchar contra ellos.

**15.** ¿Qué sustancias químicas han sido fundamentales para el desarrollo de las sociedades modernas?

**16.** Por grupos, elaborad una lista de los plásticos que estén presentes en vuestra ropa de calle y en la deportiva.

**17.** Busca información e indica y justifica en tu cuaderno si las siguientes afirmaciones son verdaderas o falsas.

a) Los fertilizantes son sustancias inorgánicas que aportan nutrientes a las plantas.
b) La química solamente se utiliza en los laboratorios y en algunos tipos de industrias.
c) Los pesticidas y los herbicidas son sustancias químicas que se emplean con los mismos objetivos.

Corrige las afirmaciones falsas.

**18.** ¿Cómo contribuyen los fertilizantes al desarrollo de la industria agrícola? ¿A partir de qué sustancias químicas se producen?

**19.** Busca información y explica en qué consisten los encurtidos como mecanismo de conservación de alimentos.

**20.** ¿Qué es la tecnología de los alimentos? ¿En qué fases se aplica?

**21.** ¿En qué se diferencian los conservantes y los colorantes?

**22.** Consigue una lata de un refresco e identifica los aditivos que aparecen en su etiqueta.

**23.** Cita tres ventajas y tres desventajas que presentan las fibras sintéticas respecto a las fibras naturales.

**24.** Busca en Internet información sobre los posibles riesgos en la salud humana que puede entrañar la utilización de algunos tipos de desodorantes. Utiliza fuentes fiables y realiza un pequeño informe sobre el tema.

**25.** Averigua el plan que aplican en tu municipio para la segregación y reciclado de los envases plásticos. Explica qué beneficios genera.

# 3 IDEAS CLAVE Y AUTOEVALUACIÓN

### Cambios físicos y cambios químicos

- Los **cambios físicos** no alteran la estructura química de la materia.
- Los **cambios químicos** alteran la estructura física de la materia.

### Reacciones químicas

- Una **reacción química** es un proceso por el que unas sustancias se convierten en otras sustancias con propiedades diferentes.
- Tipos de reacciones: de **reducción-oxidación (redox),** de **combustión** y de **neutralización (ácido-base).**

### La química en la industria agrícola y ganadera

- La contribución de la química al desarrollo de la agricultura se ha centrado en la elaboración de **fertilizantes, pesticidas** y **herbicidas.**

### Tecnología de los alimentos y nutrición

- La **tecnología de los alimentos** se ocupa del estudio y desarrollo de las técnicas necesarias para preservar la calidad de los productos alimenticios durante todo el proceso de preparación, así como durante la fase de cocinado.

### Los polímeros

- Los **polímeros** son macromoléculas constituidas por largas cadenas de átomos que contienen carbono.

### La industria textil y la cosmética

- Las principales fibras sintéticas son: **poliamidas, poliésteres, acrílicos** y **poliolefinas.**
- La **industria cosmética** es la que se dedica a la fabricación y venta de productos destinados a la higiene y belleza del cuerpo.

### Química y salud

- Los medicamentos que han resultado más decisivos en la lucha contra las enfermedades infecciosas han sido los **antibióticos** y las **vacunas.**

### Química y reciclaje

- El uso de los **plásticos** tiene consecuencias muy negativas para el medio ambiente. Los sistemas de reciclaje de los plásticos son: **mecánico, químico** y **energético.**

**Anota en tu cuaderno la opción correcta:**

1. ¿Cuáles de los siguientes procesos son cambios químicos?

a) Doblar un papel.
b) Aserrar una madera.
c) La oxidación del hierro.
d) Disolver sal en agua.

2. ¿Cuál de estos fenómenos es un cambio físico?

a) Se evapora la colonia de un frasco.
b) Se quema gas butano.
c) Se oxida un trozo de hierro.
d) Se descompone el agua oxigenada en oxígeno y agua.

3. En las reacciones químicas exotérmicas:

a) Se desprende energía.
b) Se necesita un aporte de energía.
c) No interviene la energía.
d) Ninguna de las respuestas anteriores es correcta.

4. Una manzana pelada se ennegrece porque:

a) Sufre un cambio de estado.
b) La cáscara se ensucia.
c) Se oxida con el oxígeno del aire.
d) Tiene un virus.

5. Una reacción química es un fenómeno en el que:

a) Los productos se transforman en los reactivos.
b) Los reactivos se transforman en los productos.
c) No cambian ni los reactivos ni los productos.
d) Los reactivos no conservan su masa.

6. Las sustancias que eliminan las plagas de insectos se denominan:

a) Fertilizantes.
b) Pesticidas.
d) Insecticidas.
c) Herbicidas.

7. ¿Qué aditivos proporcionan sabor a los alimentos?

a) Aromas.
b) Antioxidantes.
c) Colorantes.
d) Conservantes.

8. ¿Cuál de los siguientes polímeros no es natural?

a) Nailon.
b) Seda.
c) Algodón.
d) Látex.

9. ¿Qué medicamentos reducen el dolor y la inflamación?

a) Antisépticos.
b) Analgésicos.
c) Antiácidos.
d) Antibióticos.

10. ¿Cuál de estos sistemas no se emplea para reciclar plásticos?

a) Sistema energético.
b) Sistema mecánico.
c) Sistema químico.
d) Sistema físico.

# Unidad 4

# La energía nuclear

**SUMARIO**

- Origen de la energía nuclear
- Obtención y uso de la energía nuclear
- Las centrales nucleares
- Efectos de la energía nuclear
- Residuos nucleares

**TÉCNICAS DE TRABAJO**

- Trabajo en equipo sobre la energía nuclear en España

# 1 • Origen de la energía nuclear

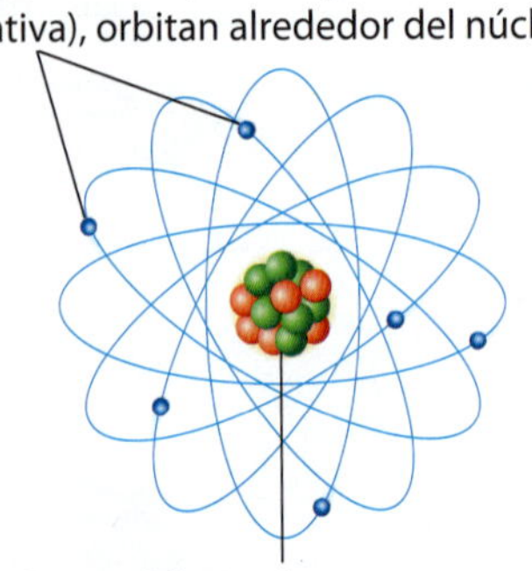


1 Estructura de un átomo.

### Número atómico y número másico

- El **número atómico** indica el número de protones de un átomo y se representa mediante un subíndice que se sitúa a la izquierda del símbolo del elemento.
- El **número másico** indica el número de protones y neutrones de un átomo y se representa mediante un superíndice situado a la izquierda del símbolo del elemento.

Los **isótopos** de un elemento tienen el mismo número atómico y distinto número másico, es decir, se diferencian en el número de neutrones.

El carbono (C) tiene 6 protones y 6 neutrones en su núcleo; por tanto, su número atómico será 6 y su número másico 12.

$$^{12}_{6}C$$

El isótopo carbono-14, utilizado para determinar la antigüedad de especímenes orgánicos, es un átomo de carbono con 8 neutrones en el núcleo. Así, su número másico es 6 + 8 = 14.

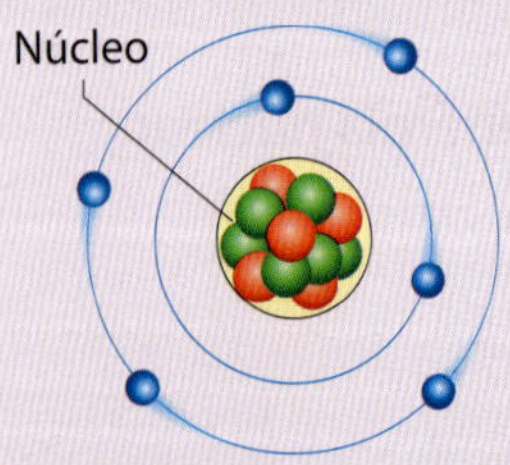


Un átomo es la partícula más pequeña en que puede dividirse un elemento químico sin perder sus propiedades químicas.

Si un átomo tiene el mismo número de protones y electrones, el átomo es **eléctricamente neutro.** Si es mayor el número de protones o el de electrones, entonces el átomo tiene carga positiva o negativa y se denomina **ion.** Los iones se identifican con un superíndice situado a la derecha del elemento con un signo (+) o (–) según sea su carga.

La **energía nuclear** o **atómica** es la que se obtiene de la fusión (unión) o fisión (separación) de núcleos atómicos.

A **finales del siglo XIX,** mediante una serie de experimentos se identificaron el protón (por E. Goldstein) y el **electrón** (por J. J. Thomson).

En **1896,** el físico francés Henri Becquerel descubrió que ciertas sustancias, como las sales de **uranio,** producían **radiaciones** capaces de penetrar en la materia e impresionar placas fotográficas.

En **1938,** un grupo de investigadores alemanes observaron que al bombardear un átomo de uranio con un neutrón, el átomo capturaba al neutrón y se dividía en dos, emitiendo, además, una gran cantidad de energía **(fisión nuclear).**

Durante la **Segunda Guerra Mundial** se desató una carrera entre ambos bandos por conseguir aprovechar la energía nuclear con fines bélicos. Estados Unidos puso en marcha el **Proyecto Manhattan.** El terrible resultado de aquel proyecto fueron las dos bombas atómicas que se lanzaron sobre Hiroshima y Nagasaki en 1945.

Desde entonces, la energía nuclear ha tenido dos tipos de usos:

| Usos de la energía nuclear | |
|---|---|
| Militares | Desarrollo de **armas** cada vez más potentes y sofisticadas, y medios de transporte alimentados con energía nuclear (portaviones y submarinos nucleares).<br>Debido a la proliferación de estas armas desde mediados del siglo XX y a su poder devastador, las potencias nucleares han firmado acuerdos para limitar su uso y producción. |
| Pacíficos | Fuente generadora de energía. En 1956, se inauguró la primera central nuclear en Gran Bretaña (Calder Hall). En 1957, se creó, dentro del marco de la ONU, la **Agencia Internacional de Energía Atómica (IAEA)** para supervisar el uso de la energía nuclear con fines pacíficos. En ese mismo año, se creó la **Comunidad Europea de la Energía Atómica (EURATOM),** organismo encargado de coordinar los programas europeos de investigación de la energía nuclear. |

## Actividades

1. ¿Qué tipo de carga eléctrica tiene un protón? ¿Y un electrón?
2. Busca información en Internet sobre los modelos atómicos que se han desarrollado a lo largo de la historia e indica sus principales diferencias.

## 2 • Obtención y uso de la energía nuclear

La energía nuclear se obtiene a partir de elementos químicos radiactivos. En concreto, algunos isótopos son inestables y, como consecuencia, estos elementos emiten partículas y radiaciones hasta que se convierten en un elemento estable; este fenómeno se denomina **radiactividad.**

Las partículas y radiaciones emitidas pueden ser de distintos tipos:

| Tipos de partículas y radiaciones | |
|---|---|
| Partículas alfa (α) | Son partículas con carga positiva, compuestas por dos protones y dos neutrones (un núcleo de helio). Tienen poca capacidad de penetración y pueden ser detenidas por la piel o una hoja de papel. |
| Partículas beta (β) | Compuestas por electrones resultantes de la desintegración de neutrones. Penetran en la materia y para detenerlas hace falta, al menos, una placa de aluminio de varios milímetros de espesor. |
| Partículas gamma (γ) | Son radiaciones de alta energía (fotones), similares a los rayos X, que pueden atravesar cuerpos sólidos e interactuar con la materia. Para detenerlas son necesarios muros de hormigón o gruesas planchas de plomo. |

En realidad, todos los elementos con un **número atómico igual o superior a 84** (polonio) **son radiactivos de forma natural.** Además, en el laboratorio, se pueden conseguir isótopos radiactivos a partir de elementos estables: la denominada **radiactividad artificial.**

En la actualidad, la radiactividad, los isótopos y los distintos tipos de partículas emitidas están más presentes en nuestras vidas de lo que pensamos:

- En **medicina:** los isótopos radiactivos se utilizan para diagnosticar enfermedades y para tratar células cancerosas (la llamada radioterapia).
- En **hidrología y medio ambiente:** las radiaciones se utilizan para eliminar gérmenes patógenos de aguas residuales; también se utilizan para el estudio de las aguas, tanto superficiales como subterráneas.
- En la **industria e investigación:** se utilizan los rayos gamma para inspeccionar soldaduras, tuberías, construcciones, etc. También es muy usado el carbono-14 como medio de datación de muestras orgánicas.
- En **agricultura:** se utilizan las radiaciones para controlar las plagas, esterilizando por este medio a los ejemplares machos. Igualmente, irradiando algunas semillas se provocan mutaciones que dan lugar a nuevas variedades más resistentes y productivas.

La energía nuclear se puede obtener mediante dos procesos: **fisión nuclear** (ruptura de núcleos) y **fusión nuclear** (unión de núcleos).

### Medicina nuclear

La medicina nuclear utiliza núcleos radiactivos para el diagnóstico, la prevención o la acción terapéutica. Sus principales campos de acción son el diagnóstico por imagen y el uso de medicamentos radiofármacos contra procesos cancerígenos.

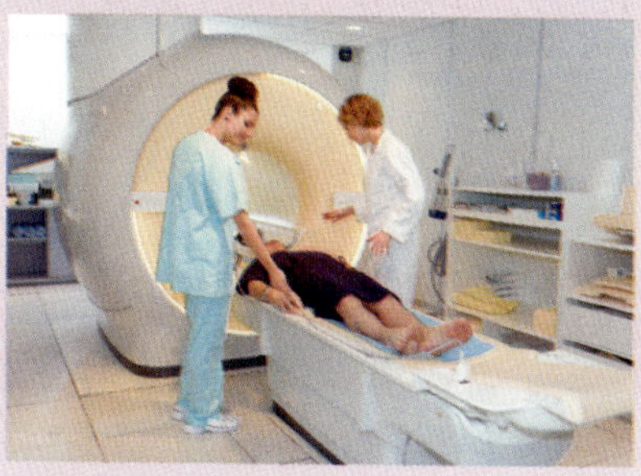

## Actividades

3. ¿Es cierto que la radiactividad es un proceso artificial? Justifica tu respuesta.

4. En grupos, investigad sobre los diferentes usos de la radiactividad en medicina y realizad un trabajo sobre el tema.

5. ¿Cuál es la radiación con mayor poder penetrante?

## La fisión nuclear

La **fisión nuclear** es una reacción que se produce cuando el núcleo de un elemento pesado se divide en varios núcleos más ligeros, liberando en la reacción neutrones libres y una gran cantidad de energía.

La fisión es el proceso de producción de energía nuclear que se utiliza en las centrales nucleares.

### Ejemplo 1

Explicaremos a continuación la fisión del uranio-235. Para romper un isótopo de **uranio-235** se lanza contra él un neutrón (que al tener carga neutra, no es repelido por el núcleo). El neutrón se une al núcleo y el isótopo se convierte entonces en uranio-236, un elemento muy inestable, que se divide en dos elementos más ligeros (**kriptón-92** y **bario-141**) liberándose una enorme cantidad de energía (generalmente en forma de rayos γ).

Si hacemos el cálculo (236 – 92 – 141 = 3), vemos que quedan tres neutrones libres. Estos tres neutrones chocarán con otros tres isótopos de uranio-235 y así el proceso seguirá una y otra vez hasta agotar el combustible. Es decir, se produce lo que se denomina una reacción en cadena.

A partir del uranio-238, se obtiene **plutonio-239,** que es el elemento más utilizado como combustible en centrales nucleares, submarinos de propulsión nuclear y bombas atómicas.

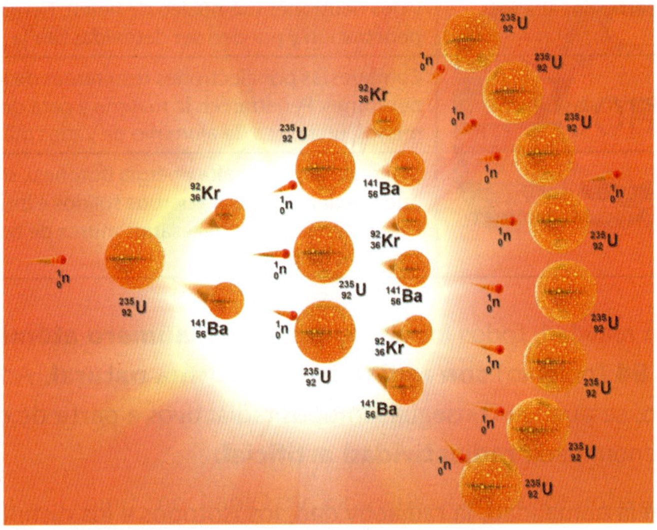


## La fusión nuclear

La **fusión nuclear** es una reacción en la que dos núcleos de átomos ligeros se unen para formar otro núcleo más pesado.

Generalmente, este proceso se produce con los átomos más ligeros, como el **hidrógeno** y sus isótopos, el **deuterio** y el **tritio.** Si se fusiona un núcleo de deuterio (**$^{2}_{1}$H**) con uno de tritio (**$^{3}_{1}$H**), el resultado será un átomo de **helio** (**$^{4}_{2}$He**), un neutrón libre y una enorme cantidad de energía (17 MeV), que se libera en forma de rayos gamma.

La fusión nuclear ocurre constantemente y de forma natural en las estrellas (el calor que percibimos del Sol es la energía procedente de la fusión de átomos de hidrógeno, que se convierten en átomos de helio).

En este proceso se libera mucha más energía que en la fisión y, además, el combustible (hidrógeno) presenta dos grandes ventajas: es muy abundante y no es radiactivo.

El principal problema es que, para vencer la repulsión entre los dos átomos que se fusionan (que tienen carga eléctrica positiva), el proceso debe llevarse a cabo a temperaturas muy altas (como las que se alcanzan en las estrellas, millones de grados) y, por el momento, la energía que se requiere para poder efectuar el proceso es mayor que la que se genera con la fusión.

### Actividades

6. Explica las diferencias entre la fisión y la fusión nuclear.
7. ¿Puede producirse una fusión en condiciones naturales? Justifica tu respuesta.
8. ¿Existe otro material, aparte del uranio-235, para hacer bombas de fisión?
9. Busca información en Internet y averigua qué es la "fusión fría".

# 3 • Las centrales nucleares

Las **centrales nucleares** son instalaciones donde se produce energía eléctrica a partir del calor originado por la fisión de los átomos de diversas sustancias radiactivas (fundamentalmente uranio-235 y plutonio-239).

Su funcionamiento es similar al de las centrales térmicas. Se basa en un circuito de agua, que se calienta debido a la energía calorífica que le suministra una combustión (en este caso la ocasionada por la fisión de átomos que se produce en el reactor). El agua calentada se convierte en vapor de agua a presión que mueve una turbina conectada a un generador.

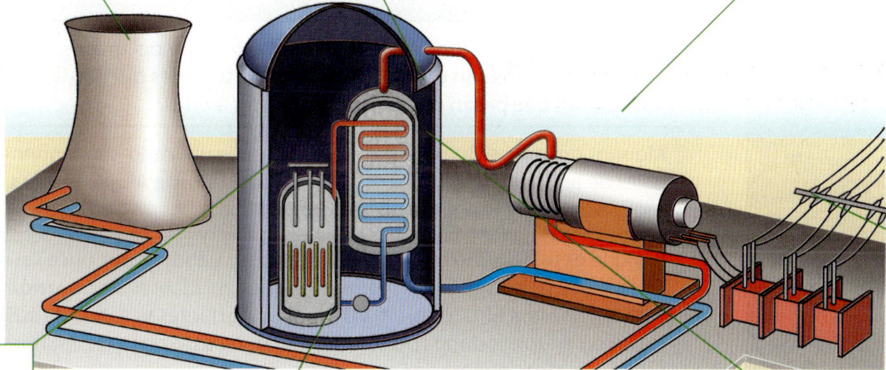


En España, la energía nuclear es la **segunda fuente de generación de energía eléctrica,** con aproximadamente un 21% de la producción, tras la energía procedente de fuentes renovables, que supone en torno al 42%, y por delante de la procedente del carbón (un 14% aproximadamente).

En España hay cinco centrales nucleares en activo con un total de siete reactores: Almaraz I y II (en Cáceres), Ascó I y II y Vandellós II (en Tarragona), Cofrentes (en Valencia) y Trillo I (en Guadalajara). Además, hay un reactor desconectado: en Garoña (Burgos), y dos en desmantelamiento: Vandellós I (Tarragona) y José Cabrera-Zorita (Guadalajara).

Existe también una fábrica de combustible nuclear en Juzbado (Salamanca) y un centro de almacenamiento de residuos radiactivos de baja y media actividad en Hornachuelos (Córdoba).

## Actividades

10. Busca información y contesta las siguientes preguntas:

a) ¿Dónde se produce la radiación en una central?

b) ¿La electricidad es producida por el combustible radioactivo?

# 4 • Efectos de la energía nuclear

El uso de la energía nuclear tiene múltiples **ventajas,** pero también conlleva bastantes peligros e **inconvenientes.**

| Ventajas |
|---|
| La energía nuclear es una **energía limpia,** dado que no genera emisiones a la atmósfera de gases contaminantes de efecto invernadero. Además, su uso permite reducir la cantidad de energía generada a través de otras fuentes más contaminantes, como las centrales térmicas que utilizan combustibles fósiles. |
| Se obtiene a partir de **cantidades muy pequeñas de combustible.** Ello supone un menor gasto en su extracción, transporte, almacenamiento y disposición. |
| El **precio de la materia prima no sufre variaciones** a lo largo del año (como pasa con el petróleo). Además, las **centrales pueden estar operando prácticamente las 24 horas** del día, lo que hace que el coste de producir esta energía sea bajo. |
| Es una energía que **no depende de las condiciones climatológicas** como la eólica, la solar o la maremotriz, por lo que se adapta mucho mejor que estas a las variaciones en la demanda energética. |
| Permite generar una cantidad inmensa de energía con pocas centrales nucleares. En Europa casi un **tercio de la electricidad** utilizada se obtiene a partir de este tipo de energía. |

| Inconvenientes |
|---|
| **Generación de residuos radiactivos** muy tóxicos y peligrosos. Si bien algunos no son muy activos, otros son enormemente peligrosos pues pueden alterar el ADN, produciendo mutaciones que pasan de unas generaciones a otras. |
| Algunos de los **residuos,** como el combustible utilizado, se mantienen activos durante miles de años, por lo que deben ser **adecuadamente almacenados,** con el consiguiente gasto adicional y el peligro que esto supone. |
| Aunque es una fuente generalmente segura, cuando se produce un **accidente,** las consecuencias son terribles. Por ejemplo, los accidentes de **Chernóbil** en Ucrania, en 1986, y de **Fukushima** en Japón, en 2011, con importantes vertidos de sustancias radiactivas, causaron enormes daños personales y materiales, e hicieron inhabitables extensas áreas de terreno durante generaciones. |
| Si bien se necesita muy poco **combustible,** este es **escaso y difícil de conseguir,** por lo que cuando se termine, ya no se podrá utilizar más este tipo de energía. |
| Los **reactores nucleares** tienen un **periodo de vida limitado** transcurrido el cual deben desmantelarse y construirse otros nuevos, algo muy costoso, lo que influye en los costes de producción de la energía. |
| Posibles **usos bélicos de los materiales,** ya que los combustibles nucleares son, precisamente, los materiales con las que se fabrican las armas nucleares. |
| Su tecnología es compleja y la mayor parte de su producción está en manos de **pocos países.** Las centrales nucleares suponen un **alto coste** en su construcción y mantenimiento. |

**Efectos de la exposición a la radiación** +

La exposición a las radiaciones ionizantes produce graves daños a la salud. Exposiciones a niveles superiores a 2000 mSv (milisievert) causan graves daños y se estima que exposiciones superiores a 6000 mSv son mortales.

En el accidente de Fukushima, las emisiones llegaron a ser de 400 mSv por hora y en Chernóbil mucha gente estuvo expuesta a niveles entre 1000 y 6000 mSv.

2 Bloques de viviendas en la ciudad fantasma de Prípiat, en la zona de exclusión de Chernóbil, Ucrania.

## Actividades

11. En grupos, buscad información en Internet y contestad las siguientes preguntas:

a) ¿Cuál fue la causa del desastre de la central nuclear de Chernóbil en 1986?

b) ¿Cuál fue la causa del desastre de Fukushima en 2011?

c) ¿Cuáles son los motivos que originan el debate que surge en los primeros años del siglo XXI sobre el uso de la energía nuclear para producir energía eléctrica?

# 5 • Residuos nucleares

Los **residuos nucleares** son los restos que resultan de la utilización o descomposición de elementos químicos radiactivos.

Estos residuos pueden originarse por el procesamiento de combustibles radiactivos para la producción de energía nuclear (son los subproductos resultantes de la combustión en los reactores nucleares), por la obtención de combustibles para las centrales nucleares o la fabricación de armas atómicas o por actividades más cotidianas, como la industria o la medicina nuclear (radiodiagnóstico y radioterapia).

Los residuos radiactivos se **clasifican** en función del **riesgo** que suponen, lo cual depende de la **concentración de isótopos radiactivos** que contienen, y por su **vida media.**

- **Residuos de baja y media actividad:** contienen concentraciones bajas o medias de radioisótopos, con un periodo de semidesintegración inferior a 30 años, no generan calor y su emisión de partículas alfa es muy bajo.
- **Residuos de alta actividad:** son los que se originan en la combustión de las centrales nucleares. Generan calor y tienen elevadas concentraciones de isótopos radiactivos, con un periodo de semidesintegración superior a 30 años (por ejemplo, el uranio-238, subproducto resultante de la combustión en las centrales nucleares del uranio-235, tiene un periodo de semidesintegración de más de 4 400 millones de años).

| Tratamiento de los residuos nucleares | |
|---|---|
| Residuos de baja y media actividad | Deben ser aislados, pudiendo ser almacenados, convenientemente aislados, en depósitos especiales situados en la superficie o en instalaciones a poca profundidad. |
| Residuos de alta actividad | El combustible utilizado en las centrales nucleares se deposita en piscinas durante años para que se enfríe y, posteriormente, puede ser reciclado para obtener más combustible o almacenado en depósitos especiales, con elevadas medidas de seguridad y contención de las radiaciones. |

En España, actualmente, los residuos de **baja y media actividad** se depositan y tratan en el almacén de **El Cabril (Córdoba)**. No existe, en nuestro país, ningún almacén para los residuos de **alta actividad,** por lo que se almacenan en las piscinas de las centrales nucleares hasta que estas son desmanteladas, momento en el que se trasladan a almacenes de otros países. Está en proyecto la construcción de un **almacén temporal centralizado (ATC)** que se haga cargo de estos residuos.

## Actividades

12. Indica qué diferencia hay entre residuos radiactivos de alta y baja actividad. Averigua cuáles son los principales almacenes de residuos de alta actividad.

13. Busca en Internet noticias sobre la polémica que suscitan en España los almacenes de residuos radioactivos como el de El Cabril (Córdoba) o el programado en El Villar de Cañas (Cuenca). Realiza un debate con tus compañeros sobre las consecuencias de estos almacenes.

### Vida media y periodo de semidesintegración de los isótopos

El tiempo que tardará un isótopo radiactivo concreto en desintegrarse no puede predecirse con seguridad. Por ello, se habla de **vida media,** que es el promedio del tiempo que tardará un isótopo en desintegrarse.

El **periodo de semidesintegración** es el tiempo necesario para que se desintegren la mitad de los isótopos radiactivos de una muestra.

### Almacenamiento de los residuos radiactivos

Los residuos radiactivos se depositan en contenedores especiales, aislados con plomo u hormigón, y luego estos contenedores se almacenan en depósitos convenientemente aislados.

## Trabajo en equipo sobre la energía nuclear en España

El trabajo en equipo es esencial para incrementar los resultados, dividiendo las tareas y optimizando las aptitudes de cada uno de los miembros del grupo. Por eso vamos a ver la utilidad de colaborar con otros compañeros para llevar a cabo una investigación.

### Tarea

Imaginemos que en clase el profesor os ha dividido en grupos de cuatro alumnos y os ha pedido que realicéis un trabajo sobre el funcionamiento de las centrales nucleares en España y la evolución de la energía nuclear en nuestro país. Debéis presentar el trabajo en un formato digital (presentación de PowerPoint, documento de Word, entrada de blog, etc.). Para obtener información podéis consultar este u otros libros o buscarla en Internet.

### Procedimiento

Vamos a ver cómo podéis convertiros en un auténtico equipo:

- Fijación de **objetivos y estilo:** debéis concretar la tarea general que se os ha encargado (tiempo de que disponéis, características del trabajo, nivel de calidad exigido, etc.). Además, debéis poneros de acuerdo sobre el estilo del trabajo: ¿será más teórico o práctico? ¿tendrán más importancia los aspectos estéticos o el contenido?.
- Determinación del **método de trabajo:** ya sabéis lo que queréis hacer; ahora debéis concretar cómo lo haréis (¿cuántas veces os reuniréis y dónde lo haréis?, ¿cómo organizaréis cada sesión de trabajo?, ¿qué materiales necesitaréis?, etc.).
- **Organización del trabajo:** implica dividir el trabajo en diversas funciones y atribuir esas funciones a cada uno de los miembros del equipo según sus aptitudes (p. ej., búsqueda de información, redactar el trabajo, plasmar ese trabajo en un formato digital atractivo, coordinar el trabajo del equipo, etc.). A continuación, hay que dividir cada función en **tareas** concretas, que debe hacer cada uno.

Ya está todo organizado y solo queda ponerse a trabajar y **realizar el ejercicio.** La última etapa será **revisar el trabajo y presentarlo.**

Una vez sea valorado por el profesor, tenéis que **analizar los resultados obtenidos** y sacar conclusiones para el futuro.

## Actividades

1. Siguiendo las instrucciones que se dan en esta Técnica de Trabajo, realizad, en grupos de cuatro, el trabajo propuesto sobre la evolución de la energía nuclear en España y las centrales con las que contamos. Utiliza para ello las TIC.

**1.** Un átomo de cloro tiene de número másico 35 y de número atómico 17.

a) Indica el número de protones, neutrones y electrones que tiene.

b) ¿Cuál es el número másico de un isótopo de cloro con 20 neutrones?

**2.** Menciona dos personas que hayan sido importantes en el desarrollo del estudio de la energía nuclear y explica cuál ha sido la contribución de cada una de ellas.

**3.** Averigua qué relación existe entre Einstein, la energía nuclear y la bomba atómica.

**4.** ¿La energía nuclear es una energía renovable o no renovable? ¿Por qué?

**5.** ¿Qué radiaciones son más peligrosas para el ser humano: las de partículas alfa, beta o gamma? ¿Por qué?

**6.** La energía nuclear no solo es de utilidad para la producción de energía eléctrica, sino que también existen otros campos para los que la energía nuclear es una materia prima muy importante. Cita alguno de ellos.

**7.** ¿Es cierto que en una reacción nuclear se generan elementos químicos que en los reactivos no existían? Justifica tu respuesta.

**8.** Si los fenómenos radiactivos pueden ser peligrosos, explica por qué se aplican en agricultura, medicina, etc.

**9.** ¿Qué materiales fisionables se utilizan como materia prima en las centrales nucleares para producir electricidad?

**10.** Explica qué significa que la fisión nuclear produce una reacción en cadena.

**11.** Averigua si España importa o exporta energía nuclear.

**12.** Busca información sobre el futuro de las centrales nucleares. Realiza un debate con tus compañeros. ¿Cuáles son las nuevas tecnologías en investigación en este campo?

**13.** Indica el nombre de las partes de una central nuclear señaladas en el dibujo y describe qué procesos se llevan a cabo en ellas.

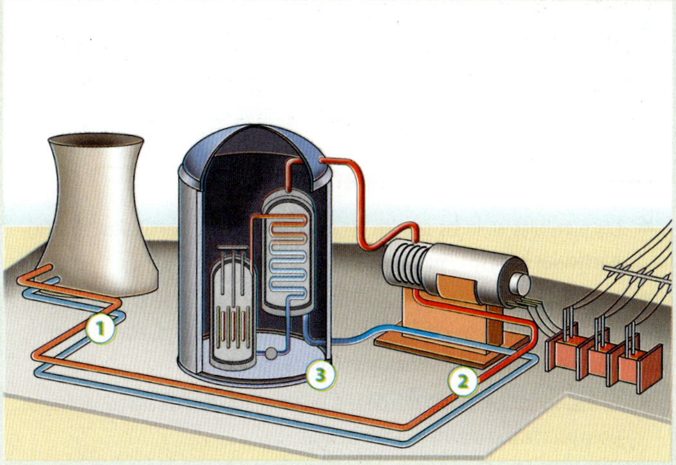


**14.** Investiga y trata de responder a estas preguntas sobre las centrales nucleares:

a) ¿Las centrales contaminan el entorno donde se encuentran ubicadas?

b) ¿Es tóxico el humo que sale de las torres de refrigeración de una central nuclear?

c) ¿Las centrales nucleares desprenden gases de efecto invernadero?

d) ¿Qué pasa con el agua que vierten a los ríos las centrales nucleares?

**15.** Explica de forma esquemática las transformaciones energéticas que tienen lugar en una central nuclear.

**16.** Vuelve a leer los inconvenientes y ventajas del uso de la energía nuclear que se citan en el libro y posiciónate, a favor o en contra, en un debate moderado por vuestro profesor sobre la conveniencia de que en España tengamos centrales nucleares.

**17.** ¿Existen diferencias en el tratamiento de residuos de baja y alta actividad? Si es así, explica cuáles son.

**18.** Busca información sobre la vida media de algún isótopo radiactivo. ¿Qué relación existe entre ese dato y el riesgo de los residuos radiactivos?

**19.** ¿Cuáles son los residuos nucleares más peligrosos?

**20.** Investiga y responde las siguientes cuestiones acerca de los residuos radiactivos:

a) ¿Qué riesgo radiológico entraña el transporte de residuos radiactivos hasta un ATC?

b) ¿Qué riesgos radiológicos supone el establecimiento de un ATC?

c) ¿Cuáles son los residuos nucleares más peligrosos?

d) ¿Durante cuánto tiempo los residuos continúan siendo radiactivos?

# 4 IDEAS CLAVE Y AUTOEVALUACIÓN

### Origen de la energía nuclear

- La **energía nuclear** o **atómica** es la que se obtiene de la fusión (unión) o fisión (separación) de núcleos atómicos.
- Los usos de la energía nuclear pueden ser **militares** (fabricación de armas) o **pacíficos** (generación de energía).

### Obtención y uso de la energía nuclear

- Las partículas emitidas pueden ser de distintos tipos: **partículas alfa (α), partículas beta (β)** y **partículas gamma (γ).**
- La **fisión nuclear** es una reacción que se produce cuando el núcleo de un elemento pesado se divide en varios núcleos más ligeros, liberando en la reacción neutrones libres y una gran cantidad de energía.
- La **fusión** nuclear es una reacción en la que dos núcleos de átomos ligeros se unen para formar otro núcleo más pesado.

### Las centrales nucleares

- Las **centrales nucleares** son instalaciones donde se produce energía eléctrica a partir del calor originado por la fisión de los átomos de diversas sustancias radiactivas (fundamentalmente uranio-235 y plutonio-239).
- En España, la energía nuclear es la **segunda fuente de generación de energía eléctrica,** con aproximadamente un 21% de la producción. Existen **cinco centrales** nucleares en activo con un total de siete reactores.

### Efectos de la energía nuclear y residuos

- El uso de la energía nuclear tiene múltiples **ventajas,** pero también conlleva bastantes peligros e **inconvenientes,** principalmente la gestión de los residuos nucleares.
- Los **residuos** nucleares son los restos que resultan de la utilización o descomposición de elementos químicos radiactivos. Pueden ser de baja, media o alta actividad.

**Anota en tu cuaderno la opción correcta:**

1. La radiactividad:

a) Elimina los electrones de un isótopo.
b) Provoca que algunos núcleos atómicos emitan partículas y radiaciones.
c) Implica la fragmentación de elementos atómicos.
d) Genera rayos X.

2. ¿Cómo se denominan las partículas radiactivas de mayor poder penetrante?

a) Las partículas gamma (γ).
b) Las partículas infrarrojas.
c) Las partículas alfa (α).
d) Las partículas beta (β).

3. Las partículas alfa (α):

a) Tienen carga negativa.
b) Son más penetrantes que las partículas beta (β).
c) Son del mismo tipo que las partículas de luz.
d) Son átomos de helio.

4. El fenómeno físico responsable del brillo del Sol se denomina:

a) La fisión nuclear.
b) La fluorescencia.
c) La nanotecnología.
d) La fusión nuclear.

5. La principal ventaja de la fusión nuclear es que:

a) Hay que aportar poca energía para que se produzca.
b) Resulta rentable económicamente.
c) No produce residuos radiactivos.
d) Se produce de forma natural en la naturaleza.

6. El combustible nuclear está formado principalmente:

a) Por átomos de carbono.
b) Por material fusionable.
c) Por material fisionable.
d) Las respuestas b) y c) son correctas.

7. ¿Cuál es la función de la turbina en una central nuclear?

a) Enfriar el vapor transformándolo nuevamente en líquido.
b) Desencadenar una reacción química.
c) Generar el vapor de agua.
d) Mover el generador eléctrico para producir electricidad con la expansión del vapor.

8. ¿En qué ciudad española hay tres centrales nucleares?

a) En Madrid.
b) En Cáceres.
c) En Tarragona.
d) En Burgos.

9. ¿Cuáles son las principales fuentes de residuos radiactivos?

a) Plantas de energía nuclear, fábricas de armas atómicas y hospitales.
b) Plantas de energía nuclear, fábricas de armas atómicas y aceleradores de partículas.
c) Plantas de energía nuclear, industria informática y aceleradores de partículas.
d) Centrales hidroeléctricas.

10. Los residuos radiactivos:

a) Son muy peligrosos y muy duraderos.
b) Desaparecen de forma natural en poco tiempo.
c) Tienen aplicaciones médicas.
d) No son nocivos para la salud.

Unidad 5

# Cambios en el relieve y en el paisaje de la Tierra

## SUMARIO

- Paisaje y relieve
- Procesos y riesgos geológicos externos
- Acción de las aguas, del hielo, del mar, del viento y de los seres vivos
- Riesgos geológicos externos

## TÉCNICAS DE TRABAJO

- Análisis del suelo

# 1 • Paisaje y relieve

1 Paisaje de un desierto en el que el relieve es suave.

2 Relieve formado por la acción del oleaje.

Aunque pueda parecer que un paisaje concreto siempre permanece igual, en realidad la Tierra es un planeta vivo y en constante cambio.

Si dispusiéramos de imágenes de hace varios siglos, seguramente encontraríamos un paisaje distinto al actual: donde actualmente hay terrazas de cultivo podríamos encontrar bosques; o quizás el lugar donde ahora hay una gran ciudad antes estaba ocupado por el mar.

El **paisaje** es la percepción visual de cualquier parte del territorio resultado de la acción e interacción de factores naturales o humanos.

Así pues, el paisaje está conformado por tres tipos de elementos:

- **Abióticos:** el relieve, la hidrografía y el clima.
- **Bióticos:** básicamente la vegetación y el resto de seres vivos.
- **Antrópicos:** aquellos que son consecuencia de la acción humana.

Estos elementos están interrelacionados entre sí, lo que supone que la alteración de uno de ellos puede provocar cambios en el resto. Esto implica que el paisaje cambia con el paso del tiempo (Ejemplo 1).

**Ejemplo 1**

Un aumento de solo 6 ºC en la temperatura de la Tierra (elemento abiótico) afectaría a la vegetación (elemento biótico) y convertiría un denso bosque de montaña o el encinar mediterráneo en una zona semiárida sin prácticamente vegetación alguna.

El **relieve** es el conjunto de accidentes geográficos y formas estructurales que constituyen la superficie de la Tierra. Es el esqueleto del paisaje, donde se asientan todos los elementos que lo conforman.

El relieve es el resultado de la acción conjunta de los **agentes geológicos internos** (movimiento de la corteza terrestre, fenómenos volcánicos y sísmicos, etc.) y **agentes geológicos externos** (la lluvia, el hielo, el viento, el oleaje, los seres vivos, etc.).

Dada la distinta naturaleza de estos agentes geológicos, se originan muchos tipos diferentes de relieves: superficies llanas, elevaciones o depresiones, que, a su vez, dan lugar a paisajes muy diferentes entre sí (montañoso, desértico, forestal, mesetario, de cultivo, etc.).

La forma más utilizada para representar gráficamente el relieve son los **mapas topográficos,** que muestran una imagen a escala del relieve de una zona determinada de la superficie terrestre. Recogen accidentes geográficos (ríos, montañas, etc.) o construcciones (carreteras, caminos, ciudades, etc.). Los desniveles se representan a través de **curvas de nivel,** que son líneas que unen puntos con la misma altitud. Cuando las curvas de nivel están muy próximas, el desnivel es muy abrupto; pero cuando estas se encuentran separadas, el desnivel es suave.

## Actividades

1. Busca una fotografía o postal antigua de los alrededores de tu localidad y comenta los cambios que observas en el paisaje y en el relieve. Relaciona los cambios observados con los elementos que los han provocado.

2. En ocasiones las palabras "paisaje" y "relieve" se usan de forma indistinta, pero tienen diferencias. Explícalas.

3. ¿Cuál crees que es el agente geológico que más afecta a la zona donde vives? ¿Por qué?

# 2 • La dinámica del relieve

El tiempo geológico es más lento que el tiempo humano. Así, si parece que el relieve no varía es porque se observa desde la perspectiva de un tiempo corto de vida.

## 2.1 • Factores que determinan el relieve

El relieve no es igual en todo el planeta y esto se debe a una serie de factores que hacen que se produzca la diversidad existente:

- **Tipos de rocas:** no todos los tipos de rocas tienen las mismas características, unas son más duras, otras más blandas y otras soportan mejor o peor la acción de los agentes geológicos externos.
- **Estructura de las rocas:** las rocas se disponen de diversas maneras (plegadas, fracturadas, inclinadas, en capas, etc.). Este hecho condiciona el tipo de relieve de una zona, pues también reaccionan de forma diferente ante los agentes geológicos externos.
- **Clima:** en cada tipo de clima predominan unos agentes geológicos externos. Así, por ejemplo, en un clima árido y seco predominará el viento, y en un clima polar, el hielo.
- **Antigüedad:** aunque muy lentamente, el relieve cambia. En las zonas donde el relieve es de reciente formación las estructuras suelen ser más abruptas y elevadas, y en las más antiguas el relieve es más suave.

3 La disposición de las rocas junto con la acción de los agentes geológicos determina las peculiaridades de cada relieve.

4 El viento y el agua son los principales agentes meteorológicos que causan la modificación del paisaje.

### Diversidad paisajística ?

En España podemos encontrar gran cantidad de paisajes peculiares cuyo relieve ha sido modificado por la acción de diversos agentes geológicos.

Entre ellos podemos destacar: la desembocadura del río Xallas, en A Coruña, donde se forma una cascada natural que cae directamente al mar; el parque natural de la Corona Forestal, en Tenerife, que parece un paisaje lunar; o el Torcal de Antequera, en Málaga, paisaje kárstico de más de 1 700 hectáreas.

## Actividades

4. Explica por qué una persona a lo largo de toda su vida no percibe la formación o destrucción de un relieve.
5. Elabora un esquema con los factores que determinan el relieve y pon ejemplos.
6. ¿Qué tipo de agente geológico predomina en una zona árida? ¿Por qué?

## 2.2 • La energía que cambia el relieve

La **energía interna** que se produce en nuestro planeta es responsable de los **agentes geológicos internos,** que generan a su vez fenómenos constructivos del relieve externo.

El **magma** es el conjunto de materiales fundidos del interior de la Tierra. Además de la parte líquida, contiene gases y sólidos.

**Volcán**

Un volcán es una abertura en la superficie terrestre por la que se expulsa magma y otros materiales del interior de la Tierra.

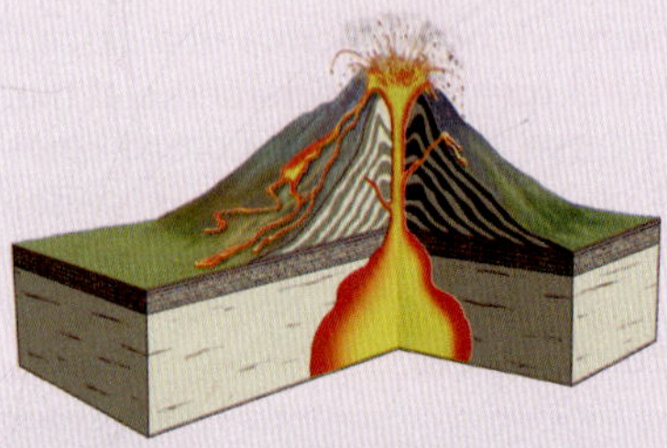

Así por ejemplo, los **volcanes** a través de erupciones expulsan el magma a la superficie de nuestro planeta, lo que crea numerosas estructuras geológicas de una forma brusca e instantánea.

También, aunque de una forma más lenta, las **placas litosféricas** se deslizan gracias a la energía interna, lo que genera océanos y cordilleras.

Por otra parte, los **agentes geológicos externos,** como la lluvia, el hielo, el viento, el oleaje, etc., dan lugar a nuevas formas de relieve gracias a los procesos de meteorización, erosión, transporte y sedimentación. A largo plazo estos agentes son los responsables de nivelar el terreno.

Todos estos agentes son impulsados por la **energía del Sol** junto con la fuerza de la **gravedad.**

La energía del Sol calienta el aire y el agua y origina el viento, la evaporación del agua y las corrientes marinas.

La gravedad hace que el agua y el hielo se muevan hacia las zonas más bajas.

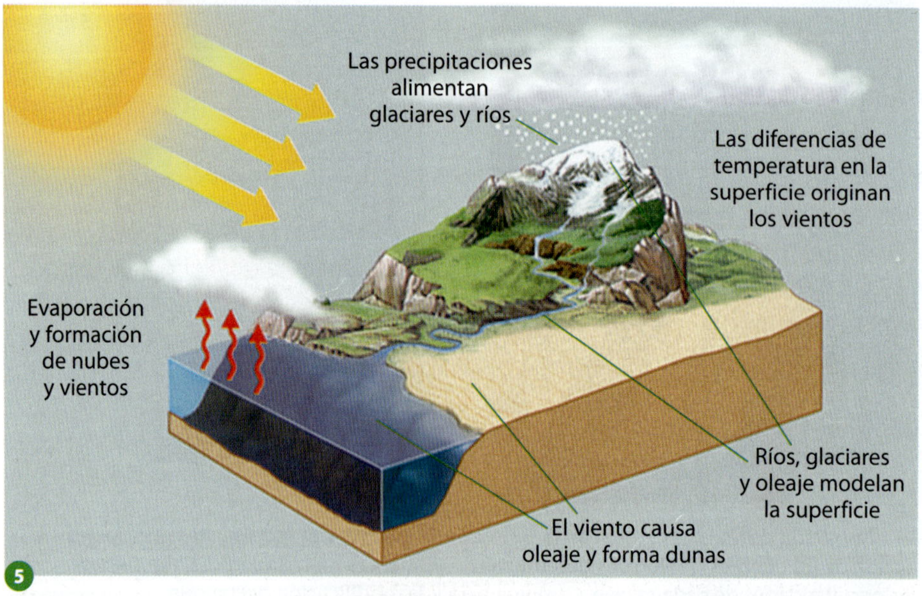


5 Acción de los agentes geológicos externos impulsados por la energía del Sol y la fuerza de la gravedad.

## Actividades

7. Busca información de cómo se produce una erupción volcánica.

8. Imagina que eres una gota de agua que está en el océano. ¿Qué formas de energía hacen que te muevas por la Tierra? Describe un recorrido.

# 3 • Procesos geológicos externos

En el proceso de modelado del relieve, a causa de la acción de los agentes geológicos externos, tienen lugar los siguientes procesos geológicos: la **meteorización**, la **erosión**, el **transporte** y la **sedimentación.**

## 3.1 • La meteorización

La **meteorización** es la fragmentación o descomposición de las rocas por la acción de los agentes atmosféricos o biológicos.

Se trata del primer paso para el modelado del relieve. Se produce cuando las rocas que se encuentran en la superficie o cerca de esta entran en contacto con **agentes atmosféricos** (gases de la atmósfera, cambios de temperatura, viento y agua de la lluvia) y **agentes biológicos** (acción de los seres vivos, lo que incluye las actividades humanas).

| Tipos de meteorización | |
|---|---|
| Meteorización química | Es la que ocasiona una alteración en la composición química de las rocas originarias y de los fragmentos resultantes. |
| Meteorización física | Es la que produce la rotura y disgregación de la roca en fragmentos visibles a simple vista, que conservan la composición de la roca originaria o de los detritos (fragmentos) resultantes. |

## 3.2 • Erosión, transporte y sedimentación

A diferencia de la meteorización, la erosión, el transporte y la sedimentación son **dinámicos** e implican siempre el desplazamiento de los materiales fragmentados y su depósito en un lugar más o menos alejado de su lugar de origen. La siguiente imagen explica estos procesos geológicos:

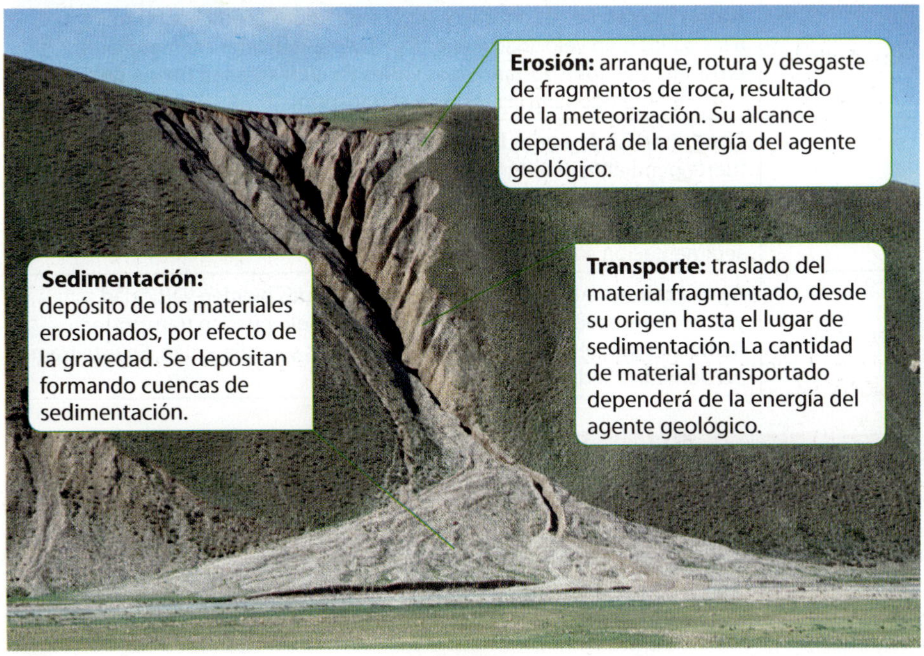


## Actividades

9. ¿Qué agentes producen la meteorización?

10. En los desiertos, debido a las variaciones drásticas de temperatura entre la noche y el día, las rocas sufren dilataciones y contracciones severas que terminan causando su ruptura. ¿Qué tipo de meteorización se produce? ¿Qué agentes intervienen?

# 4 • Acción de las aguas superficiales

Las **aguas superficiales** son las que discurren por la superficie del terreno a favor de la pendiente (por la gravedad) y siguen el camino que ofrece menor resistencia.

## 4.1 • Los ríos

Los **ríos** son cursos de agua permanentes que discurren por un lecho fijo.

Aunque tienen un cauce fijo, en los ríos suelen producirse variaciones de caudal a causa de la estacionalidad climática.

El curso de un río tiene tres tramos: **alto, medio** y **bajo,** que presentan características diferentes y estructuras diferenciadas.

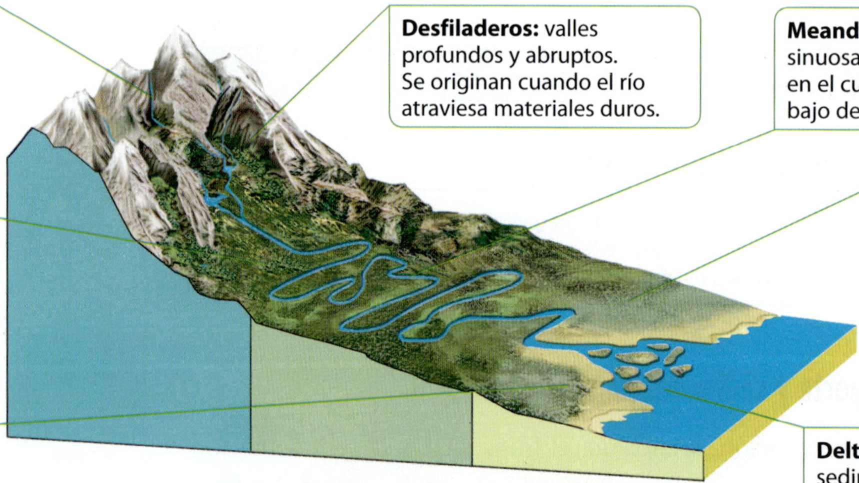

6 Los meandros se forman por erosión de materiales de las curvas cóncavas de los ríos, que se depositan en las curvas convexas.

| Características del curso de un río | |
|---|---|
| Curso alto | **Aguas bravas.** Los desniveles y tramos de fuerte pendiente otorgan a las aguas gran velocidad y energía, que pueden arrancar materiales, erosionarlos y transportarlos. Los **valles fluviales tienen forma de "V".** En este tramo predomina la erosión y el transporte. |
| Curso medio | **Combinación de aguas bravas y calmas.** Los desniveles y tramos de fuerte pendiente se alternan con zonas llanas, por lo que la erosión y transporte conviven con la sedimentación. Los valles son más abiertos y se originan los meandros. En este tramo se produce erosión, transporte y sedimentación, lo que varía según las zonas. |
| Curso bajo | **Aguas calmas.** Al llegar a zonas llanas, las aguas pierden velocidad y, como consecuencia, tienen poca energía. Solo pueden transportar materiales pequeños, la mayoría de los cuales se sedimentan. En este tramo predomina la sedimentación. |

## Actividades

11. ¿Qué forma tienen los valles si el agua discurre entre materiales duros? ¿Y si discurre entre materiales más blandos?

12. ¿Qué procesos geológicos externos son propios de cada uno de los cursos del río?

## 4.2 • Las aguas salvajes y los torrentes

La actuación de estos agentes geológicos externos está vinculada al régimen estacional de precipitaciones propio de la climatología de la zona.

### Las aguas salvajes

Las **aguas salvajes** son cursos de agua superficial que se forman a causa de una precipitación intensa en un breve espacio de tiempo o por el deshielo súbito.

Tienen un alto poder erosivo y, según el tipo de suelo por donde discurren, de la pendiente y de la vegetación, pueden formar **cárcavas, barrancos** y **ramblas.**

### Los torrentes

Los **torrentes** son cursos de agua estacional alimentados por aguas salvajes que discurren por un lecho fijo.

Las partes de un torrente son las siguientes:

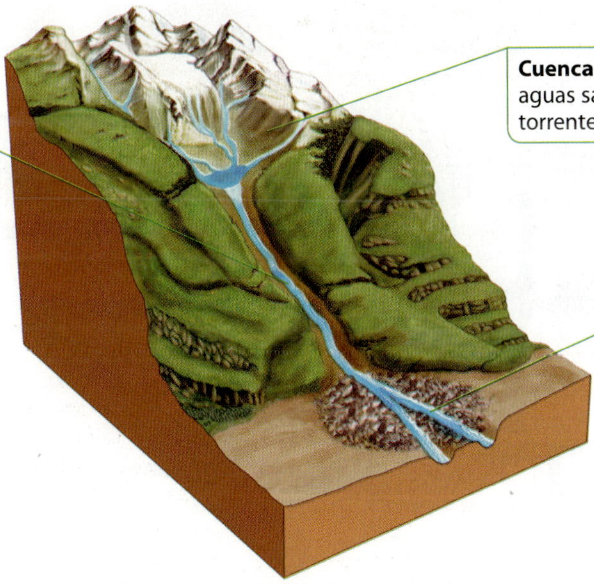


## Actividades

13. Observa la imagen y contesta a las preguntas

a) ¿Qué agente geológico externo ha originado este paisaje? Indica si crees que se trata de aguas salvajes, de un río o de un torrente. Señala dos características que te han permitido reconocerlo. Para ello te puedes ayudar de las siguientes preguntas: ¿discurre por un lecho fijo?; ¿contiene aguas estacionales o se mantienen durante todo el año?

b) ¿Qué es un canal de desagüe? ¿De dónde procede? ¿Dónde desemboca?

# 5 • La acción geológica de las aguas subterráneas

**Formaciones kársticas en el interior de las cuevas**

En el interior de las galerías y cuevas se pueden encontrar variadas y curiosas formaciones geológicas, como las estalactitas, estalagmitas y columnas.

Los agentes geológicos externos actúan por la acción combinada de la energía solar y de la gravedad. Todos estos agentes son impulsados por la energía del Sol que actúa en colaboración con la fuerza de la gravedad. La energía solar calienta el aire y el agua, y origina el viento y las corrientes marinas. La gravedad hace que el agua y el hielo se muevan hacia las zonas más bajas.

Parte de las aguas superficiales se van infiltrando en el subsuelo, erosionando y modelando el paisaje subterráneo.

Cuando las rocas sobre las que actúa el agua son calizas, el dióxido de carbono presente en el agua reacciona con el carbonato cálcico de la roca, formándose bicarbonato, que es soluble en agua.

La acción mecánica y química del agua da lugar al denominado **relieve** o **modelado kárstico,** que consta de los siguientes elementos:

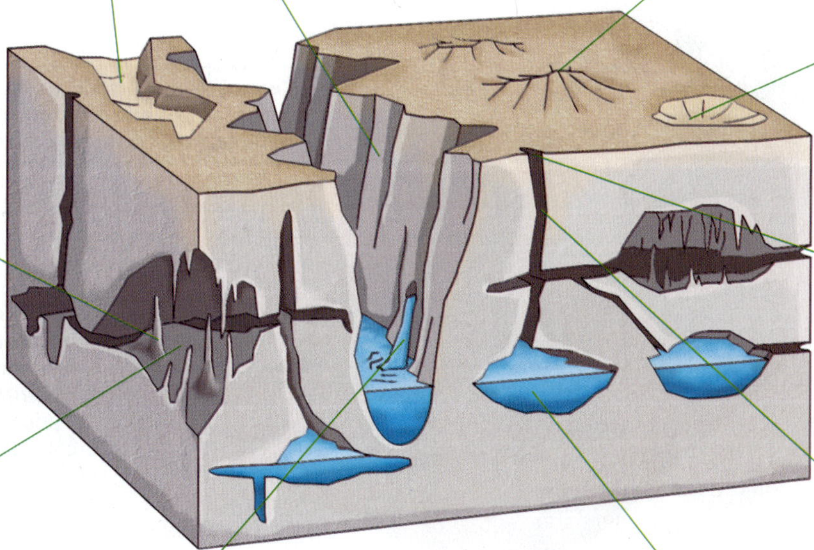

**Poljé:** depresión de grandes dimensiones, alargada, cerrada y de fondo llano.

**Garganta o cañón:** valle estrecho y de paredes acantiladas excavado por el agua.

**Lapiaz:** surcos o hendiduras, propias de las calizas, originados por la erosión química del agua.

**Estalactitas, estalagmitas y columnas:** formaciones geológicas producto de precipitación del carbonato cálcico.

**Dolina:** depresión del terreno circular y cónica consecuencia del hundimiento del terreno.

**Sumidero:** agujero que comunica el exterior con el interior y que actúa como desagüe natural.

**Galería:** cavidad subterránea formada por la acción del agua.

**Sima:** cavidad vertical formada por la disolución del terreno por el agua. A menudo las simas actúan como sumideros.

**Surgencia:** abertura al exterior por donde emerge el agua subterránea.

**Lago interior o acuífero:** conjunto formado por una capa geológica subterránea permeable y el agua que contiene entre sus poros y fisuras.

## Actividades

14. ¿Qué tipo de roca es característico en el modelado kárstico?

15. Explica la meteorización química que se produce en el modelado kárstico. ¿Cuáles son los materiales que inician la reacción? ¿Cuál es el producto de la reacción?

16. Busca en Internet imágenes de cuevas de origen kárstico en España cercanas a tu localidad o que conozcas. Coméntalas con tus compañeros.

# 6 • La acción geológica del hielo

El agua cuando precipita puede hacerlo en forma de nieve, que al caer sobre la Tierra se compacta y forma **hielo.**

El agua también puede congelarse entre las rocas por las bajas temperaturas, y actúa como cuña que parte las rocas.

El **hielo glaciar** se forma a partir de la acumulación de sucesivas capas de nieve que por la presión lo compactan. Es plástico y de color azulado.

El agua en forma de hielo ejerce una importante acción geológica, aunque esta sea lenta.

Los **glaciares** son grandes masas de hielo situadas en la superficie terrestre que se desplazan muy lentamente, erosionando y transportando todo lo que encuentran a su paso.

## Actividades

17. ¿Qué es una morrena? Describe en tu cuaderno los distintos tipos de morrenas que se pueden encontrar en un glaciar.

18. ¿Qué tipo de valle es característico en un glaciar? ¿Por qué?

19. ¿Cómo se forma el llamado hielo glaciar?

# 7 • La acción geológica del mar

La acción del **oleaje** marino y las **mareas** actúa como un potente agente geológico externo capaz de transformar el relieve del litoral.

A su vez, los materiales aportados por los ríos y por la erosión costera son transportados por las **corrientes** marinas y depositados en zonas de menor oleaje, formando playas y bancos de arena.

La imagen siguiente explica las distintas **formas litorales:**

**Bahía:** entrada de mar rodeada de tierra excepto por una parte.

**Islotes:** pequeñas islas antiguamente unidas a la costa próxima y actualmente aisladas debido a la acción erosiva del mar.

**Albufera:** lago de agua salada separado del mar por una barrera de arena.

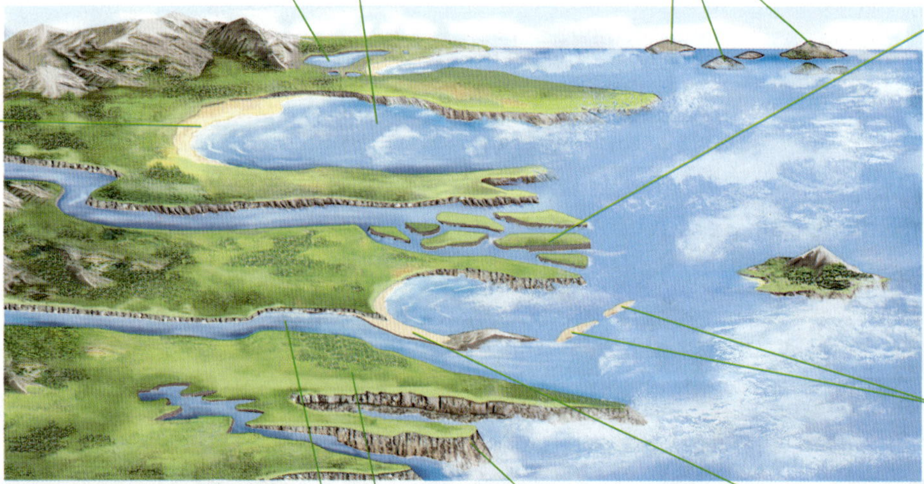

**Playa:** acumulación de arena en el litoral, transportada por la acción del oleaje y las mareas.

**Delta:** acumulación de materiales transportados por el río que sedimentan en su desembocadura y ganan terreno al mar.

**Barras:** bancos de arena que se depositan paralelos a la costa.

**Estuario:** desembocadura amplia y profunda, causada por la acción de las mareas, en donde el agua del mar penetra en el interior del curso del río. En los ríos del norte y noroeste de España reciben el nombre de rías y se caracterizan por la entrada de un brazo de mar en el curso bajo del río.

**Tómbolo:** franja estrecha de sedimentos que une un islote con la costa.

**Rasa:** plataforma costera, que estuvo sumergida bajo el mar, formada por roca desprendida del acantilado originario.

**Acantilado:** pendiente abrupta y vertical en el límite de la costa, consecuencia de la acción erosiva del mar.

### Acción erosiva del mar

La acción erosiva del mar ocasiona en la costa formas como los **arcos naturales** y las **rasas.**

## Actividades

20. Clasifica las formas litorales en una tabla de dos columnas según sean formas, predominantemente, de erosión o de sedimentación.

21. ¿Qué diferencia existe entre un delta y un estuario? ¿Qué agente geológico ha causado cada una de estas formas? Si observas un mapa de la península ibérica, ¿puedes decir en qué mares se encuentran cada una de estas formas litorales? ¿Por qué razón? Pon un ejemplo de cada tipo.

# 8 • La acción geológica del viento

La fuerza del viento es un agente geológico externo importante sobre todo en zonas áridas, donde no existe vegetación que retenga el suelo, ya que puede arrastrar y transportar los fragmentos meteorizados de roca, proceso que se denomina **deflación.**

Los fragmentos más grandes se desplazan rodando por el suelo, mientras que los más pequeños viajan en suspensión y chocan con otras rocas, desgastando su superficie. A este proceso se le denomina **abrasión.**

Según su tamaño, los materiales son transportados a diferentes distancias, ocasionando dos tipos de desiertos:

| Tipos de desiertos | |
|---|---|
| Desiertos pedregosos o regs | Son producto de la deflación. El viento arrastra las partículas más finas, y quedan solo las piedras más grandes, pulidas por efecto de la abrasión.<br>Como resultado de la abrasión, en este tipo de desiertos son frecuentes formaciones como los arcos de piedra y las rocas fungiformes. |
| Desiertos arenosos o ergs | Están compuestos por los materiales transportados por el viento. Las partículas más finas (limo) viajan grandes distancias y se sedimentan en depósitos denominados **loess.**<br>Las partículas de arena no viajan tan lejos, pero cuando chocan con un obstáculo se depositan en formaciones denominadas **dunas.** Las dunas tienen dos vertientes: una más expuesta al viento (barlovento) y de menor pendiente, y otra más resguardada (sotavento), de mayor pendiente. |

8 Desierto pedregoso o reg.

## Actividades

22. Explica los dos procesos que realiza el viento como agente geológico externo e indica sus diferencias.

23. Investiga con la ayuda de Internet por qué se dice que las dunas está vivas. Realiza un dibujo para explicar este proceso.

### Abrasión +

Como consecuencia de la abrasión producida por el viento, al proyectar arena contra las rocas en la zona baja, se ocasionan unas formas muy curiosas, llamadas rocas fungiformes.

### Avance de las dunas ?

Las dunas no están estáticas, sino que se mueven empujadas por la fuerza del viento que, al soplar sobre la vertiente expuesta, desplaza arena de la duna hacia la vertiente de sotavento.

# 9 • La acción geológica de los seres vivos

Los seres vivos interactúan con su entorno y producen cambios en él, por lo que pueden ser considerados **agentes geológicos externos.**

## Formación del relieve

La gran variedad de seres vivos que existe participa de alguna forma en la formación del relieve. Por ejemplo:

- Los **arrecifes de coral** ocupan grandes extensiones de roca caliza en los mares y modifican corrientes y oleaje.
- Los **organismos vegetales** que forman bosques y praderas facilitan que el suelo se asiente y no sea arrastrado por otros agentes como agua y viento.

7 Meteorización física realizada por las raíces de los árboles.

## Modelado del relieve

Los seres vivos participan en la meteorización del relieve. Por ejemplo:

- Las **raíces de los árboles** penetran en las grietas de las rocas y las fragmentan. Los **animales excavadores** como topos, lombrices u hormigas penetran en el suelo, lo remueven y hacen que se desprendan fragmentos. Todos ellos causan **meteorización física.**
- Los **microorganismos** y los **líquenes** segregan sustancias que modifican la composición de las rocas. Los **excrementos** de los animales también contienen sustancias corrosivas para las rocas. De esta manera se produce la **meteorización química** por parte de los seres vivos.

## Modificación del relieve

La abundancia de seres humanos y las actividades invasivas y destructivas que realizamos nos convierten en uno de los principales agentes geológicos externos en ciertas regiones. Actividades como la **minería** o la construcción de **poblaciones** o **infraestructuras** tienen gran impacto sobre el relieve.

## Actividades

24. Se estima que 2 000 millones de hectáreas de tierra firme están siendo degradadas en todos los continentes, por el uso que se les da para pastoreo, tierra de cultivos, crecimiento de las poblaciones, construcción de carreteras, minería y explotación petrolera.

a) ¿A qué actividad humana crees que hace referencia la imagen que se muestra?

b) Busca en Internet cuál es la población mundial actual de la Tierra. ¿Qué población está prevista para el año 2030?

c) ¿Qué recursos necesitamos los seres humanos para vivir y mantener nuestra forma de vida actual? ¿De dónde los obtenemos?

d) Si la población aumenta y se incrementa la necesidad de recursos, ¿qué consecuencias crees que puede haber?

e) Elabora con tus compañeros un listado de propuestas para que la especie humana reduzca el impacto sobre el relieve.

## 10 • Riesgos geológicos externos

La acción de los agentes geológicos externos genera diversos riesgos que ponen en peligro la vida, la integridad y los bienes de las personas, por lo que pueden ocasionar grandes pérdidas humanas y económicas. Son los denominados **riesgos geológicos externos.** Algunos de ellos son:

- **Movimientos del terreno:** están originados por el deslizamiento o desprendimiento de masas de lodo, nieve, hielo o rocas (avalanchas), así como por el hundimiento del terreno causado por la acción del agua. Estos movimientos aumentan en áreas sin vegetación.
- **Inundaciones:** se producen por el crecimiento repentino del cauce de torrentes y ríos más allá de su lecho, e inundan zonas circundantes. Las construcciones cercanas a los cauces pueden verse afectadas por las inundaciones.
- **Riesgos litorales:** en la costa la acción del oleaje puede causar el desprendimiento de rocas de los acantilados o la desaparición de playas. Combinado con el viento, puede ocasionar el avance de dunas tierra adentro.

El desencadenamiento de estos riesgos depende de varios factores relacionados entre sí.

| Factores relevantes en el riesgo geológico | |
|---|---|
| Clima | El clima determina el agente geológico externo predominante y su magnitud. |
| Sustrato geológico | La presencia de materiales blandos y de fracturas en el terreno facilita su rotura y erosión. |
| Relieve | La energía de los agentes erosivos aumenta cuanto mayor sea la pendiente del relieve. |
| Vegetación | Cuanto menor sea la cubierta vegetal, mayor será la erosión y la velocidad de transporte de los sedimentos. |
| Actuaciones humanas | El ser humano lleva a cabo prácticas que pueden transformar de forma significativa el paisaje en donde se asienta (deforestación, sobrepastoreo, prácticas agrícolas, minería, construcción de urbanizaciones e infraestructuras, etc.).<br>Además, si la ubicación de las poblaciones o actividades humanas que se ha elegido se sitúa en zonas sometidas a un riesgo geológico, como la desembocadura de un río o un torrente, el peligro de que suceda una catástrofe se incrementa considerablemente. |

8 La deforestación aumenta de forma considerable ciertos riesgos geológicos externos.

### Actividades

25. Investiga en Internet qué causas humanas pueden incrementar los siguientes riesgos: socavones del terreno, inundaciones, desaparición de la línea del litoral.

26. Sugiere medidas para evitar riesgos geológicos en las siguientes situaciones:

a) Pueblo de montaña en donde existe riesgo de desprendimientos de rocas.
b) Pueblo al pie del monte atravesado por una torrentera o una rambla.
c) Población a orillas de un río que estacionalmente sufre crecidas.
d) *Camping* situado cerca de la playa.

## Análisis del suelo

El suelo surge como resultado de la meteorización de las rocas y la descomposición de la materia orgánica procedente de los seres vivos que se asientan sobre él. Se trata de un elemento vivo que está en constante formación; el suelo es delicado y puede perder sus capas por acción de los agentes geológicos externos.

Un suelo maduro está dividido en una serie de capas horizontales, denominadas horizontes.

| Horizontes del suelo | |
|---|---|
| Horizonte A | Capa de materia orgánica en descomposición (humus), formada a partir de restos de seres vivos. |
| Horizonte B | Capa intermedia, formada por las sales minerales, arrastradas por el agua de lluvia desde la superficie. |
| Horizonte C | Capa formada por los fragmentos de roca disgregada. |
| Horizonte D | Roca madre, llamada así porque de ella proceden los detritos y minerales que conforman el suelo. |

La siguiente imagen recoge un esquema de la formación de los estadios del suelo:

1. Horizonte A
2. Horizonte B
3. Horizonte C
4. Horizonte D (roca madre)

Conocer la composición de un suelo es necesario para valorar su importancia con el fin de conservarlo.

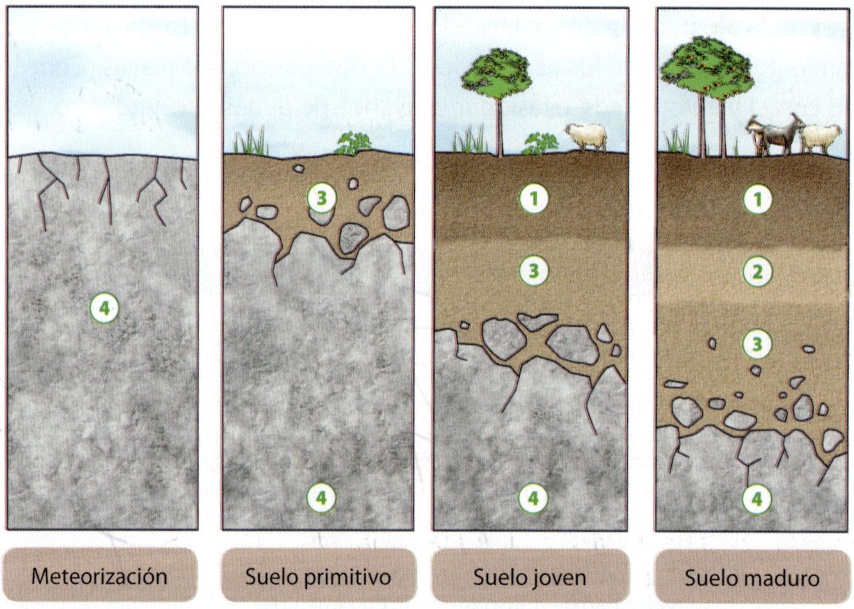


### PROCEDIMIENTO

**1** Recogemos una muestra de suelo que queramos analizar, la filtramos con un colador y la dejamos en un recipiente de vidrio.

**2** Analizamos en primer lugar su composición mineralógica, agregando unas gotas de ácido clorhídrico al 10%. Si se produce un burbujeo, este indicará que el origen mineral del suelo (roca madre) es calcáreo, ya que el ácido reacciona con los carbonatos propios de estas rocas.

**3** En segundo lugar, analizamos su riqueza en materia orgánica, agregando unas gotas de agua oxigenada. En el caso de que se produzca un burbujeo, este indicará que el suelo es rico en humus y, por tanto, que es muy fértil.

## Actividades

1. Analiza el suelo de la localidad donde resides. ¿Qué características tiene?
2. Indica para qué crees que puede ser útil el suelo que has analizado.

1. Realiza un esquema, mapa conceptual o mapa mental del relieve y los agentes geológicos que actúan sobre él.
2. ¿Qué es un mapa topográfico? ¿Para qué sirve?
3. Explica qué factores determinan el relieve de una determinada zona.
4. ¿Qué material es más fácil de degradar por los agentes geológicos externos, el granito o la arcilla? Explica los motivos.
5. ¿Qué agente geológico externo predomina en el clima seco y cálido del desierto? ¿Y en el clima húmedo y cálido de la selva?
6. ¿A qué tipo de proceso geológico externo crees que corresponden las siguientes fotografías? Destaca el que sea más importante y explica los motivos por los que lo has elegido.

a) 

b) 

c) 

d) 

7. ¿Qué son las aguas superficiales? ¿Qué fuerza las hace discurrir? ¿Qué formas de relieve originan?
8. Observa la imagen, describe las distintas partes del curso de un río e indica en tu cuaderno qué proceso predomina en cada una de ellas.

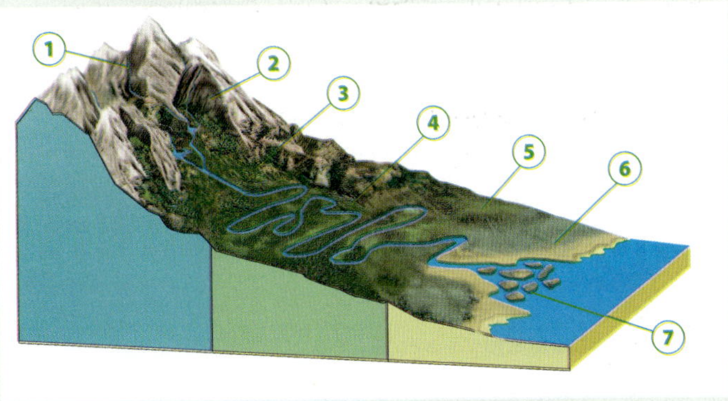


9. ¿Qué son los meandros? ¿Qué procesos geológicos los originan? ¿En qué parte de un río se encuentran?
10. Nombra y describe las distintas partes de un torrente.
11. Nombra y describe los elementos propios del modelado kárstico y explica su proceso de formación.
12. En ocasiones hay rocas gigantes esparcidas por los valles de alta montaña y no hay explicación aparente de cómo han llegado hasta allí. ¿Qué agente geológico externo las ha podido transportar? ¿Cómo se llaman estas rocas?
13. Explica el efecto que tiene el oleaje y las mareas sobre el litoral.
14. ¿Qué formaciones se producen en la desembocadura de un río cuando este transporta muchos materiales?
15. Dibuja en tu cuaderno una duna y señala sus partes. Indica mediante flechas cuál es la dirección del viento que la hace moverse.
16. Si el viento es muy fuerte ¿qué tipo de materiales arrastra? En ese caso, ¿qué tipo de desierto se forma?
17. ¿Qué proceso desgasta las rocas por acción del viento? ¿Por qué crees que se desgastan más las partes bajas de las estructuras que las altas, como ha ocurrido en las rocas fungiformes?
18. Explica con ejemplos los tipos de meteorización que realizan los seres vivos sobre el relieve.
19. ¿Qué es un riesgo geológico externo? Nombra y describe tres.
20. Enumera los cuatro factores naturales que se deben tener en cuenta para valorar el riesgo geológico.
21. Indica cuáles de estas formas litorales crees que son resultado de la erosión marina: tómbolo, acantilado, arco, barra, islote, albufera, delta y rasa.
22. Observa las siguientes fotografías y comenta qué puede verse en cada una de ellas:

a) 

b) 

c) 

d) 

a) ¿Qué formas geológicas muestran las fotografías?
b) ¿Qué agente geológico externo las ha formado?
c) Indica si las formas son producidas principalmente por erosión, transporte o sedimentación.
d) ¿Crees que existe intervención de los seres humanos en alguna de las formaciones geológicas?
e) ¿En qué tipo de clima crees que se ha podido producir cada uno de estos paisajes?

# 5 IDEAS CLAVE Y AUTOEVALUACIÓN

### Paisaje y relieve

- El **paisaje** es la percepción visual de cualquier parte del territorio resultado de la acción e interacción de factores naturales o humanos.
- El **relieve** es el conjunto de accidentes geográficos y formas estructurales que constituyen la superficie de la Tierra. Los **factores que determinan el relieve** son: tipos y estructura de rocas, clima y antigüedad.

### Procesos geológicos externos

- La **meteorización** es la fragmentación o descomposición de las rocas por la acción de los agentes atmosféricos o biológicos.
- Otros agentes son la **erosión,** el **transporte** y la **sedimentación**.

### Acción de las aguas

- Las **aguas superficiales** son las que discurren por la superficie del terreno a favor de la pendiente y siguen el camino que ofrece menor resistencia.
- La acción mecánica y química de las **aguas subterráneas** da lugar al denominado relieve o modelado kárstico.

### Acción geológica del hielo y el mar

- Los **glaciares** son grandes masas de hielo situadas en la superficie terrestre que se desplazan muy lentamente, erosionando y transportando todo lo que encuentran a su paso.
- La acción del **oleaje** marino y las **mareas** actúan como un potente agente geológico externo capaz de transformar el relieve del litoral.

### Acción geológica del viento y de los seres vivos

- La fuerza del **viento** es un agente geológico importante en zonas áridas.
- Los seres vivos pueden ser considerados **agentes geológicos externos.**

### Riesgos geológicos externos

- La acción de los agentes geológicos externos pueden ocasionar grandes **pérdidas humanas y económicas.**
- Los **riesgos geológicos externos principales** son: movimientos del terreno, inundaciones y riesgos litorales.

**Anota en tu cuaderno la opción correcta:**

1. La fragmentación o descomposición de las rocas por la acción de los agentes atmosféricos o biológicos se denomina:

a) Erosión.
b) Meteorización.
c) Transporte.
d) Sedimentación.

2. El depósito de los materiales erosionados se denomina:

a) Meteorización física.
b) Meteorización química.
c) Transporte.
d) Sedimentación.

3. Cuando el río atraviesa materiales duros se originan:

a) Desfiladeros.
b) Deltas.
c) Terrazas aluviales.
d) Meandros.

4. Un factor que no determina el relieve de una zona es:

a) El clima.
b) Los tipos y estructuras de las rocas.
c) La altura.
d) La antigüedad.

5. Las formaciones geológicas producto de precipitación del carbonato cálcico se denominan:

a) Estalactitas, estalagmitas o columnas.
b) Cañones.
c) Simas.
d) Dolinas.

6. En un glaciar, la masa de hielo que se desplaza por la pendiente de la montaña se denomina:

a) Circo glaciar.
b) Lengua glaciar.
c) Morrena lateral.
d) Morrena central.

7. ¿Cómo se denomina la forma litoral que constituye una franja estrecha de sedimentos que une un islote con la costa?

a) Rasa.
b) Albufera.
c) Bahía.
d) Tómbolo.

8. El lago de agua salada separado del mar por una barrera de arena se llama:

a) Albufera.
b) Bahía.
c) Estuario.
d) Delta.

9. Las rocas fungiformes son típicas de:

a) Los desiertos pedregosos o regs.
b) Las dunas.
c) Los loess.
d) Los desiertos arenosos o ergs.

10. Las raíces de los árboles, al penetrar en las grietas de las rocas, producen:

a) Meteorización química.
b) Deflación.
c) Abrasión.
d) Meteorización física.

Unidad 6

# La contaminación

## SUMARIO

- El aire y la atmósfera
- La contaminación atmosférica
- El agua y la hidrosfera
- La contaminación hídrica
- Los residuos

## TÉCNICAS DE TRABAJO

- Construcción de un sistema simple de depuración de agua por filtro

# 1 • Concepto y tipos de contaminación

La contaminación es una de las causas por la que la Tierra está sufriendo fuertes modificaciones ambientales que ponen en peligro la vida en el planeta.

La **contaminación medioambiental** es la presencia en el ambiente de cualquier agente físico, químico o biológico que pueda ser nocivo para la salud y el bienestar de los seres humanos o cualquier otra forma de vida animal o vegetal.

Los **residuos contaminantes** que arrojamos al suelo, aire y agua, tanto domésticos como industriales, son los responsables de este proceso de contaminación y de dar un aspecto desagradable a nuestro entorno.

Existen numerosas formas de contaminación, entre las que podemos destacar las siguientes:

- **Contaminación atmosférica:** debida a productos químicos y otras partículas liberados a la atmósfera.
- **Contaminación hídrica:** causada por residuos contaminantes en las aguas de nuestro planeta.
- **Contaminación lumínica:** consiste en el brillo en el cielo nocturno generado por un alumbrado ineficiente y mal diseñado.
- **Contaminación acústica:** se trata del exceso de sonido que puede alterar las condiciones de una zona.
- **Contaminación electromagnética:** es la producida por las radiaciones electromagnéticas que generan los equipos electrónicos.
- **Contaminación del suelo:** es la degradación de la calidad del suelo debido a la presencia de sustancias químicas.
- **Contaminación visual:** consiste en todo aquello que afecta o molesta a la visualización de una zona.

1 El tráfico genera contaminación atmosférica, lumínica, acústica y visual.

**Legislación española sobre contaminación** +

La responsabilidad ambiental que tenemos todos los ciudadanos está regulada por la Ley 26/2007 de 23 de octubre de Responsabilidad Medioambiental, basada en el principio de prevención de daños.

## Actividades

1. Explica con tus propias palabras qué es la contaminación.

2. Analiza tu día a día y comenta qué actividades realizas que pueden contribuir a contaminar tu entorno. ¿Llevas a cabo alguna actividad que ayude a prevenir o disminuir la contaminación?

3. Busca en Internet información sobre otras posibles formas de contaminación que existen.

# 2 • El aire y la atmósfera

La **atmósfera** es una capa gaseosa que envuelve la Tierra. Está formada por una mezcla de gases denominada **aire.**

Esta mezcla tiene la siguiente composición:

- **Nitrógeno ($N_2$):** supone el 78% del total.
- **Oxígeno ($O_2$):** constituye el 21% del aire.
- **Otros gases:** destacan el **dióxido de carbono ($CO_2$),** el argón, el helio, el neón, etc. Entre todos, representan menos del 1% del total.
- **Vapor de agua y polvo en suspensión:** su proporción es muy variable.

El oxígeno y el dióxido de carbono son indispensables para la vida en la Tierra y de su distribución en la atmósfera depende la salud del planeta.

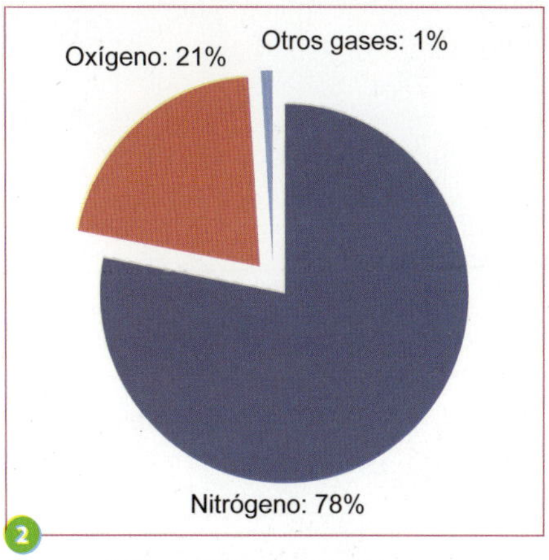


2 Composición del aire atmosférico.

La atmósfera está dividida en una serie de capas:

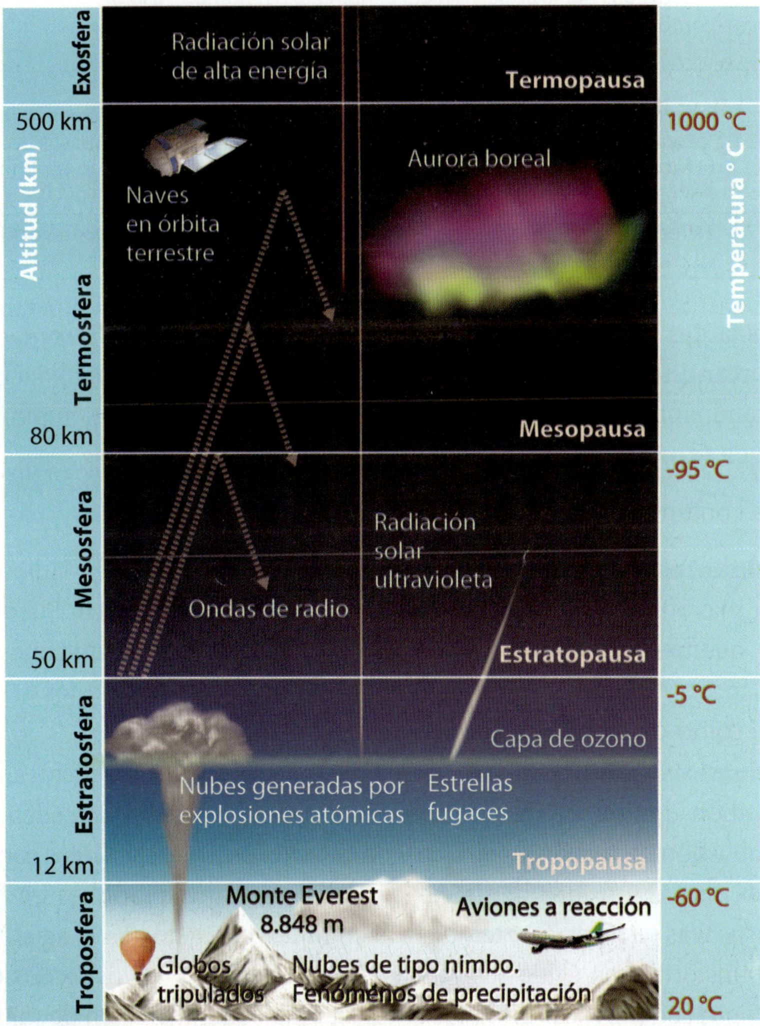


**Exosfera** (500 km a más de 2 000 km altitud): es la capa más exterior. Casi no contiene aire, ya que la atmósfera se va diluyendo (hay muy pocas partículas y muy separadas entre sí).

**Termosfera o ionosfera** (80 km a 500 km): esta capa absorbe las radiaciones solares más dañinas y las convierte en calor; por ello su temperatura es muy alta, y se forman las auroras boreal y austral. En ella rebotan las ondas de radio y televisión.

**Mesosfera** (50 km a 80 km): como no absorbe radiaciones solares, es una capa más fría (−95 °C). En ella los meteoritos que chocan contra la atmósfera se transforman en estrellas fugaces.

**Estratosfera** (10-16 km a 50 km): está formada por varias capas (estratos) de gases. En su parte superior se encuentra la capa de ozono ($O_3$) que protege a la Tierra de los rayos ultravioleta.

**Troposfera** (desde la superficie hasta 10-16 km, dependiendo de la latitud): en esta capa se concentran el 75% de los gases de la atmósfera; por ello, es donde se desarrolla la vida. En la troposfera se forman las nubes y se producen los fenómenos meteorológicos. La temperatura desciende 6 °C cada 1 000 m.

## Actividades

4. Busca información sobre los gases que componen la atmósfera terrestre e indica cuáles son necesarios para la vida en nuestro planeta.

# 3 • La contaminación atmosférica

El problema de la contaminación atmosférica se ha ido agravando a lo largo de los años como consecuencia del desarrollo industrial y de las actividades urbanas.

La **contaminación atmosférica** es la presencia en la atmósfera de sustancias y formas de energía (llamadas contaminantes) en una cantidad susceptible de causar molestias o suponer riesgos para los seres vivos y los ecosistemas naturales o deteriorar los bienes materiales.

Podemos clasificar las fuentes de la contaminación según su origen y según su movilidad:

| **Según su origen** | |
|---|---|
| Naturales | Gases y cenizas desprendidas de volcanes e incendios forestales, emisión de metano por descomposición de materia orgánica, concentración de esporas y polen en el aire, etc. |
| Artificiales | Provocadas por la acción directa o indirecta del hombre: uso de combustibles fósiles, emisión de gases y sustancias químicas por las industrias, centrales térmicas y las calefacciones. |

| **Según su movilidad** | |
|---|---|
| Fijas | El foco de emisión es un punto fijo que no se desplaza de forma autónoma. Por ejemplo, las chimeneas de las fábricas. |
| Móviles | La fuente puede desplazarse, emitiendo contaminantes a lo largo de todo su trayecto. Por ejemplo, los aviones o automóviles. |

3 A través de las chimeneas, las fábricas expulsan gran cantidad de contaminantes químicos.

Los contaminantes pueden provenir directamente de una fuente de contaminación **(contaminantes primarios)** o ser el resultado de la combinación de los contaminantes primarios con otras sustancias, como, por ejemplo, el vapor de agua **(contaminantes secundarios).**

Los agentes contaminantes se pueden agrupar en tres grupos:

- **Contaminantes físicos:** rayos ultravioleta (UV), infrarrojos, radiofrecuencias, microondas, rayos X, contaminación lumínica y acústica. Pueden provocar quemaduras, problemas en la visión y en la piel, mutaciones e incluso cáncer. Además, pueden alterar los ciclos biológicos de los seres vivos, así como ocasionar trastornos fisiológicos y psicológicos.
- **Contaminantes químicos:** se incluyen diferentes óxidos procedentes de la combustión de la gasolina y gasoil, compuestos de azufre procedentes de la combustión de carbón y petróleo, compuestos orgánicos volátiles como el metano, etc. Los óxidos de azufre pueden provocar alteraciones en los ojos y en las vías respiratorias; también, al entrar en contacto con el agua, se pueden transformar en ácido sulfúrico y generar lluvia ácida. Los óxidos de nitrógeno pueden provocar disminución de la visibilidad, corrosión de materiales y disminución del crecimiento de plantas. Los derivados del metano son compuestos altamente irritantes para la flora y la fauna del planeta.
- **Contaminantes biológicos:** por ejemplo microorganismos que pueden ocasionar enfermedades y sustancias producidas por animales o plantas, como el polen, que causa diversas enfermedades respiratorias o alergias.

## Actividades

5. Averigua cuáles son los principales problemas de contaminación que existen en la capital de tu provincia. ¿Cuáles son las causas de esa contaminación? ¿En qué épocas del año es más intensa? ¿Qué problemas causa a la población? ¿Y al medio ambiente?

# 4 • Consecuencias de la contaminación atmosférica

La contaminación del aire tiene múltiples consecuencias negativas. Las principales son: la **lluvia ácida,** el **efecto invernadero,** el **agujero en la capa de ozono** y, a nivel más global, el **cambio climático.**

## 4.1 • La lluvia ácida

La **lluvia ácida** es una forma de precipitación que cae de la atmósfera, que contiene altas concentraciones de ácido sulfúrico y ácido nítrico.

Recibe este nombre debido a que la presencia de estos contaminantes hace que el pH de la lluvia descienda a valores inferiores a 5 y, por tanto, sea ácido.

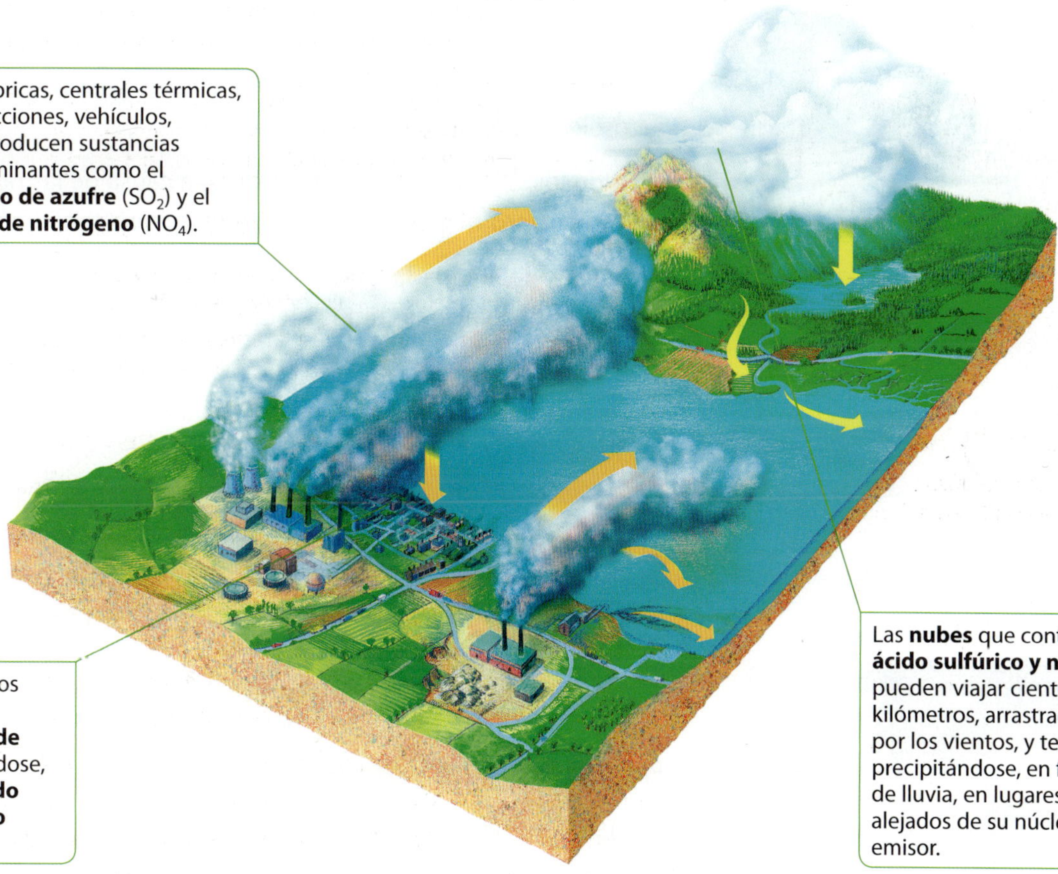


| Efectos negativos de la lluvia ácida | |
|---|---|
| Salud de las personas | Provoca problemas respiratorios e incluso cáncer. |
| Vida en los lagos y ríos | Ocasiona la muerte de animales y plantas acuáticas, a causa de la acidificación de las aguas, que dejan de ser aptas para el consumo. |
| Vida vegetal | Corroe las hojas de los árboles, afectando a su crecimiento y los debilita frente a plagas e infecciones. Puede llegar a causar la muerte del árbol. |
| Suelos | Provoca su acidificación y afecta al crecimiento de las plantas y otros organismos como los hongos, originando la pérdida de nutrientes y la infertilidad del suelo. |
| Edificios y monumentos | Los ácidos corroen materiales como el mármol, la caliza o los metales, provocando su deterioro y destrucción; es el llamado "mal de la piedra". |

## Actividades

6. En grupo, realiza una presentación sobre los efectos que puede generar la lluvia ácida.

7. Busca información sobre algún monumento que haya sufrido el "mal de la piedra". Investiga sobre las medidas que se han tomado para frenar su deterioro.

## 4.2 • Reducción de la capa de ozono

En la parte superior de la **estratosfera,** a unos 30-40 km de altitud, como consecuencia de la reacción de las **radiaciones ultravioleta** procedentes del Sol con el **oxígeno** de la atmósfera, se forma el **ozono,** una molécula fundamental para la vida en la Tierra.

Este ozono forma una capa, en la estratosfera, alrededor de la Tierra que nos protege de las radiaciones ultravioleta del Sol, impidiendo que estas alcancen la superficie terrestre.

En 1985, la comunidad científica detectó que la capa de ozono estratosférico situada sobre la Antártida se estaba debilitando, ya que la concentración de ozono se había reducido de forma considerable. Este fenómeno, que se da fundamentalmente en las zonas polares, origina el denominado **agujero de la capa de ozono.**

Los agentes causantes de esta reducción son unos productos químicos llamados **clofluorocarbonatos (CFC).** Estos gases se utilizan en disolventes, aerosoles, aislantes y refrigerantes.

Cuando los CFC llegan a la estratosfera, a causa de las radiaciones ultravioleta, liberan el cloro que contienen y este reacciona con el ozono, destruyéndolo.

Al quedar debilitada la capa de ozono, llegan a la superficie terrestre mayor cantidad de radiaciones ultravioleta, lo cual tiene las siguientes **consecuencias nocivas:**

- Quemaduras graves y aumento de las enfermedades de la piel, como el cáncer.
- Graves problemas visuales para personas y animales: ceguera y cataratas.
- Debilitamiento del sistema inmune de personas animales y plantas, lo que incrementa las enfermedades infecciosas y reduce las producciones agrícolas y ganaderas.
- Destrucción del fitoplancton y, como consecuencia, de la vida submarina, con las consiguientes pérdidas ecológicas y económicas.

### Formación del ozono

El ozono se forma cuando los rayos ultravioleta, procedentes del Sol, disocian los dos átomos que componen una molécula de oxígeno ($O_2$). Cada uno de estos dos átomos se asocia a una molécula de oxígeno.

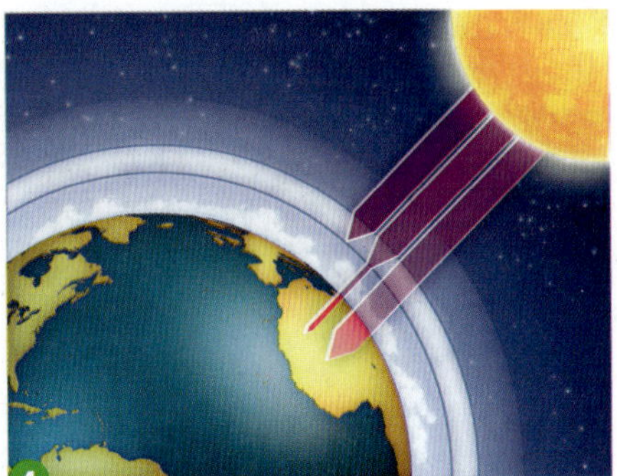

4 La capa de ozono actúa como filtro de los rayos solares ultravioleta.

### Protocolo de Montreal y recuperación de la capa de ozono

En 1989 se firmó el Protocolo de Montreal, un acuerdo internacional para reducir la producción y el consumo de CFC. Dado su alto grado de aceptación, ha supuesto la puesta en marcha de numerosas medidas por parte de los países firmantes, que han resultado útiles para reducir el uso de CFC.

En la actualidad se ha detenido el crecimiento del agujero y en los próximos años se espera lograr una recuperación integral.

## Actividades

8. Explica por qué el ozono se considera un gas beneficioso para la vida en el planeta y averigua qué daños puede provocar.

9. ¿Qué contaminante es el principal responsable de la desaparición de la capa de ozono? ¿De qué fuentes proviene este contaminante?

## 4.3 • El efecto invernadero

La Tierra se calienta gracias a la energía del Sol, en parte porque cierto porcentaje de las radiaciones solares que llegan a la Tierra son absorbidas por la atmósfera evitando que retornen al espacio.

Este fenómeno, denominado "efecto invernadero", sin el cual la temperatura de la Tierra sería unos 30 °C inferior, se produce de forma natural, gracias a la presencia en la atmósfera de algunos gases, como el **vapor de agua** y el **dióxido de carbono ($CO_2$),** que logran retener el calor. Por tanto, el efecto invernadero hace posible la vida en la Tierra.

**Incidencia de las radiaciones solares en la Tierra** ?

Del total de radiaciones solares que llegan a la Tierra:

- El 32% es reflejada por la atmósfera.
- El 16% es absorbida por la atmósfera.
- El 47% es absorbida por la superficie.
- El 5% es reflejada por la superficie.

5 La radiación solar se refleja en los continentes. Al llegar a la atmósfera, una parte rebota alcanzando de nuevo la superficie terrestre.

En el último siglo, debido al aumento de ciertas actividades humanas, se ha incrementado la concentración de algunos gases presentes en la naturaleza, como el **metano ($CH_4$)** y el **ozono ($O_3$),** y han surgido sustancias químicas sintéticas, como el **óxido nitroso ($N_2O$)** y los **clorofluorocarbonados (CFC).**

Todos estos gases contribuyen al efecto invernadero, pero el principal responsable es el **dióxido de carbono ($CO_2$).** Su importancia deriva de que, aunque este gas no es el más potente desde el punto de vista de retención de calor, en cambio sí que es el más abundante, ya que supone más del 75% del total de gases de efecto invernadero.

La presencia de este gas en la atmósfera se ha duplicado en los últimos 100 años debido a la utilización de combustibles fósiles (carbón, petróleo, gas natural) como fuente energética y a la disminución de los absorbentes del $CO_2$ a causa de la deforestación y la pérdida del fitoplancton marino (causada por el calentamiento de los mares).

El incremento del efecto invernadero tiene como **consecuencia directa** el aumento de la temperatura del planeta, lo que a su vez, da lugar a un cambio climático a nivel planetario.

## Actividades

10. Averigua por qué razón el fenómeno de la retención de calor a causa de los gases contaminantes de la atmósfera recibe el nombre de efecto invernadero.

11. Busca información sobre el incremento de la temperatura media en la Tierra, en el último siglo, y responde las siguientes preguntas:

a) ¿En qué década se han producido los máximos incrementos de temperatura?

b) De seguir el ritmo de incremento actual, ¿qué temperatura se alcanzaría en el año 2050?

## 4.4 • El cambio climático

A lo largo de la historia climática de la Tierra se han alternado periodos de clima más frío, conocidos como periodos glaciales, con periodos de clima más cálido.

Estos cambios climáticos se han ido produciendo a lo largo de la historia por **causas naturales,** pero en el último siglo y medio, más concretamente desde la Revolución Industrial, las **actividades humanas** han provocado un aumento de la emisión a la atmósfera de gases contaminantes, lo que ha ocasionado un **calentamiento global** del planeta.

En la actualidad, existen evidencias claras de que el clima del planeta está cambiando, de forma tal que si no se pone freno a las emisiones de los gases de efecto invernadero, el calentamiento global se incrementará en los próximos años.

| Efectos del calentamiento global y del cambio climático | |
|---|---|
| Disminución del grosor y extensión del hielo de los casquetes polares | Aumento del nivel del mar provocando la pérdida de superficie litoral e incluso la desaparición de islas. Un aumento de 1 ºC de la temperatura media del planeta puede causar una elevación de 1,65 m en el nivel del mar. |
| Retroceso de los glaciares y de la superficie nevada en las montañas | Disminución de la disponibilidad de agua a consecuencia de la ausencia de hielo y nieve. |
| Periodos de sequía | Aumento de la extensión de zonas desérticas. Disminución de las cosechas, que ocasionarían hambrunas y emigraciones a otros lugares del planeta. |
| Tormentas y fenómenos climatológicos propios de climas tropicales | Ciclones y huracanes podrían desplazarse hasta latitudes más templadas, causando inundaciones y catástrofes humanitarias. |
| Cambio en el patrón estacional de plantas y animales | Alteración de ciclos animales (hibernación, migraciones, periodo de cría, etc.) y vegetales (floración, maduración de frutos, etc.). |
| Pérdida de biodiversidad | Desaparición de las especies autóctonas o desplazamiento de estas de sus hábitats a causa de su falta de adaptación a la nueva situación climática o a la invasión de especies no autóctonas. |
| Aparición de nuevas enfermedades y contagio | El cambio climático ha sido determinante para el desarrollo de la resistencia bacteriana, lo que genera que existan nuevas bacterias difíciles de combatir mediante antibióticos. Además, la ampliación de zonas deforestadas y desérticas provoca que muchas enfermedades amplíen su zona de contagio. |

### Cambios climáticos por causas naturales

La descomunal erupción del volcán Tambora en Indonesia, el 5 de abril de 1815, provocó que sus cenizas cubrieran toda la capa superior de la troposfera y viajaran por todo el hemisferio norte, impidiendo la llegada de los rayos del Sol.

Debido a la bajada drástica de las temperaturas, el siguiente año, 1816, se conoce como "el año sin verano". Como consecuencia, aquel año hubo una gran escasez de alimentos en todo el hemisferio norte.

### Protocolo de Kioto

En 1997, numerosos países firmaron el llamado Protocolo de Kioto, un acuerdo en donde se comprometieron a reducir la emisión de gases contaminantes.

## Actividades

12. Busca información sobre la erupción del volcán Eyjafjallajökull de Islandia durante la primavera del 2010 y realiza un resumen con las consecuencias climáticas y económicas que ocasionó.

13. Busca información sobre la última cumbre sobre el cambio climático que se haya celebrado. Explica en qué estado se encuentran las negociaciones entre los distintos países y qué acuerdos se han alcanzado.

# 5 • Medidas para reducir la contaminación atmosférica

Para reducir la contaminación atmosférica se pueden llevar a cabo dos tipos de medidas: preventivas y correctivas.

| **Medidas preventivas** |
| --- |
| Control y vigilancia de la calidad del aire. |
| Planificación de los usos del suelo, con el fin de decidir, en función de las condiciones meteorológicas y geográficas, dónde instalar industrias u otras actividades minimizando el daño a personas y al medio ambiente. |
| Realización de estudios de impacto ambiental previos a la instalación de industrias o infraestructuras potencialmente contaminantes. |
| Utilización de tecnologías que generen las menores cantidades posibles de emisiones contaminantes. |
| Desarrollo de nuevos tipos de combustibles que no generen emisiones contaminantes o que reduzcan estas. |
| Desarrollo e incremento del uso de energías limpias (renovables), como la solar y la eólica, en sustitución de las energías fósiles. |
| Creación de cinturones y pulmones verdes en grandes núcleos urbanos. |
| Elaboración de planes de educación y sensibilización ambiental. |

| **Medidas correctivas** | |
| --- | --- |
| Cambios en los procesos industriales para reducir las emisiones contaminantes. | |
| Mejora del diseño y del mantenimiento de los aparatos e instalaciones para aprovechar mejor la energía y disminuir el consumo y contaminantes. | |
| Incorporación de filtros en los focos de emisión fijos como separadores de partículas o mecanismos de absorción de gases. | |
| Disminución del consumo de energía y de materiales mediante la aplicación de buenas prácticas | **Electricidad:** cualquier **reducción del consumo** (uso de bombillas de bajo consumo, luces encendidas o aparatos conectados solo cuando sea necesario, etc.), supone un ahorro energético importante y a su vez reduce la emisión de contaminantes. |
| | **Transporte:** el 20% del $CO_2$ emitido procede de los coches. Medidas como la utilización de transporte público, utilizar el coche para más de un pasajero o el uso de vehículos híbridos o eléctricos, ayudan a mejorar la calidad del aire. |
| | **Calefacción** o **aire acondicionado:** ambos sistemas emiten grandes cantidades de $CO_2$ a la atmósfera. Un buen aislamiento en invierno o una buena ventilación en verano pueden reducir su consumo. |
| | **Materiales:** los productos de un solo uso, envoltorios y embalajes producen muchos residuos; además, si son incinerados ocasionan la emisión de gases contaminantes a la atmósfera. Por ello, es muy importante **reciclar, reutilizar** y **reducir** la mayor cantidad posible de materiales usados. |

6 Una de las ventajas de utilizar coches eléctricos son los bajos niveles de ruido y contaminación atmosférica que generan.

## Actividades

14. Elabora junto con un compañero un cartel para concienciar de lo importante que es reducir la contaminación atmosférica.

15. ¿A qué se denomina energía limpia? ¿Por qué es importante comenzar a pensar en otras energías distintas a las energías fósiles?

16. Realiza un listado de cinco medidas que podrías tomar en casa para contribuir a la disminución de la contaminación atmosférica.

# 6 • El agua y la hidrosfera

Aunque nuestro planeta se llama Tierra, si lo observamos desde el espacio, su principal característica es su color azul. Ello se debe a que el 71% de su superficie está cubierta por agua.

**Distribución del agua dulce ?**

El agua dulce de la Tierra se distribuye del siguiente modo:

- Hielo en los casquetes polares y glaciares: 79%
- Aguas subterráneas: 20%
- Agua superficial (ríos, lagos, etc.): 1%

La **hidrosfera** es el conjunto de toda el agua que existe en la Tierra, tanto en la superficie como en su interior.

La hidrosfera está compuesta casi totalmente (97%) por agua salada, mientras que el agua dulce es, en realidad, muy escasa (3%).

El agua puede encontrarse en estado **líquido** (mares, ríos, lagos y aguas subterráneas), **sólido** (hielo y nieve) y **gaseoso** (el vapor de agua que forma las nubes).

El agua circula continuamente desde la atmósfera hacia la superficie terrestre y viceversa, cambiando su estado físico, en un conjunto de procesos, denominado **ciclo del agua** o hidrológico:

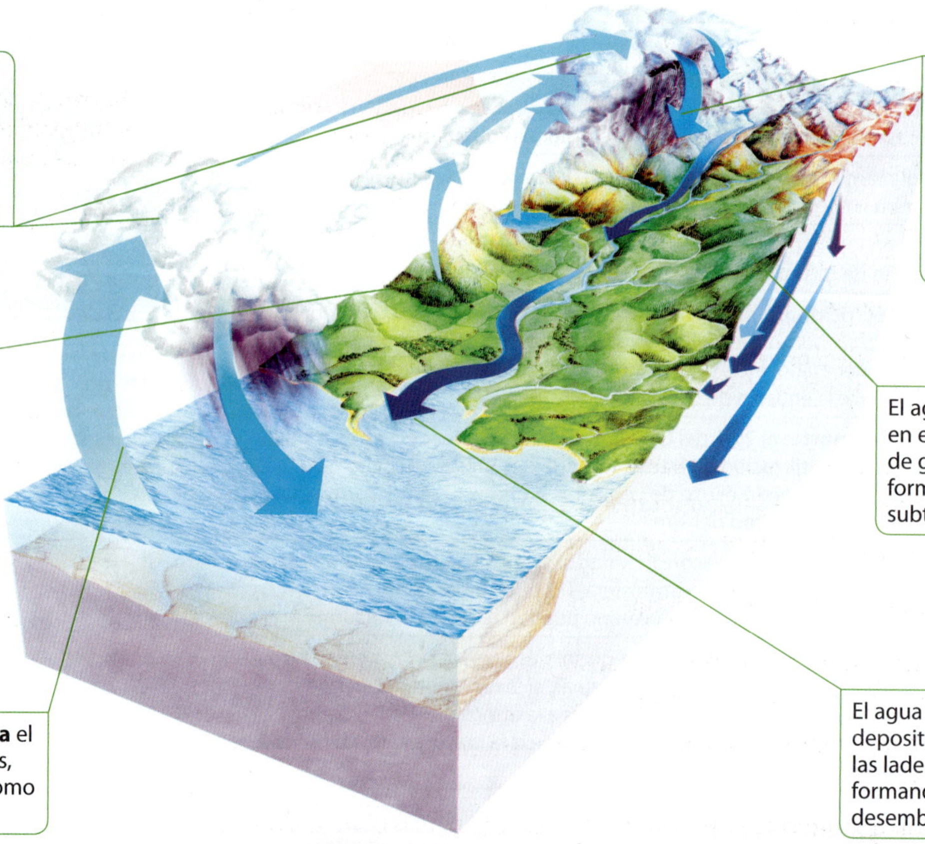


## Actividades

17. Realiza un dibujo en tu cuaderno, representando el ciclo del agua y explica sus distintas fases. ¿Podría existir el ciclo del agua sin la energía del Sol?

18. Busca en Internet informes realizados por la ONU y alguna ONG sobre el acceso al agua potable en nuestro planeta. Realiza con tu compañero un informe sobre la disponibilidad de agua en el planeta en las distintas regiones.

# 7 • La contaminación hídrica

El agua está **contaminada** cuando, debido a la introducción de sustancias o formas de energía, se han alterado sus características físicas (temperatura, color, olor, densidad o radioactividad) o químicas (composición), haciéndola inadecuada para su uso.

Gracias al ciclo hidrológico, el agua tiene gran capacidad de **autodepuración,** ya que se eliminan los residuos contaminantes. No obstante, tradicionalmente, los ríos y mares se han convertido en vertederos de residuos generados por las actividades humanas, un fenómeno que se ha agravado en el último siglo por el incremento de población y la creciente industrialización.

| Fuentes de la contaminación hídrica | |
|---|---|
| Fuentes naturales | Es una contaminación ocasionada por el arrastre de **partículas sólidas minerales,** originadas en procesos erosivos y de transporte o en erupciones volcánicas, y por **partículas orgánicas** procedentes de restos vegetales, cadáveres o excrementos de animales. Todos estos contaminantes tienden a ser eliminados a través de la autodepuración natural del agua. |
| Fuentes antrópicas | **Actividades comerciales y de servicios:** vierten en al alcantarillado residuos orgánicos (fecales y restos de alimentos) y químicos (detergentes, aceites de automóvil, etc.). Contiene muchos microorganismos patógenos. |
| | **Agricultura y ganadería:** pesticidas, fertilizantes, abonos, etc., son arrastrados por la lluvia, el agua de riego o de limpieza de establos y corrales. Afecta principalmente a las aguas subterráneas, poniendo en peligro la calidad del agua de los pozos y fuentes. |
| | **Industria:** produce gran variedad de residuos altamente contaminantes, tanto productos sólidos y líquidos como formas de energía (radioactividad, incremento de la temperatura, etc.). |
| | **Navegación:** cada año los barcos vierten, accidentalmente o de forma intencionada, toneladas de hidrocarburos al mar. Esta contaminación provoca daños ecológicos graves en la vida marina, como es el caso de las mareas negras originadas por el vertido de petróleo. |

Los contaminantes del agua son aquellos seres vivos, sustancias químicas o formas de energía que alteran las características propias del agua, haciéndola inadecuada para su uso o función ecológica.

Entre los diferentes contaminantes del agua podemos citar:

- **Contaminantes físicos:** cambian el aspecto del agua y al flotar o sedimentar pueden interferir con la flora y la fauna. Algunos de ellos son sedimentos y materiales en suspensión, sustancias radioactivas y cambios de temperatura.
- **Contaminantes químicos:** entre ellos cabe destacar las sustancias químicas inorgánicas (ácidos, sales y metales pesados) que pueden generar intoxicaciones a los seres vivos; nutrientes vegetales inorgánicos (fertilizantes...); y compuestos orgánicos (plásticos, petróleo, detergentes...).
- **Contaminantes biológicos:** podemos destacar los microorganismos patógenos causantes de multitud de enfermedades y muerte de millones de personas; y desechos orgánicos procedentes de la descomposición de restos de materia orgánica. Estos desechos consumen el oxígeno disuelto en el agua y afectan a la vida acuática.

**Fuentes de contaminación antrópicas**

Son resultado de las actividades humanas. Proceden de un foco determinado y afectan a una zona concreta.

## Actividades

19. Realiza un mapa conceptual con las diferentes fuentes de contaminación y los diversos tipos de contaminantes del agua.

20. ¿Cómo puede influir un cambio de temperatura en los seres vivos que habitan en el medio acuático?

# 8 • Consecuencias de la contaminación de las aguas

Conviene diferenciar entre la contaminación de aguas continentales y la de las aguas marinas, ya que sus causas y consecuencias pueden ser muy diferentes.

| Contaminación de las aguas continentales |
|---|
| Son las más utilizadas por los seres vivos; por ello, son las más susceptibles de ser contaminadas. |
| Aguas superficiales |
| Los vertidos a ríos y lagos, tanto de origen doméstico como industrial, se han ido incrementando de forma exponencial con el paso del tiempo, generando graves consecuencias para la salud y el medio ambiente, al alterar los ecosistemas acuáticos. |
| Aguas subterráneas |
| Las aguas subterráneas se almacenan en acuíferos y tienen una escasa capacidad de autodepuración, por lo que los contaminantes pueden acumularse en elevadas concentraciones y son muy difíciles de eliminar. Los acuíferos se contaminan por los vertidos procedentes de vertederos o de actividades agrícolas, así como por los vertidos de aguas procedentes de fosas sépticas. |
| Esta contaminación tiene graves consecuencias, puesto que el 90% del agua que consume la población mundial procede de aguas subterráneas y más de cinco millones de personas mueren cada año por beber agua contaminada. |
| Esta problemática se agrava a causa de la sobreexplotación de los acuíferos, sobre todo para obtener agua para el regadío. |

| Contaminación de las aguas marinas |
|---|
| Los mares y los océanos son el sumidero final de los residuos que generan las actividades humanas. Muchos de los residuos marinos se originan tierra adentro y son transportados por los ríos y las aguas subterráneas hasta alcanzar el mar. |
| Aunque es cierto que en el mar se degradan y diluyen los residuos, si estos se vierten en grandes cantidades y en zonas muy localizadas, no pueden ser eliminados. |
| Lo mismo ocurre cuando se trata de ciertos contaminantes químicos (metales pesados, plásticos o hidrocarburos) o de material radioactivo, cuya eliminación puede llevar centenares de años. |
| Los vertidos al mar pueden ser intencionados o accidentales. |

7 En la mayoría de las playas hay diferentes contenedores de reciclaje.

8 Los residuos están muy relacionados con el crecimiento de la población.

### Acuíferos

Un acuífero es el conjunto formado por una capa geológica subterránea permeable y el agua que contiene entre sus poros y fisuras.

### La mayor marea negra

En 2002, el petrolero *Prestige* naufragó frente a las costas de Galicia, causando la mayor marea negra de la historia, que afectó desde el norte de Portugal hasta la costa sur atlántica de Francia.

Durante meses, miles de voluntarios limpiaron el litoral afectado por el petróleo arrastrado por la marea negra, denominado "chapapote", y salvaron numerosas aves y otros animales marinos afectados.

## Actividades

21. Busca información sobre algún caso de contaminación producida en el Mediterráneo. Explica las causas y consecuencias de dicha contaminación.

22. Averigua cuánto tiempo tardan en descomponerse en el mar algunos de los residuos más comunes que podemos encontrar.

# 9 • Gestión del agua urbana

La gestión del agua urbana, también denominada **ciclo del agua urbana,** incluye todas las tareas que van desde la recogida del agua que se utiliza en el consumo humano, hasta que se devuelve a la naturaleza o se reutiliza.

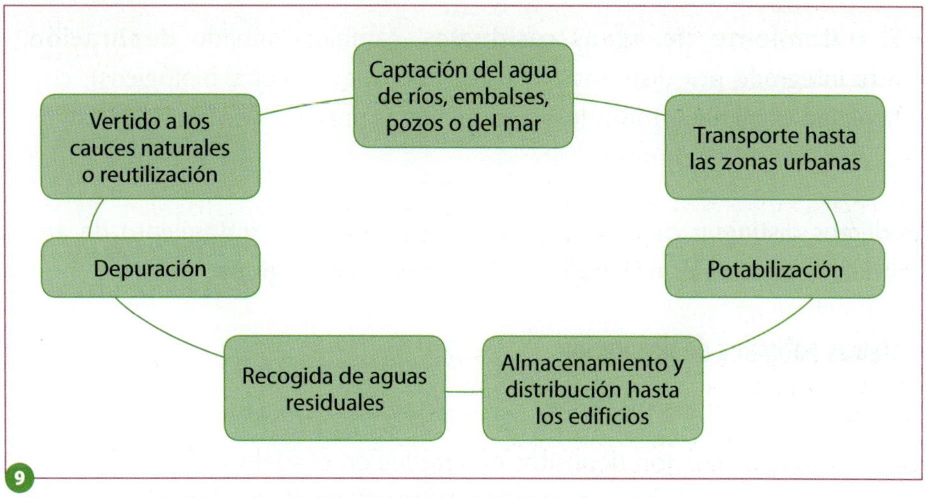


9
Ciclo del agua urbana.

De todas estas actividades, por su importancia medioambiental, vamos a centrarnos en dos de ellas: la potabilización del agua y la depuración de aguas residuales.

## 9.1 • Potabilización

El agua apta para el consumo humano requiere un tratamiento previo que garantice que no contenga microorganismos patógenos, sustancias tóxicas ni sabor, olor y color desagradables. Este tratamiento, que consta de varias fases, se realiza en las llamadas **estaciones de tratamiento de aguas potables (ETAP).**

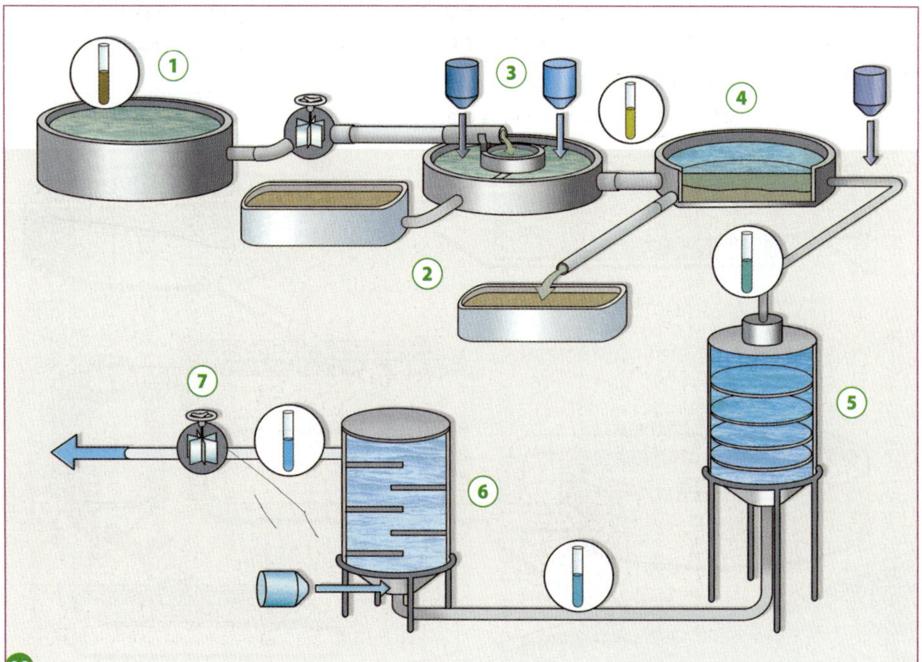


10
Esquema del funcionamiento de una ETAP.

1. El agua sin tratar se transporta hasta la ETAP y se toma una muestra.
2. Se hace pasar el agua a través de varios filtros, para eliminar la arena y partículas más pequeñas.
3. Se añaden al agua diversos productos químicos coagulantes (como sulfato de aluminio) para aclararla.
4. El agua se decanta para separar los lodos.
5. El agua decantada se hace pasar a través de varios filtros de carbón activo.
6. El agua filtrada se desinfecta sometiéndola a varios procesos químicos que tienen como objetivo eliminar microorganismos. El más habitual es el cloro, pero también se usan el calcio, el ozono, radiaciones ultravioleta, etc.
7. El agua ya es potable y se transmite a los depósitos de abastecimiento.

## 9.2 • Depuración de aguas residuales

El uso humano del agua da lugar a las llamadas **aguas residuales,** que contienen todo tipo de desechos y sustancias contaminantes. Existen diversos tipos, las domésticas, que proceden de viviendas y que contienen residuos orgánicos y químicos, y las industriales, que solo contienen productos químicos.

El **tratamiento de aguas residuales,** también llamado **depuración,** está integrado por distintos procesos (físicos, químicos y biológicos), cuya finalidad es eliminar todos los contaminantes presentes en estas aguas para devolverlas a la naturaleza.

Podemos distinguir dos grandes tipos de sistemas de tratamiento de aguas residuales: **sistemas naturales y sistemas tecnológicos.**

### Sistemas naturales de depuración

Podemos destacar los siguientes:

- **Fosas sépticas:** son depósitos enterrados en el suelo y ricos en bacterias anaeróbicas (viven en entornos sin oxígeno) cuyo objetivo es eliminar los sólidos orgánicos presentes en el agua.
- **Lagunaje:** consiste en crear lagunas artificiales que retienen el agua residual el tiempo suficiente para que sedimenten partículas y los microorganismos degraden la materia orgánica.
- **Filtros verdes:** se aplica el agua residual, previamente tratada, sobre un terreno donde existen cultivos de especies vegetales con gran capacidad para asimilar nutrientes del agua (p. ej., chopos) y estas plantas se ocupan de absorber la materia orgánica.

### Sistemas tecnológicos de depuración

Se utilizan para depurar grandes volúmenes de aguas residuales. El proceso tiene lugar en plantas de tratamiento, denominadas **Estaciones de Depuración de Aguas Residuales (EDAR).**

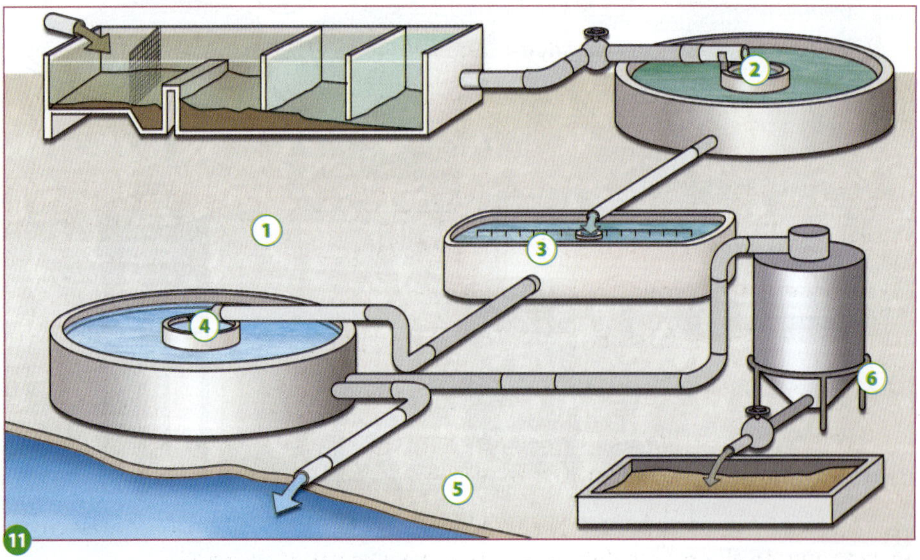


11 Esquema del funcionamiento de una EDAR.

(1) El agua se hace pasar por diversos filtros, donde se **criba, desarena** y **desengrasa.**

(2) Los materiales en suspensión se precipitan a través de un proceso de **decantación.** En el fondo de los decantadores, se recoge un residuo sólido, los lodos, que requieren otro tratamiento.

(3) Tratamiento biológico, mediante microorganismos que se alimentan de la materia orgánica del agua, eliminándola.

(4) Se lleva a cabo una segunda **decantación** para recoger los materiales aglutinados por los microorganismos en forma de lodos. Se aplican tratamientos físicos y químicos, para que los elementos en suspensión se concentren en masas que precipitan.

(5) **Retorno del agua tratada,** a través de una canalización o tubería al **medio natural** (ríos, lagos o mar).

(6) Los **lodos resultantes** del proceso son tratados para estabilizarlos y reducir su volumen. El material resultante puede ser utilizado como abono para la agricultura.

## 10 • Buenas prácticas para la gestión del agua

Aunque la **Organización Mundial de la Salud (OMS)** establece que la cantidad de agua óptima para cubrir las necesidades para el consumo y la higiene está entre 50 y 100 litros por habitante y día, en algunos países desarrollados, llega a ser de 300 litros por persona y día.

De ahí la importancia de tomar medidas para evitar poner en peligro el acceso futuro a este preciado recurso.

Conseguir un importante ahorro de agua y evitar su contaminación es, en gran medida, cuestión de voluntad. Por ello, es fundamental concienciarse y poner en práctica medidas como las siguientes:

| **Buenas prácticas en empresas e industrias** |
|---|
| Reducción del consumo de agua en la limpieza y en el mantenimiento de instalaciones. |
| Incorporación de nuevas tecnologías que requieren menor consumo de agua o bien su reutilización, por ejemplo en los circuitos de refrigeración. |
| Mejora en los sistemas de riego y reutilización de aguas no aptas para el consumo. |
| Mejora en la calidad de las aguas vertidas, ya sea por la utilización de productos menos contaminantes o mediante la depuración de las aguas en la industria. |

| **Buenas prácticas en el hogar** | |
|---|---|
| En la cocina | Uso de dispositivos economizadores de agua en los grifos. |
| | No dejar correr el agua mientras se enjabonan los platos. |
| | Utilizar programas cortos en la lavadora y lavavajillas y con carga completa. |
| | No utilizar detergentes con fosfatos. |
| | No verter aceite usado por el fregadero. |
| En el baño (supone el 75% del consumo en un hogar) | Uso de dispositivos economizadores de agua en los grifos. |
| | No utilizar el inodoro como una papelera. |
| | Cerrar el grifo mientras nos enjabonamos las manos, nos lavamos los dientes o nos afeitamos. |
| | Instalar en el inodoro cisternas de doble carga. |
| | Es preferible ducharse a bañarse. Una bañera llena tiene 250 litros de agua, mientras que ducharse durante 15 minutos consume 60 litros de agua. |

**Huella hídrica**

Es toda el agua necesaria para fabricar los bienes y productos que necesita diariamente una persona.

En los países industrializados, puede llegar a suponer 300 litros por persona y día.

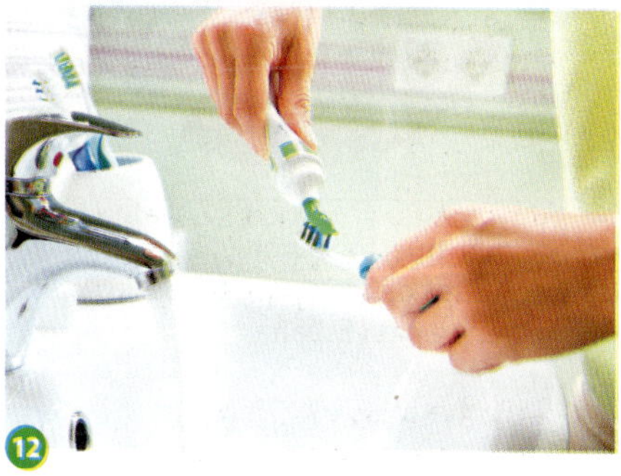

12 Debemos cerrar el grifo mientras nos cepillamos los dientes.

### Actividades

23. Explica el proceso de potabilización del agua.

24. ¿Qué diferencias existen entre potabilizar el agua y depurarla?

25. Realiza un esquema del funcionamiento de una EDAR.

26. Investiga sobre la forma de depurar el agua en tu localidad. ¿Es un sistema natural o tecnológico? ¿Qué diferencias existen entre ellos?

27. Sugiere un listado de buenas prácticas y algunas soluciones que se te ocurran con el fin de ahorrar en el consumo de agua en tu casa y evitar su contaminación.

# 11 • Los residuos

**Puntos limpios**

Son instalaciones públicas donde se recogen, seleccionan y tratan los residuos urbanos que no pueden depositarse en los contenedores de la vía pública.

Según Ley 22/2011, de 28 de julio, de residuos y suelos contaminados, un **residuo** es cualquier sustancia u objeto que su poseedor deseche o tenga la intención o la obligación de desechar.

## 11.1 • Tipos de residuos

Es posible distinguir varios tipos de residuos en función de su **naturaleza** (sólidos, líquidos y gaseosos) y sus **características** (domésticos, comerciales, industriales, peligrosos, etc.).

### Residuos urbanos

Podemos definir los **residuos urbanos** como los que se generan en las actividades desarrolladas en los núcleos urbanos, ya sean actividades domésticas, comercios, oficinas o servicios, siempre que no tengan la consideración de peligrosos.

Uno de los ejes del tratamiento de residuos es su **recogida selectiva,** que se lleva a cabo clasificándolos según su tipo y depositándolos en distintos tipos de **contenedores** (diferenciados por el color) o en **puntos limpios.**

| Tipos de residuos urbanos | |
|---|---|
| Residuos orgánicos | Restos de comida, jardinería, etc. El contenedor suele ser de color **verde oscuro** o **gris.** |
| Plásticos | Briks, latas, plásticos, etc. Van al contenedor **amarillo.** |
| Vidrio | Envases de cristal, frascos, botellas, platos, etc. Van al contenedor **verde.** |
| Papel y cartón | Periódicos, folios, revistas, embalajes de cartón, etc. Van al contenedor **azul.** |
| Residuos tóxicos | Pueden generar un grave riesgo para la salud y el medio ambiente: residuos de automóviles (aceites, baterías, etc.), residuos electrónicos (teléfonos móviles, ordenadores, etc.); medicamentos, pilas, productos químicos, termómetros, fluorescentes, bombillas de bajo consumo, etc. Se deben tratar en los **puntos limpios.** |
| Resto de residuos | Además de los anteriores, existen muchos otros residuos que deben depositarse para su tratamiento en los respectivos **puntos limpios:** ropa, enseres del hogar, herramientas, electrodomésticos, mobiliario, escombros, etc. |

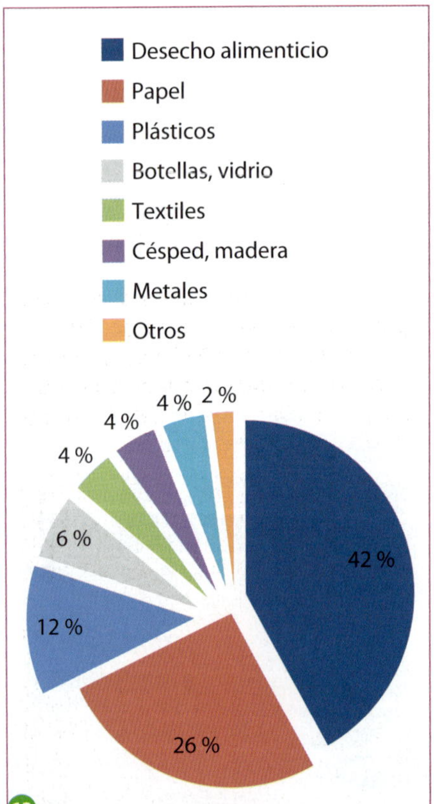


13 Gráfica que muestra el porcentaje de los distintos tipos de residuos sólidos urbanos que se generan en España.

### Residuos industriales

Los **residuos industriales** surgen como resultado de procesos de fabricación, transformación, utilización, consumo, limpieza o mantenimiento generados por la actividad industrial, excluidas las emisiones a la atmósfera.

Entre los diferentes tipos de residuos industriales que podemos encontrar destacan escombros, gravas y arenas, que no suelen suponer un riesgo para el medioambiente, y aquellos que se consideran peligrosos, como sustancias inflamables, corrosivas, tóxicas o que puedan producir reacciones químicas.

## Actividades

28. ¿Qué conclusiones extraes de la interpretación de la gráfica de la Figura 13?

29. Busca información sobre el punto limpio de tu localidad y realiza una ficha indicando: localización, horario de apertura y qué tipo de residuos se admiten y cuáles no.

## 11.2 • Reciclaje de residuos sólidos

El **reciclaje** de residuos es un procedimiento que consiste en la separación inicial de los residuos, la recogida de los contenedores donde se depositan y su tratamiento en plantas procesadoras, para su futura reutilización.

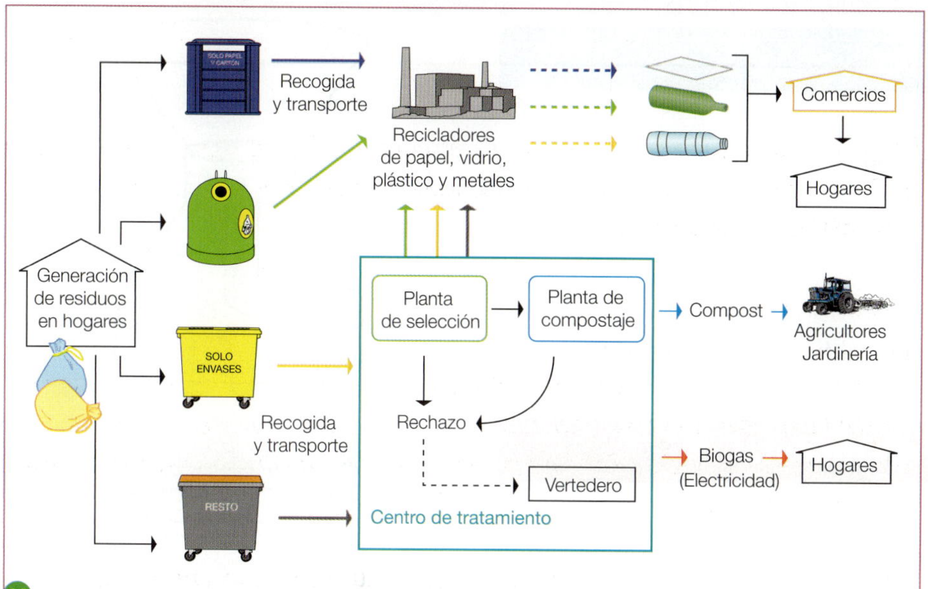


14 Esquema del procedimiento de reciclaje.

### Recuperación

Es la recogida y transporte de los residuos.

### Clasificación y separación

Si los residuos se han clasificado de forma correcta, en los contenedores adecuados, puede llevarse a cabo su reciclado. Los residuos reutilizables que no se han separado de forma correcta en el contenedor correspondiente se clasifican manualmente en vidrio, papel y plástico. Posteriormente, se trasladan a unos almacenes en los que el metal se separa del resto de los residuos por la fuerza de varios electroimanes de grandes dimensiones.

### Reciclaje y valorización

Una vez que los residuos han sido debidamente separados y clasificados, pasan a las plantas de reciclaje y valorización para su tratamiento:

- Vidrio, plásticos, papel, etc., se **reciclan** y vuelven al ciclo de consumo.
- Los residuos no reutilizables se **incineran** en plantas especiales o pasan a **vertederos controlados.**
- Los residuos orgánicos reutilizables se **valorizan** de dos formas:
  - La materia orgánica se valoriza mediante el compostaje. A partir de su descomposición controlada, se obtiene un compuesto orgánico denominado **compost,** que suele utilizarse como fertilizante.
  - El **biogás** generado en los residuos de los vertederos puede también valorizarse para obtener energía eléctrica.

#### Valorización

La valorización es el aprovechamiento de los recursos contenidos en los residuos sin poner en peligro la salud humana y sin utilizar métodos que puedan causar perjuicios al medio ambiente.

#### Generación de residuos en España

Cada persona en España genera un poco más de 1 kg de residuos al día, lo que supone unos 400 kg de basura al año. Es decir, generamos aproximadamente 21 millones de toneladas al año de basura en nuestro país.

## Actividades

30. Realiza un esquema sobre el procedimiento de reciclaje lo más detallado posible.

31. ¿Reciclas en casa? ¿Qué medidas tomarías a partir de ahora, o ya has tomado, para poder reciclar?

32. Propón una serie de medidas para favorecer al reciclaje en tu centro educativo.

## Construcción de un sistema simple de depuración de agua por filtro

Mediante un sencillo experimento, vamos a visualizar el proceso de depuración de agua a través de un sistema de filtros.

### Materiales

- Tres botellas de plástico (de, al menos, un litro).
- Un objeto para agujerear las botellas (tipo barreno manual).
- Un embudo, arena, grava y algodón.
- Carbón activo, o en su lugar carbón vegetal finamente troceado.

### Procedimiento experimental

1. Cortamos dos de las botellas, más o menos a 2/3 de la base, de forma que puedan apilarse una encima de otra.
2. Con un objeto punzante hacemos varios agujeros en el fondo de dos de las botellas (la que permanece entera y una de las dos que se ha cortado).
3. Colocamos en la base la botella cortada y que no se ha agujereado.
4. Sobre esa botella encajamos la botella cortada y agujereada y en ella ponemos tres capas de algodón, grava y carbón activo (o trocitos de carbón vegetal), siguiendo este mismo orden, de abajo a arriba.
5. Dentro de esta segunda botella, encajamos la botella entera, en la que se han puesto tres capas de algodón, grava y arena, siguiendo este mismo orden, de abajo a arriba. Finalmente, colocamos el embudo en la boca de esta botella.
6. Vertemos agua sucia (con barro) a través del embudo. El primer filtro (de arena) retendrá los materiales en suspensión, mientras que el segundo filtro (de carbón activo, que es un tipo de carbón muy adsorbente y altamente poroso), retendrá partículas pequeñas y microorganismos.

## Actividades

1. Observa el agua que se deposita en la base del sistema. ¿Cuál es el resultado del experimento? Explica brevemente el proceso.
2. Prueba a realizar el mismo experimento vertiendo agua con jabón y repítelo después con aceite. ¿Cuál es el resultado en cada caso?
3. Compara el experimento realizado con los sistemas de depuración de agua que hemos visto en esta unidad. ¿Qué tipo de tratamiento (físico, químico o biológico) se ha utilizado para filtrar el agua?
4. ¿Por qué el agua que ha pasado por el sistema de filtrado no se considera potable? ¿Qué sería necesario para que fuera potable?

1. ¿Por qué piensas que la contaminación es uno de los mayores problemas de la humanidad en la actualidad?
2. ¿Por qué consideramos la contaminación lumínica y la contaminación acústica como contaminación atmosférica? ¿Qué daños pueden producir cada una de ellas? ¿Pueden afectar de alguna manera a animales y plantas? Razona tus respuestas.
3. ¿Cuál de los gases que forman la atmósfera es el más abundante?
4. ¿Por qué razón solo se puede desarrollar la vida en la troposfera?
5. ¿En qué parte de la atmósfera está la capa de ozono?
6. ¿Qué diferencia existe entre una fuente de contaminación natural y una artificial? ¿Y entre una móvil y una fija?
7. ¿Las plantas y los animales pueden ser agentes contaminantes de la atmósfera y crear problemas de salud humana? Si la respuesta es afirmativa, explica de qué forma.
8. ¿Cuáles son las fuentes de emisión de contaminantes que pueden causar lluvia ácida? ¿Qué contaminante emiten? ¿Cómo afecta la lluvia ácida a los seres vivos?
9. ¿Cuáles son las principales consecuencias para la salud humana de la desaparición de la capa de ozono?
10. ¿Cuáles son los dos principales gases de efecto invernadero que existen de forma natural?
11. ¿Cómo contribuyen a paliar el efecto invernadero los bosques y las grandes zonas verdes?

12. ¿A raíz de qué hecho histórico se ha incrementado el proceso de cambio climático? ¿Cuáles son las causas?
13. ¿Por qué la deforestación agrava el calentamiento global?
14. ¿Qué diferencias existen entre las medidas preventivas y las medidas correctoras para mitigar la contaminación atmosférica?
15. ¿Dónde se puede encontrar agua en estado sólido? ¿Cuáles son las condiciones climáticas que permiten que se conserve en ese estado?
16. Explica en tu cuaderno qué parte del ciclo del agua indica cada número.

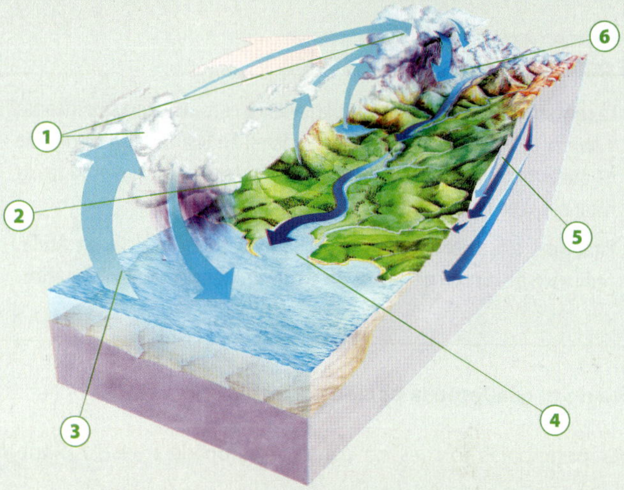


17. ¿Cuándo se dice que el agua está contaminada?
18. ¿Cuáles son las fuentes naturales de contaminación del agua? Pon un ejemplo de cada una de ellas.
19. ¿Por qué, pese al elevado poder de autodepuración del agua, en los últimos cien años ha aumentado la contaminación de los ríos y lagos?
20. ¿Por qué es mayor la contaminación en los mares cerrados, como el Mediterráneo, que en los océanos?
21. ¿Por qué es necesario potabilizar el agua destinada al consumo humano?
22. ¿Por qué a veces el agua del grifo tiene un fuerte gusto y olor a cloro?
23. ¿Qué elementos no debe contener nunca el agua potable?
24. En el proceso de potabilización, ¿cómo se eliminan los microorganismos patógenos?
25. ¿Qué diferencias existen entre agua depurada y agua potable?
26. ¿Por qué se llevan a cabo dos decantaciones en el proceso de depuración de aguas residuales?
27. ¿Qué se entiende por buenas prácticas de gestión del agua?
28. ¿Qué es un residuo? Busca información sobre los diferentes tipos de residuos que el ser humano puede generar en cualquiera de sus actividades y pon varios ejemplos.
29. Averigua qué características debe tener un vertedero para que sea totalmente legal.
30. ¿Qué es el biogás? ¿Pára qué se utiliza?
31. ¿Qué utilidad pueden tener los residuos órganicos?
32. ¿En qué consiste la recogida selectiva de residuos urbanos?

# 6 IDEAS CLAVE Y AUTOEVALUACIÓN

### Concepto y tipos de contaminación

- La **contaminación medioambiental** es la presencia en el ambiente de cualquier agente físico, químico o biológico que pueda ser nocivo para la salud y el bienestar de los seres humanos o cualquier otra forma de vida animal o vegetal.

### La contaminación atmosférica

- La **contaminación atmosférica** es la presencia en la atmósfera de sustancias y formas de energía (llamadas contaminantes) en una cantidad susceptible de causar molestias o suponer riesgos para los seres vivos y los ecosistemas naturales o deteriorar los bienes materiales.
- Principales consecuencias de la contaminación atmosférica: **lluvia ácida, reducción de la capa de ozono, efecto invernadero** y **cambio climático.**

### La contaminación hídrica

- El agua está **contaminada** cuando, debido a la introducción de sustancias o formas de energía, se han alterado sus características físicas (temperatura, color, olor, densidad o radioactividad) o químicas (composición), haciéndola inadecuada para su uso.
- El **tratamiento de aguas residuales,** también llamado **depuración,** está integrado por distintos procesos cuya finalidad es eliminar todos los contaminantes presentes en estas aguas para devolverlas a la naturaleza.

### Los residuos

- Según Ley 22/2011, de 28 de julio, de residuos y suelos contaminados, un **residuo** es cualquier sustancia u objeto que su poseedor deseche o tenga la intención o la obligación de desechar.

**Anota en tu cuaderno la opción correcta:**

1. Las principales formas de contaminación de nuestro planeta son:

a) Atmosférica, hídrica y del suelo.
b) Hídrica, acústica y electromagnética.
c) Visual, acústica y de suelo.
d) Todas las respuestas anteriores son correctas.

2. Las capas de la atmósfera, ordenadas de menor a mayor altitud, se denominan:

a) Troposfera, mesosfera, estratosfera, termosfera y exosfera.
b) Troposfera, estratosfera, mesosfera, termosfera y exosfera.
c) Troposfera, exosfera, estratosfera, mesosfera y termosfera.
d) Troposfera, mesosfera, termosfera, exosfera y estratosfera.

3. Los agentes contaminantes se pueden clasificar en:

a) Físicos, naturales y biológicos.
b) Químicos, móviles y físicos.
c) Físicos, químicos y biológicos.
d) Artificiales, naturales y biológicos.

4. La lluvia ácida se llama así por la presencia de:

a) Ácidos que hacen que su pH baje hasta convertirse en ácido.
b) Compuestos básicos que hacen que su pH baje hasta convertirse en ácido.
c) Compuestos neutros que hacen que su pH baje hasta convertirse en básico.
d) Ácidos que hacen que el pH baje hasta convertirse en neutro.

5. La capa de ozono se encuentra situada en:

a) La mesosfera.
b) La ionosfera.
c) La estratosfera.
d) La termosfera.

6. El principal gas responsable del efecto invernadero es:

a) El vapor de agua.
b) El metano.
c) El ozono.
d) El dióxido de carbono.

7. Los acuíferos son almacenes de aguas:

a) Superficiales con escasa capacidad de autodepuración.
b) Subterráneas con una gran capacidad de autodepuración.
c) Superficiales con gran capacidad de autodepuración.
d) Subterráneas con una escasa capacidad de autodepuración.

8. En las ETAP:

a) Se depura el agua para devolverla a la naturaleza en correcto estado.
b) Se almacena el agua para poder utilizarla en épocas de escasez.
c) Se potabiliza el agua para poder utilizarla en los hogares.
d) Se almacena el agua para poder transportarla hasta las zonas urbanas.

9. El objetivo de hacer pasar el agua por filtros en una EDAR es:

a) Decantar el agua para eliminar los sólidos.
b) Retornar el agua tratada al medio natural.
c) Cribar, desarenar y desengrasar el agua.
d) Estabilizar los lodos.

10. Los residuos orgánicos, plásticos, vidrio y cartón se depositan, respectivamente, en los siguientes contenedores:

a) Verde, azul, amarillo y gris.
b) Gris, amarillo, verde y azul.
c) Amarillo, azul, gris y verde.
d) Gris, verde, azul y amarillo.

Unidad 7

# El equilibrio medioambiental y el desarrollo sostenible

## SUMARIO

- Los recursos naturales y el desarrollo sostenible
- Problemas ambientales
- El consumo y sus consecuencias
- Buenas prácticas medioambientales
- Convenios internacionales sobre medio ambiente

## TÉCNICAS DE TRABAJO

- Elaboración de un decálogo de buenas prácticas medioambientales

# 1 • Los recursos naturales

**Reservas**

Es el conjunto de recursos que pueden ser obtenidos para ser explotados con aprovechamiento.

Por ejemplo, las reservas petrolíferas están integradas por todo el petróleo existente en yacimientos que han sido descubiertos y que pueden ser explotados.

Los **recursos naturales** son todos los elementos que proporciona la naturaleza (organismos, materiales, formas de energía, etc.) que pueden ser utilizados o transformados por el ser humano para obtener un beneficio.

Estos recursos se pueden clasificar según su origen:

| Tipos de recursos naturales según su origen | |
|---|---|
| Recursos energéticos | Este tipo incluye los combustibles fósiles (petróleo, carbón y gas natural) y las energías del agua, viento, Sol, mareas, biomasa y nuclear de fisión. |
| Recursos hídricos | Incluye las aguas continentales dulces, tanto superficiales como subterráneas. |
| Recursos minerales | Pueden ser tanto metálicos (oro, plata…) como no metálicos (halita). |
| Recursos biológicos | Este grupo engloba los alimentos que pueden proceder de prácticas como la agricultura, ganadería y pesca; y los recursos forestales, como la madera. |

Los recursos naturales **no son ilimitados,** pudiendo llegar a agotarse por su propia naturaleza o debido a su fuerte ritmo de consumo. Así, según su capacidad de regeneración, podemos diferenciar dos grandes grupos de recursos naturales: **renovables** y **no renovables.**

| Tipos de recursos naturales según su capacidad de regeneración | |
|---|---|
| Renovables | Son recursos que, o bien tienen capacidad para regenerarse, por formar parte de un ciclo natural (el agua, la pesca, los cultivos, etc.), o bien son ilimitados (viento, luz solar, etc.). |
| No renovables | Son recursos que no pueden regenerarse después de su consumo, o cuyo ciclo natural de regeneración es más lento que el ritmo de consumo (combustibles fósiles, minerales, etc.).<br>Además, el ritmo de consumo puede hacer que recursos que, por su propia naturaleza, son renovables, puedan convertirse en no renovables (p. ej., el agua, la pesca, los bosques, etc.). |

La utilización constante por el ser humano de estos recursos, puede tener graves consecuencias, como las siguientes:

- **Sobreexplotación** o utilización de los recursos a un ritmo superior a su capacidad de regeneración, lo que puede dar lugar a situaciones de escasez o, incluso, a su agotamiento (tala indiscriminada de árboles, caza y pesca abusiva de especies en peligro de extinción). La pérdida de biodiversidad debida a la sobreexplotación puede tener graves consecuencias ambientales y socioeconómicas.
- **Contaminación** del medio ambiente como consecuencia de la obtención, transporte y utilización de los recursos. Puede afectar a distintos medios como a la atmósfera, a las aguas, al suelo, incluso al espacio. Por ejemplo, el petróleo puede causar contaminación durante su extracción en plataformas petrolíferas, su transporte en petroleros, su transformación en gasolina en las refinerías y, finalmente, durante su consumo por vehículos e industrias.

## Actividades

1. ¿Por qué se dice que la energía solar es renovable? Justifica tu respuesta y cita otro tipo de energías renovables.

2. El carbón y el petróleo son recursos no renovables. ¿Sabrías explicar por qué?

3. ¿Qué es la sobreexplotación? Pon algún ejemplo de este fenómeno.

## 1.1 • Recursos energéticos

Los **recursos energéticos** son aquellas sustancias presentes en la naturaleza a partir de las cuales, mediante una serie de procesos, podemos obtener energía.

Podemos clasificar estos recursos según su capacidad de regeneración:

- **Recursos energéticos renovables:** la energía que procede de ellos se regenera de forma natural. No producen ningún tipo de contaminación ambiental. Pueden producir:
  - **Energía hidráulica:** se aprovecha la energía potencial del agua almacenada en embalses, a gran altura, haciéndola caer creando un salto de agua artificial.
  - **Energía solar:** se aprovecha la energía solar que recibe la superficie terrestre. Esto se puede hacer de forma fotovoltaica (transformándola directamente en electricidad) o térmica (utilizada para calentar agua).
  - **Energía eólica:** el desplazamiento de las masas de aire de la atmósfera genera energía cinética que mueve unos aerogeneradores convirtiéndola en energía eléctrica.
  - **Energía geotérmica:** proviene del calor interno terrestre. Solamente se puede utilizar en zonas volcánicas o con gran actividad magmática.
  - **Energía mareomotriz:** procede de las olas y mareas.
  - **Energía que procede de la biomasa:** se utiliza la materia orgánica de origen animal o vegetal como combustible o para generar productos derivados.
- **Recursos energéticos no renovables:** se generan muy lentamente de forma natural. Su utilización produce contaminación ambiental. Entre ellos podemos destacar:
  - **Carbón:** se origina por la descomposición de vegetales acumulados en zonas pantanosas o marinas gracias a la acción de bacterias anaeróbicas. Tiene alto poder calorífico.
  - **Petróleo:** procede de la descomposición de materia orgánica, principalmente restos de animales y plancton en un medio marino.
  - **Gas natural:** mezcla de hidrocarburos gaseosos. Se forma en el subsuelo profundo, en sedimentos con alto contenido de materia orgánica.
  - **Energía nuclear de fisión:** el proceso de la fisión genera gran cantidad de energía.

1 Producción de energía eólica en la isla de Lanzarote.

### Biomasa en España ?

La energía que procede de la biomasa es la energía renovable con mayor crecimiento del mundo y con mejores perspectivas de futuro. Este tipo de energía permite un ahorro importante, ya que los residuos utilizados para producirla no pueden tener otro uso.

España ocupa el sexto puesto en el ranking europeo, siendo Francia el país que más la explota.

La mayor planta de biomasa de España se encuentra en Huelva.

## Actividades

4. Realiza un esquema que incluya los diversos tipos de recursos energéticos que proporciona el planeta Tierra.

5. Busca información sobre cómo se puede utilizar la fuerza de las mareas para obtener energía.

6. Busca información en Internet y dibuja en papel o en el ordenador un mapa donde sitúes las principales minas de carbón, las plantas nucleares y las zonas de extracción de petróleo y de gas natural que existen en España.

## 1.2 • Recursos hídricos

Estos recursos están formados por el agua dulce presente en una determinada zona del planeta.

Según el uso que hagamos del agua disponible, se pueden clasificar en **usos consuntivos** y **no consuntivos.**

| Usos del agua | |
|---|---|
| Usos consuntivos | El agua, una vez extraída, no vuelve a su curso natural, pero, si vuelve, lo hace perdiendo calidad. Por ejemplo, el agua que se pierde por evapotranspiración durante el riego en la agricultura, aproximadamente el 80% del agua utilizada, se vuelve a incorporar al ciclo del agua de forma gaseosa. |
| Usos no consuntivos | Estos usos no implican consumo del agua. Entre ellos podemos mencionar el uso en deportes náuticos, la producción de energía hidroeléctrica, etc. |

## 1.3 • Recursos minerales

2 El hierro es el mineral de mayor extracción en España con 265 toneladas.

Los **minerales** son elementos de origen natural que se encuentran en la corteza terrestre. Son de gran importancia para la economía del planeta y se explotan a través de la minería.

Existen **minas a cielo abierto** en las que los minerales se extraen mediante grandes excavadoras y voladuras, lo que genera un gran impacto ambiental.

En las **minas de interior** se realiza una excavación de galerías en las rocas donde se encuentra el mineral.

Los minerales se pueden clasificar en dos grandes grupos:

- **Metálicos:** entre ellos podemos encontrar el hierro, utilizado para fabricar estructuras metálicas; aluminio, usado para fabricar envases; cobre, con el que se fabrican conductores eléctricos; plomo, para elaborar pinturas y barnices; oro, usado en joyería, etc.
- **No metálicos:** tienen gran cantidad de usos; por ejemplo, potasio, fósforo y nitrógeno, empleados en la elaboración de fertilizantes; yeso y azufre, utilizados en la construcción, etc.

En las principales explotaciones mineras de España se extraen:

- **Minerales metálicos:** cobre, cinc, hierro, níquel, oro, plata, plomo y wolframio.
- **Minerales industriales:** bentonita, caolín, cuarzo, feldespato, sal marina.
- **Rocas ornamentales:** alabastro, arenisca, caliza, granito, mármol y pizarra.
- **Productos de cantera:** arcilla, arena, caliza, cuarcita, granito y yeso.

## Actividades

7. Busca información sobre los usos consuntivos del agua y elabora una tabla donde los describas.

8. Averigua cuáles son las minas más cercanas a tu localidad y clasifícalas según el tipo de extracción y los minerales que se exploten.

## 1.4 • Recursos biológicos

Están formados por la materia y la energía que los seres humanos podemos obtener de cualquier otro ser vivo. Existen varios tipos:

- **Recursos alimenticios:** alimentos que se obtienen a través de varias prácticas, como la agricultura, la ganadería o la pesca.
  - **Agricultura:** permite obtener productos vegetales para nuestro consumo o para alimentar a animales.
  - **Ganadería:** con esta actividad obtenemos productos alimenticios de origen animal. Algunos tipos de ganadería son: la bovina (vacas y toros), la caprina (cabras), la ovina (ovejas), la equina (caballos), la acuicultura (peces) y la avicultura (aves).
  - **Pesca:** esta actividad consiste en la captura de especies acuáticas para su consumo.

3 El olivar español ocupa más de 2,5 millones de hectáreas. Su producción es de unas 500 000 toneladas anuales.

4 El ganado porcino está ligado al occidente y suroeste peninsular, donde se encuentran las grandes dehesas de España.

- **Recursos forestales:** incluye todas aquellas especies vegetales que no tengan fines agrícolas. De estas especies se pueden extraer diferentes tipos de materias con gran variedad de usos:
  - **Industriales:** materias como la madera, que se puede utilizar para la fabricación de mobiliario, construcción, combustible y la obtención de productos derivados como el papel, cartón...; las resinas, obtenidas principalmente del pino resinero, son usadas para fabricar tintas, papel, adhesivos, barnices, esmaltes, gomas...; el corcho se utiliza para realizar tapones, paneles acústicos o decorativos; y otros productos de interés médico o farmacéutico como la salicina de los sauces, de la que se obtiene el ácido acetilsalicílico; la manzanilla, hierba con propiedades calmantes que facilita el proceso digestivo, etc.
  - **Alimentarios:** diferentes tipos de pasto para alimentar al ganado, las setas, para consumo humano, etc.

5 El corcho es un tejido vegetal que constituye la corteza del alcornoque.

6 La hierba es el principal tipo de pasto que consumen los animales.

**Pesca de arrastre** +

Está técnica consiste en la utilización de grandes redes lastradas con pesadas cargas y fuertes piezas metálicas que rascan los fondos oceánicos, destrozando todo lo que encuentran a su paso.

Es muy utilizada y resulta muy dañina para el ecosistema marítimo.

### Actividades

9. Realiza un mapa conceptual sobre los recursos que nos aporta la naturaleza.

10. Averigua qué tipo de recursos biológicos predominan en tu comunidad autónoma.

## 2 • Desarrollo sostenible

7 La utilización de energías renovables, como la solar, es fundamental para conseguir un desarrollo sostenible.

El **desarrollo sustentable** o **sostenible** es un modelo de desarrollo socioeconómico que permite satisfacer las necesidades de las generaciones presentes, sin comprometer la capacidad de las generaciones futuras para satisfacer sus propias necesidades.

Este concepto (en inglés, *sustainable development*) se utilizó por primera vez en el denominado Informe Brundtland elaborado en el marco de la Comisión Mundial de Medio Ambiente y Desarrollo de Naciones Unidas, en 1987.

Este informe indicaba que el desarrollo de las sociedades (fundamentalmente de las industrializadas) se estaba llevando a cabo con un coste medioambiental muy alto (agotamiento de los recursos naturales, contaminación, etc.), razón por la cual el desarrollo actual comprometía las condiciones sociales y económicas de las generaciones futuras.

El desarrollo sostenible se asienta sobre tres pilares: el **desarrollo social,** el **desarrollo económico** y la **protección del medio ambiente,** que no se excluyen entre sí, sino que interaccionan, como muestra el siguiente esquema.

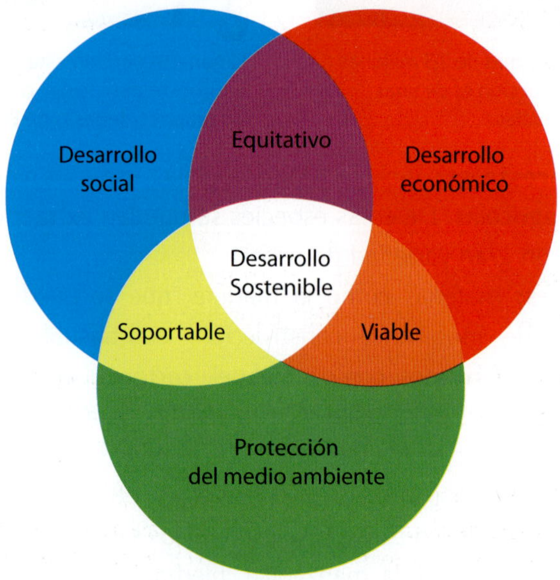


8 Esquema de la interacción entre los tres pilares del desarrollo sostenible.

| Medidas que favorecen el desarrollo sostenible |
|---|
| Racionalización en el consumo de los recursos naturales. |
| Utilización de fuentes energéticas ecológicas y renovables. |
| Reducción de las emisiones contaminantes. |
| Lucha contra la pobreza, el hambre y desarrollo de medidas encaminadas a conseguir la igualdad entre los seres humanos. |
| Desarrollo de programas educativos que fomenten la concienciación en los problemas medioambientales y el respeto a los demás. |
| Adecuada protección de la salud. |
| Promoción de la cooperación internacional para establecer programas de apoyo a las naciones menos desarrolladas. |

### Actividades

11. Averigua cinco medidas concretas que se lleven a cabo para favorecer el desarrollo sostenible de tu comunidad autónoma. Indica quién toma las medidas y en qué consisten exactamente.

# 3 • Problemas ambientales

El **impacto ambiental** es cualquier modificación causada en el medio ambiente a consecuencia de la actividad humana y catástrofes naturales.

Los seres humanos están interactuando constantemente con el medio ambiente y, en consecuencia, generan impactos ambientales, que pueden ser tanto **positivos** (por ejemplo, reforestación de un bosque quemado) como **negativos** (por ejemplo, cada vez que encendemos el motor del coche).

Los **problemas ambientales** son situaciones perjudiciales para los ecosistemas generadas por uno o varios impactos ambientales negativos.

Se distinguen varios tipos de impactos:

- **Directo o indirecto:** es directo cuando el impacto ocasiona cambios inmediatos y visibles a corto plazo e indirecto cuando no se nota a simple vista.
- **Reversible o irreversible:** el reversible puede eliminarse por sí mismo o a través de la intervención humana; el irreversible no puede eliminarse.
- **Temporal o permanente:** es temporal cuando puede revertirse en el tiempo o permanente si no puede revertirse.
- **Acumulativo o sinérgico:** el acumulativo va agravando su efecto con el tiempo, mientras que el sinérgico se caracteriza porque genera junto a otros impactos un mayor efecto.
- **Actual o potencial:** el actual es un impacto que ocurre de inmediato, mientras que el potencial puede ocurrir en un futuro si no se toman medidas preventivas.
- **Local o diseminado:** es local si el impacto ocurre en una pequeña región y diseminado si afecta a diferentes ecosistemas.

Entre las actividades humanas que pueden provocar la aparición de impactos ambientales podemos destacar las siguientes:

| **Impactos ambientales provocados por actividades humanas** | |
|---|---|
| Explotación de recursos naturales | Pesca de arrastre, caza indiscriminada, tala de árboles, etc. Estas actividades deterioran o agotan los recursos que aporta el medio ambiente. |
| Generación de residuos | Además de los residuos urbanos, se generan residuos industriales y los provocados por la quema de hidrocarburos. Todos ellos pueden producir un grave impacto en el medio ambiente. |
| Guerras | El uso de material de guerra y, sobre todo, el de armas químicas puede ocasionar un grave trastorno ecológico. |
| Material radiactivo | Cualquier material de este tipo, sea cual sea su fin, ocasiona daños en el entorno. |
| Crecimiento demográfico | El aumento de la población mundial y, por tanto, el crecimiento de las urbes, altera la superficie de nuestro planeta, ya que se invade el hábitat de flora y fauna. |

Según el medio al que afectan, podemos distinguir los siguientes problemas ambientales: los que afectan a la atmósfera, los que afectan a la hidrosfera, los que afectan al paisaje y aquellos que afectan a la biosfera.

## Actividades

12. Un terremoto produce grandes modificaciones en el medio ambiente. ¿Puede ser considerado un impacto ambiental? ¿Por qué?

13. En grupo, investigad sobre actividades que generen algún tipo de impacto ambiental y elaborad un trabajo sobre el tema.

## Problemas ambientales atmosféricos

Los principales impactos sobre la atmósfera son el resultado de la emisión de gases y formas de energía que ocasionan la contaminación atmosférica. Entre los principales problemas destacan la lluvia ácida, el agujero de la capa de ozono, el efecto invernadero y el cambio climático.

## Problemas que afectan a la hidrosfera

Las aguas, tanto continentales como marinas, sufren múltiples impactos ambientales que tienen graves consecuencias.

La contaminación de las aguas por la acción humana, a raíz de los **vertidos** de diversos tipos de sustancias y energías contaminantes, provoca que su calidad disminuya y, en consecuencia, que la vida natural se vea gravemente afectada.

Otros impactos negativos son el **consumo desmedido de agua,** que provoca el agotamiento de los acuíferos, o las **alteraciones del relieve,** que modifican el curso de los ríos e, incluso, de las corrientes marinas.

### Desertización y desertificación ?

Aunque a menudo estos dos términos se utilizan con el mismo significado, en realidad, la **desertización** hace referencia a un proceso natural, a veces agravado por el ser humano, de pérdida de la vegetación y debilitamiento del suelo. En cambio, el término **desertificación** se utiliza cuando este proceso es causado únicamente por el ser humano.

## Problemas que afectan al paisaje

El paisaje es un elemento vivo, en constante formación y, por ello, cualquier actuación del ser humano sobre los elementos que componen el paisaje, tiene efectos sobre el mismo.

| Problemas ambientales del paisaje | |
|---|---|
| Deforestación | Es la destrucción a gran escala de los bosques por acción del hombre. Puede deberse a los incendios forestales, la explotación comercial de la madera o del suelo, etc.<br>Los árboles son los pulmones de la Tierra, ya que fijan el $CO_2$, por lo que su destrucción contribuye a que todo ese gas se libere a la atmósfera y aumente el efecto invernadero. Además, los árboles cumplen un importante papel fijando el suelo, por lo que su ausencia puede producir la desestabilización de sus capas y su consiguiente erosión. |
| Desertización | Es la pérdida del potencial de producción del suelo, lo que ocasiona que zonas fértiles se conviertan en desiertos. A veces se produce de forma natural, por las variaciones climáticas, pero con frecuencia va unido a la intervención del hombre: deforestación, sobrepastoreo, prácticas agrícolas abusivas, etc. |

## Pérdida de la biodiversidad

La **biodiversidad** es el conjunto integrado por la variedad de seres vivos (plantas, animales, microorganismos y genes) que viven sobre la Tierra y los ecosistemas en los que habitan.

La deforestación, la agricultura intensiva, la caza ilegal, la introducción de especies no autóctonas, etc., afectan, de forma irreversible, a la biodiversidad: no solo animales, como los **osos panda,** los **tigres,** los **elefantes** o las **ballenas,** ven peligrar su existencia, sino que también afecta a otras especies menos llamativas, como los **insectos** que contribuyen a la polinización de las plantas.

### Actividades

14. Explica las diferencias entre deforestación y desertización.

15. ¿Por qué es tan importante que se mantenga la biodiversidad en nuestro planeta? Justifica tu respuesta.

16. Busca información sobre las especies animales que están en peligro de extinción en España.

# 4 • El consumo y sus consecuencias

El ser humano, en su vida cotidiana, está consumiendo constantemente bienes y servicios. Este consumo tiene **consecuencias negativas** para el medio ambiente:

- Los recursos naturales **no son ilimitados,** por lo que un consumo excesivo puede producir su agotamiento.
- El consumo genera **residuos** que afectan al medio ambiente, no solo en el presente, sino en el futuro (los plásticos y envases tardan cientos de años en degradarse).

Por otro lado, el sistema económico actual está basado en el **consumismo,** lo que provoca que se adquieran y consuman bienes que no siempre son necesarios, incrementando, de forma exponencial, las consecuencias negativas de este consumo.

Un desarrollo sostenible no es posible sin un **consumo responsable,** adaptado a las necesidades reales de los individuos, en el que se dé preferencia a las opciones respetuosas con el medio ambiente y la igualdad social.

Por tanto, el consumo responsable parte de dos principios fundamentales: consumir menos y consumir productos que favorezcan la sostenibilidad y la solidaridad con los productores.

| Medidas que favorecen el consumo responsable |
|---|
| Antes de comprar algo, valorar el impacto que esa compra tendrá sobre el medio ambiente. Reflexionar si esa compra es necesaria o se realiza solo por la influencia de la publicidad. |
| Utilizar productos que generen pocos residuos y, si los generan, que sean reciclables o biodegradables. |
| Consumir de manera preferente productos de empresas respetuosas con la economía sostenible, tanto en lo social (comercio justo) como en lo referido al medioambiente. |
| Emplear productos duraderos antes que los de un solo uso. |
| Utilizar preferentemente envases de mayor tamaño (una botella de 2 litros genera menos residuos que cuatro de medio litro). |
| Antes de desechar un producto, valorar si no es posible reciclarlo y volver a utilizarlo. |
| Consumir solo la energía necesaria (apagar la calefacción cuando no se necesite, apagar los aparatos eléctricos cuando no se usen, utilizar lámparas de bajo consumo, etc.). |

9

Algunas organizaciones se dedican a la recogida de teléfonos móviles en desuso. Los que funcionan se ponen en circulación nuevamente, mientras que los inservibles son enviados a una planta de reciclaje donde los materiales se separan convenientemente.

## La regla de las tres R

Los principios del consumo responsable se pueden resumir la regla de las tres R, cuyo objetivo es la minimización de residuos e impactos negativos sobre el medioambiente.

- **Reducir:** implica disminuir el consumo de productos y el volumen de residuos generados.
- **Reutilizar:** supone utilizar los materiales que aún son útiles en vez de desecharlos (botellas de vidrio usadas para almacenar líquidos, usar el papel por las dos caras, donar o vender la ropa vieja, etc.).
- **Reciclar:** consiste en transformar los materiales de desecho para fabricar nuevos productos. De esta forma reducimos la utilización de nuevos materiales y la producción de más basuras.

## Actividades

17. ¿En qué consiste el consumo responsable? ¿Qué productos de los que consumes hoy en día podrías dejar de consumir?

18. Investiga sobre la obsolescencia programada y qué relación tiene con el consumo responsable.

## 5 • Buenas prácticas medioambientales

### Etiqueta de eficiencia energética de los electrodomésticos +

Es una etiqueta que debe figurar en las lavadoras, lavavajillas y frigoríficos e indica: su eficiencia energética (A+++ es la más alta y D la más baja), consumo eléctrico anual, capacidad, nivel de ruido, etc.

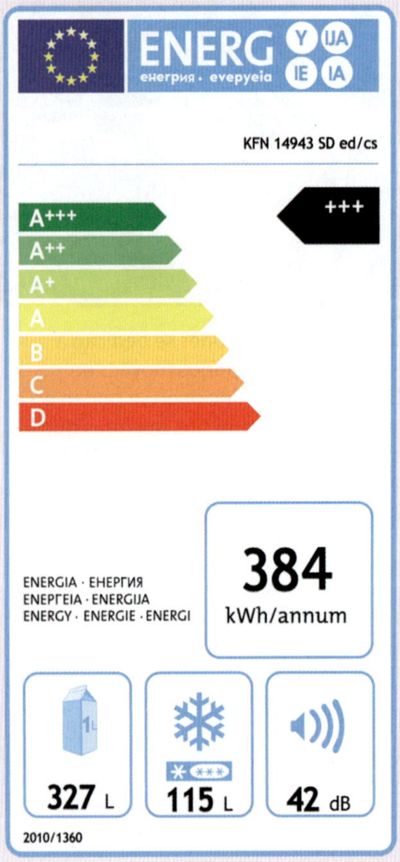


Las **buenas prácticas ambientales** son medidas sencillas y útiles destinadas a reducir el impacto ambiental negativo de las distintas actividades que se llevan a cabo en la vida cotidiana.

Por tanto, se trata de cambios en la organización de los procesos y en las actividades, que dan lugar a una reducción en el consumo de recursos (y en gasto asociado), en la cantidad de residuos producidos y en las emisiones contaminantes (a la atmósfera y a la hidrosfera).

A continuación, podemos ver algunos ejemplos:

| Buenas prácticas para el ahorro de energía |
| --- |
| Utilizar la iluminación artificial únicamente cuando la luz natural no sea suficiente para llevar a cabo las actividades. |
| Sustituir el alumbrado por uno más eficiente (bombillas de bajo consumo), lo que permite ahorrar hasta un 80%. |
| Apagar las luces y desconectar los aparatos al salir de una habitación o del aula. |
| Utilizar electrodomésticos que lleven el distintivo A, de eficiencia energética. |
| Procurar que los edificios tengan un adecuado aislamiento térmico, con lo que se consumirá menos calefacción en invierno y menos aire acondicionado en verano. |

| Buenas prácticas para el ahorro de agua |
| --- |
| El inodoro no es una papelera, ni un vertedero de productos biodegradables o tóxicos. |
| Reducir el agua que se descarga al utilizar el inodoro, usando cisternas de doble ciclo de descarga o poniendo dentro una botella para reducir su capacidad. |
| Siempre que no sea imprescindible, los grifos deben estar cerrados (al fregar, afeitarse, etc.). |
| Es mejor ducharse que bañarse. El consumo de agua disminuirá entre 4-6 veces. |

| Buenas prácticas para reducir la producción de residuos |
| --- |
| Es preferible utilizar medios de transporte no contaminantes y, si no es posible, intentar usar el transporte público. |
| Reducir el uso de bolsas de plástico. |
| Siempre que sea posible, se debe utilizar el formato digital para crear y almacenar documentos. |
| Imprimir solo lo imprescindible y, en su caso, el papel debe aprovecharse al máximo, utilizándolo por las dos caras. |

## Actividades

19. Una ducha de unos 10 minutos consume aproximadamente unos 200 litros de agua. Calcula el número de litros que se gastan al día en tu casa con esta práctica. Haz lo mismo para una semana, un mes y un año.

20. Enumera cinco ideas que puedes poner en práctica en tu casa y en tu centro educativo para ahorrar energía.

21. Averigua qué diferencias existen entre una bombilla tradicional, una de bajo consumo y una led.

22. ¿Por qué piensas que se ha tomado la medida de cobrar por el uso de las bolsas de plástico en las tiendas?

# 6 • Convenios internacionales sobre medio ambiente

A lo largo del siglo xx, la comunidad internacional ha ido tomando cada vez más conciencia de la importancia del desarrollo sostenible y de la necesidad de tomar medidas para luchar contra las agresiones al medio ambiente.

Ello ha dado lugar a diversas **cumbres** y **conferencias internacionales** destinadas a alcanzar acuerdos relacionados sobre el medio ambiente. Como resultado de estas reuniones, se han adoptado **convenios internacionales** y **protocolos de actuación,** que son compromisos por parte de los Estados de cumplir ciertas obligaciones relativas al desarrollo sostenible.

La primera cumbre de carácter global fue la de **Estocolmo** en 1972, que tuvo un impacto real en las políticas medioambientales de todos los países.

El **Protocolo de Montreal** de 1987, relativo a la reducción de la producción y el consumo de sustancias que provocan la disminución de la capa de ozono, dio lugar a la **Conferencia de Helsinki** de 1989, en la que 80 países acordaron dejar de producir los CFC (clorofluorocarbonos), principales causantes del agujero en la capa de ozono.

Pero, sin duda, el evento más importante en defensa del medio ambiente ha sido la **Cumbre de la Tierra,** celebrada en **Río de Janeiro en 1992**. Fruto de esta convención internacional se adoptaron acuerdos tan importantes como los siguientes:

**Cumbre de la tierra de Río de Janeiro**

- **Declaración de Río sobre el Medio Ambiente y el Desarrollo**
  - Aclaró el concepto de desarrollo sostenible
    - Agenda 21, que es un programa de acción para el siglo XXI
- **Convención sobre el cambio climático**
  - Se determinó la necesidad de reducir las emisiones de gases de efecto invernadero
    - Protocolo de Kioto de 1997, para la reducción de las emisiones de estos gases
- **Convenio sobre la Diversidad Biológica**
  - Medidas de conservación de la biodiversidad
- **Declaración de principios sobre los bosques**
  - Medidas para el desarrollo sostenible de los bosques

### Cumbre de Johannesburgo

Celebrada en 2002 en esta ciudad sudafricana, culminó con la conocida **Declaración de Johannesburgo**, en la que los principales dirigentes mundiales se comprometieron a luchar contra la degradación del medio ambiente.

## Actividades

23. En 2012, 20 años después de la histórica Cumbre de la Tierra de Río de Janeiro, celebrada en 1992, se celebró Río+20, una Conferencia de las Naciones Unidas sobre el Desarrollo Sostenible. Busca información sobre esta cumbre e indica qué temas y acuerdos se trataron en la misma.

24. Algunos países no han firmado el Protocolo de Kioto. ¿Cuál crees que ha sido la razón?

## Elaboración de un decálogo de buenas prácticas medioambientales

Mediante una encuesta vamos a analizar tus conductas cotidianas para valorar tu conciencia medioambiental y elaborar en consecuencia un decálogo de buenas prácticas medioambientales en tu centro educativo.

Responde a las siguientes preguntas, contestando SÍ o NO a cada una de ellas y anota las respuestas en tu cuaderno.

### ENCUESTA

1. Cuando tiras el papel, ¿lo separas del resto de componentes y lo depositas en el contenedor de papel?
2. ¿Separas el plástico y envases usados y los depositas en el contenedor del plástico?
3. ¿Colaboras en el aula para la reducción y recogida selectiva de residuos?
4. ¿Imprimes a doble cara?
5. A la hora de tomar apuntes, hacer cálculos, etc., ¿utilizas papel reciclado?
6. Cuando vas a hacer la compra al supermercado, ¿sueles llevar una bolsa para llevar las cosas?
7. ¿Utilizas lámparas de bajo consumo?
8. ¿Apagas el ordenador cuando terminas de utilizarlo?
9. ¿Cierras el grifo mientras te estás lavando los dientes?
10. Cuando vas de excursión al campo, ¿llevas una bolsa para recoger los envases, botellas, latas, etc.?
11. ¿Utilizas el móvil, reproductor de música, etc., a un volumen que no contamine acústicamente el entorno?
12. ¿Cuidas el material y el mobiliario del aula para que pueda servir para próximos alumnos?

### PUNTUACIÓN

Calcula la puntuación obtenida, que indicará tu conciencia medioambiental. Cada pregunta a la que hayas respondido SÍ, vale 1 punto y cada pregunta a la que hayas contestado NO, vale 0 puntos.

| | Baja | Media | Alta |
|---|---|---|---|
| Puntuación | 0-4 | 5-8 | 9-12 |

## Actividades

1. Pon en común los resultados de tu encuesta con los de tus compañeros de clase.
2. En grupos de tres o cuatro alumnos, formulad un decálogo de buenas prácticas ambientales para vuestro centro educativo, que recoja las recomendaciones recogidas en esta unidad. Poned en común los decálogos propuestos por cada grupo y elaborad un decálogo global.

1. Elabora un esquema donde muestres los diferentes tipos de recursos naturales según su origen y su limitación. Añade varios ejemplos.

2. Copia en tu cuaderno esta tabla y clasifica los siguientes recursos naturales: pesca, carbón, mareas, biomasa, petróleo y gas natural.

| Recurso renovable | Recurso no renovable |
|---|---|
| • • • • • | • • • • • |
| • • • • • | • • • • • |
| • • • • • | • • • • • |

3. ¿Pueden convertirse los recursos naturales renovables en no renovables? Justifica tu respuesta.

4. ¿Cómo podemos aprovechar la energía del viento?

5. ¿Qué es un huerto solar? Busca información e indica de qué forma se aprovecha la energía solar.

6. ¿Cómo se forma el petróleo? ¿Cuántos años deben pasar para que se forme?

7. ¿Qué diferencia hay entre un uso consuntivo y otro no consuntivo del agua?

8. ¿A qué tipo de prácticas mineras corresponden cada una de las siguientes imágenes? ¿Qué impactos ambientales pueden ocasionar este tipo de prácticas?

a)

b)

9. Elabora un informe sobre cómo se extrae el corcho de los alcornoques.

10. ¿En qué tres pilares se sustenta el desarrollo sostenible?

11. ¿Puede un impacto ambiental ser positivo? Justifica tu respuesta.

12. ¿Qué tipos de impactos ambientales se pueden producir? Pon ejemplos.

13. ¿Qué impactos producidos por el hombre pueden tener gran repercusión en la atmósfera?

14. La deforestación puede tener graves consecuencias para el medio que nos rodea. Cita algunas de ellas.

15. ¿Qué causas pueden provocar una desertización?

16. ¿Qué es la biodiversidad? ¿Qué relación tiene con el medio ambiente?

17. Establece las diferencias entre consumo y consumismo.

18. Señala cuatro medidas que contribuyan a un consumo responsable.

19. Indica tres medidas que podáis adoptar en tu centro educativo para disminuir el consumo de papel.

20. ¿Por qué es importante la realización de campañas de sensibilización para disminuir el consumo de aluminio? Crea un eslogan para concienciar a tus compañeros de que reduzcan su consumo de aluminio y reciclen el material.

21. Busca información acerca de la Conferencia de París sobre el clima. ¿Qué temas se trataron? Realiza una presentación que incluya los asuntos que se abordaron y los acuerdos que se tomaron.

# 7 IDEAS CLAVE Y AUTOEVALUACIÓN

## Los recursos naturales

- Los **recursos naturales** son todos los elementos que proporciona la naturaleza (organismos, materiales, formas de energía, etc.) que pueden ser utilizados o transformados por el ser humano para obtener un beneficio.
- Pueden ser renovables o no renovables. Los principales son: **energéticos, hídricos, minerales** y **biológicos.**

## Desarrollo sostenible y problemas ambientales

- El **desarrollo sostenible** es un modelo de desarrollo socioeconómico que permite satisfacer las necesidades de las generaciones presentes, sin comprometer la capacidad de las generaciones futuras para satisfacer sus propias necesidades.
- El **impacto ambiental** es cualquier modificación causada en el medio ambiente a consecuencia de la actividad humana y catástrofes naturales.

## El consumo y sus consecuencias

- El consumo tiene **consecuencias negativas** para el medio ambiente: los recursos naturales **no son ilimitados,** por lo que se puede producir su agotamiento, y genera **residuos** que afectan al medio ambiente, no solo en el presente, sino en el futuro (los plásticos y envases tardan cientos de años en degradarse).
- Los principios del consumo responsable se pueden resumir en la regla de las tres R: **reducir, reutilizar y reciclar.**

## Buenas prácticas y convenios medioambientales

- Las **buenas prácticas ambientales** son medidas sencillas y útiles destinadas a reducir el impacto ambiental negativo de las distintas actividades que se llevan a cabo en la vida cotidiana.
- Las **cumbres** y **conferencias internacionales** para alcanzar acuerdos relacionados sobre el medio ambiente han dado lugar a diversos **convenios internacionales** y **protocolos de actuación.**

### Anota en tu cuaderno la opción correcta:

1. Los recursos según su origen se pueden catalogar en:

a) Energéticos, hídricos, renovables y minerales.
b) Renovables, no renovables, energéticos e hídricos.
c) Energéticos, hídricos, minerales y biológicos.
d) Energéticos, hídricos, biológicos y no renovables.

2. La sobreexplotación es:

a) La utilización de los recursos a un ritmo superior a su capacidad de regeneración.
b) La utilización de los recursos a un ritmo inferior a su capacidad de regeneración.
c) La utilización de los recursos a un ritmo idéntico a su capacidad de regeneración.
d) El gasto total de los recursos.

3. Los recursos energéticos renovables son:

a) Carbón, energía solar, energía eólica y energía nuclear.
b) Petróleo, carbón, gas natural y energía nuclear.
c) Energía hidráulica, energía solar, energía nuclear y energía eólica.
d) Energía hidráulica, energía solar, energía eólica y biomasa.

4. Dentro de los recursos biológicos podemos destacar:

a) La agricultura, la ganadería, la pesca y la minería.
b) La agricultura, la ganadería, la pesca y los recursos forestales.
c) La agricultura, la ganadería, la pesca y la biomasa.
d) La agricultura, la ganadería, la pesca y los recursos hídricos.

5. El desarrollo sostenible se asienta en los siguientes tres pilares:

a) Desarrollo natural, artificial y protección del medio ambiente.
b) Desarrollo social, natural y económico.
c) Desarrollo social, económico y protección del medio ambiente.
d) Desarrollo artificial, social y protección del medio ambiente.

6. Medidas que favorecen el desarrollo sostenible son:

a) Uso de fuentes energéticas ecológicas y renovables.
b) Reducción de las emisiones contaminantes.
c) Racionalización en el consumo de los recursos naturales.
d) Todas las respuestas anteriores son correctas.

7. Un impacto ambiental es cualquier modificación causada en el medio ambiente:

a) A consecuencia de la actividad humana.
b) A consecuencia de una causa natural.
c) A consecuencia de la actividad humana y las catástrofes naturales.
d) A consecuencia de la actividad de los animales.

8. La desertización es:

a) La destrucción de los bosques por acción del hombre.
b) La pérdida de potencial de producción del suelo por causas naturales o humanas.
c) La pérdida de potencial de producción del suelo.
d) La destrucción a gran escala de los bosques por acción natural.

9. El consumo responsable se basa en adaptar nuestro consumo:

a) A las necesidades reales sin respetar el medio ambiente.
b) A una necesidad mayor respetando el medio ambiente.
c) Por debajo de nuestra necesidad sin respetar el medio ambiente.
d) A nuestras necesidades reales respetando el medio ambiente.

10. La Cumbre de la Tierra fue celebrada:

a) En Johannesburgo en 2002.
b) En Helsinki en 1989.
c) En Estocolmo en 1972.
d) En Río de Janeiro en 1992.

Unidad 8

# El movimiento y las fuerzas

**SUMARIO**

- Concepto y elementos del movimiento
- Movimientos rectilíneo uniforme y rectilíneo uniformemente acelerado
- Fuerzas e interacciones
- Leyes de la dinámica

**TÉCNICAS DE TRABAJO**

- Observación de un movimiento rectilíneo uniformemente acelerado

# 1 • Concepto de movimiento

El movimiento se aprecia en el ir y venir de las personas, en los coches que circulan por las carreteras, en el vuelo de los pájaros, en la Tierra que gira en torno al Sol, y en muchos otros ejemplos de la vida real.

El **movimiento** es la situación física en la que un objeto se mueve ocupando diferentes posiciones, en diferentes instantes de tiempo, respecto a un punto o a un sistema de referencia determinado, que se considera fijo.

Un **sistema de referencia** es un sistema de ejes de coordenadas. El punto donde se cortan los ejes es el origen del sistema de referencia.

Por lo tanto, se dice que el movimiento es relativo, ya que depende del sistema de referencia que se elija para estudiarlo.

Cuando se estudian movimientos rectilíneos en una sola dirección del espacio, el sistema de referencia será el **eje de coordenadas cartesianas *X*,** tal como se muestra en la Figura 1.

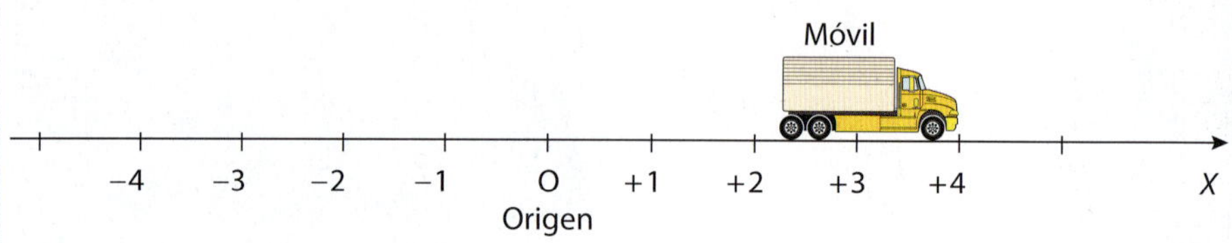


1

El móvil se mueve en línea recta en la dirección del eje *X*.

Generalmente, siempre que no se indique lo contrario, cuando nos referimos al movimiento de los cuerpos, el sistema de referencia será la superficie terrestre.

### Ejemplo 1

Si una persona se encuentra quieta sobre una escalera mecánica en movimiento, estará en reposo si se considera como origen del sistema de referencia el escalón en el que se encuentra la persona.

Sin embargo, si el sistema de referencia que se considera es la sala donde se encuentra la escalera mecánica, entonces la persona que se encuentra en la escalera estará realizando un movimiento.

## Actividades

1. Averigua qué pensaba Aristóteles sobre el movimiento de los cuerpos y qué aportaciones hizo Galileo al estudio del movimiento.

2. Si te encuentras en un vagón parado en una estación y en la otra vía otro tren se pone en marcha, tendrás la sensación de que tu tren se mueve. ¿A qué se debe?

# 2 • Elementos del movimiento

A continuación, vamos a estudiar los elementos que caracterizan al movimiento de cualquier cuerpo: la trayectoria, la posición, el desplazamiento, el espacio recorrido, la velocidad y la aceleración.

## 2.1 • Trayectoria

La **trayectoria** es la línea geométrica que describe un objeto al desplazarse respecto de un sistema de referencia.

Un móvil puede describir distintos tipos de trayectorias: rectilínea, circular, parabólica, elíptica, etc.

2 Un ascensor se mueve con una trayectoria rectilínea.

3 Las cabinas de una noria describen una trayectoria circular.

4 Los planetas del sistema solar se mueven en órbitas elípticas alrededor del Sol.

**Ejemplo 2**

Vamos a ver cómo es la trayectoria de un paquete de ayuda humanitaria que deja caer un avión que se mueve en línea recta con velocidad constante, según un pasajero del avión y según un observador que se encuentra en Tierra.

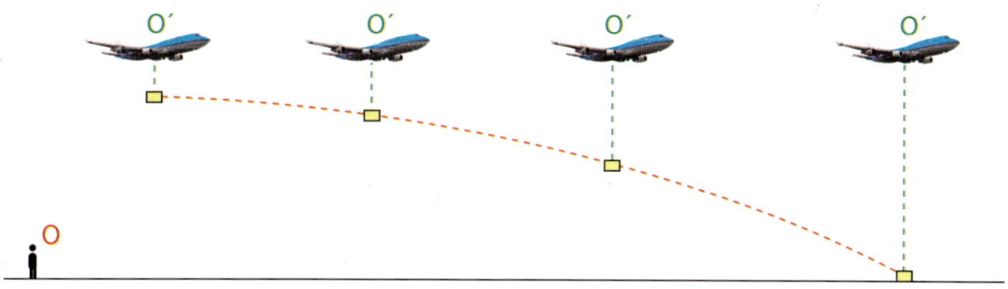


Según el pasajero del avión (O′), el paquete sigue una trayectoria recta en su caída.

En cambio, para el observador que está en tierra (O), el paquete se mueve horizontalmente a la misma velocidad constante que lo hace el avión y, a la vez, está cayendo. Por lo tanto, para este observador el paquete describe una trayectoria parabólica.

## Actividades

3. Clasifica los movimientos siguientes en función de la forma de su trayectoria:

a) Una jabalina lanzada por un atleta.
b) El movimiento de Marte alrededor del Sol.
c) La caída libre de un objeto.
d) El movimiento de un atleta en la prueba de los cien metros lisos.

4. Busca ejemplos de la vida real en los que un móvil describa una trayectoria:

a) Circular.
b) Parabólica.
c) Rectilínea.
d) Elíptica.

## 2.2 • Posición

La **posición** de un móvil es un punto sobre la trayectoria, para un determinado instante, referido al origen del sistema de referencia.

Se representa como ***x*** y su unidad en el Sistema Internacional es el **metro (m).**

En el caso de los movimientos rectilíneos, se expresará mediante una cantidad positiva, si el móvil se encuentra a la derecha del origen del sistema de referencia, o negativa, si está a la izquierda del origen.

### Actividad resuelta 1

Calcula en qué posición se encuentran los carritos A, B y C, que se mueven en línea recta para $t = 0$ s y para $t = 2$ s.

Para $t = 0$ s, vemos que las posiciones son:

$x_A = +3$ m , $x_B = -2$ m , $x_C = -6$ m

Para $t = 2$ s, vemos que las posiciones son:

$x_A = +6$ m , $x_B = 0$ m , $x_C = -4$ m

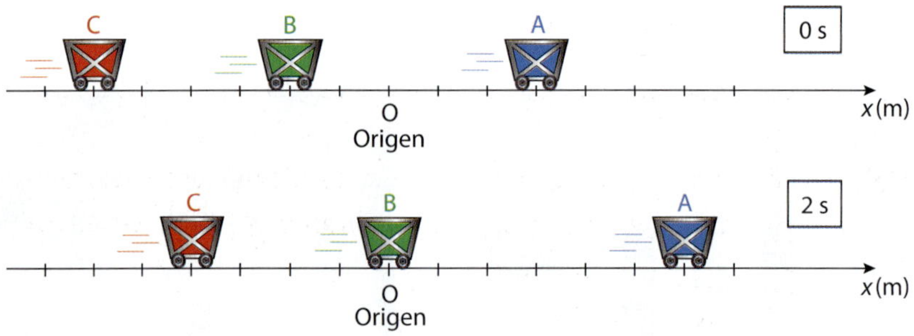


## 2.3 • Desplazamiento y espacio recorrido

El **desplazamiento** es la distancia medida en línea recta entre la posición final y la inicial.

Se representa como ***S*** y su unidad en el Sistema Internacional es el **metro (m).**

El **espacio recorrido** por un móvil es la distancia medida sobre la trayectoria entre la posición final y la inicial.

En los movimientos rectilíneos, el desplazamiento y el espacio recorrido por el móvil coinciden.

### Ejemplo 3

Cuando vas de tu casa al colegio, el desplazamiento es la distancia medida en línea recta entre el colegio y tu casa.

El espacio recorrido será la distancia medida sobre la trayectoria "estirada" entre el colegio y tu casa.

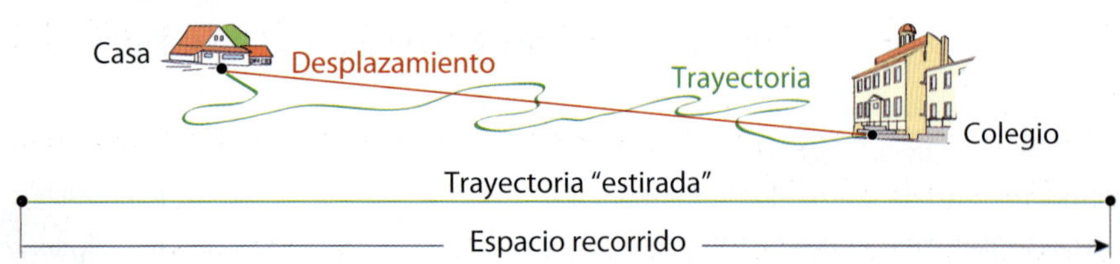


## Actividades

5. El cuentakilómetros del autobús La Puebla-Marchena marca 16 km en el recorrido de ida y 20 km en el recorrido de vuelta. Halla el desplazamiento del autobús y la distancia recorrida en un trayecto completo.

6. Realizamos un viaje de Madrid a A Coruña en coche. Al llegar a A Coruña, el cuentakilómetros marca 625 km.

En un mapa de España, hecho a escala, trazamos una línea recta entre Madrid y A Coruña. Su longitud es de 540 km. Explica qué representan estas dos medidas.

## 2.4 • Velocidad

La **velocidad** de un móvil es la rapidez con la que cambia de posición.

Se representa como ***v*** y su unidad en el Sistema Internacional es el **metro por segundo (m/s).**

Aunque de forma habitual se use el km/h para expresar la velocidad de algunos cuerpos, a la hora de resolver problemas y actividades las magnitudes deben expresarse en unidades del Sistema Internacional. Así:

$$1\ \text{h} = 3\,600\ \text{s}$$
$$1\ \text{km} = 1\,000\ \text{m}$$

Se distinguen dos tipos de velocidades:

- **Velocidad instantánea:** es la rapidez que lleva un móvil en un determinado instante.
- **Velocidad media:** es la relación entre el desplazamiento efectuado por un móvil y el tiempo que ha empleado en realizarlo. Su expresión es la siguiente:

$$v = \frac{\Delta x}{\Delta t}$$

Donde $\Delta x$ es el desplazamiento y $\Delta t$ el tiempo invertido.

**Tiempo en un movimiento** ?

El tiempo que se tiene en cuenta en un movimiento determinado es el que tarda el móvil en recorrer la distancia, es decir, en recorrer la longitud de la trayectoria que describe el móvil.

5 En un coche, el velocímetro indica la velocidad instantánea y el cuentakilómetros indica la distancia recorrida.

### Actividad resuelta 2

Una atleta corre en una prueba de 100 metros lisos y tarda 12,20 segundos en completarla. Determina su velocidad media.

La velocidad media será la relación entre el desplazamiento efectuado por la atleta y el tiempo que emplea en realizar ese desplazamiento.

Por tanto:

$$v = \frac{\Delta x}{\Delta t} = \frac{100\ \text{m}}{12{,}20\ \text{s}} = 8{,}20\ \text{m/s}$$

## Actividades

7. Calcula la velocidad en los siguientes casos y exprésala en las unidades adecuadas:

a) Un pájaro que recorre un espacio de 22 m en 4 s.
b) Un velero que recorre una distancia de 5153 m en 1 h.
c) Una avioneta que recorre una distancia de 1,147 km en 51 s.

8. Calcula la distancia que recorre un ciclista que va a una velocidad de 7 m/s durante un cuarto de hora.

9. ¿Cuánto tiempo tarda un peatón que pasea a una velocidad constante de 7 km/h en recorrer una distancia de 2 000 m?

10. Un coche inicia un viaje de 600 km a las siete de la mañana con una velocidad media de 85 km/h. ¿A qué hora llegará a su destino?

## 2.5 • Aceleración

**Aceleración negativa**

Al aplicar la fórmula de la aceleración, es posible que el resultado sea una aceleración negativa (si $v_{final}$ es menor que $v_{inicial}$). Esto indica que el móvil está frenando, por lo que en ese caso se trata de una aceleración de frenado.

La **aceleración** es la rapidez con la que varía la velocidad.

Es una magnitud vectorial (se representa con un vector) y su unidad en el Sistema Internacional es el **metro por segundo al cuadrado ($m/s^2$).**

Su fórmula es la siguiente:

$$a = \frac{\Delta v}{\Delta t}$$

Donde $\Delta v = v_{final} - v_{inicial}$ es la variación de la velocidad y $\Delta t$ el tiempo invertido en esa variación.

Por ejemplo, si el conductor de un automóvil acelera de 60 km/h a 90 km/h, o pisa el freno y pasa de 40 km/h a 10 km/h, en ambos casos existe una variación de la velocidad.

6 Durante una carrera de Fórmula 1, la velocidad de los automóviles varía continuamente; se producen aceleraciones positivas si aumentan su velocidad y negativas si frenan.

### Actividad resuelta 3

Un motorista circula a una velocidad de 5 m/s cuando acelera hasta que, al cabo de 6 s, su velocidad alcanza los 14 m/s. ¿Cuál ha sido la aceleración de la moto?

Como todas las unidades del enunciado están expresadas en las unidades del Sistema Internacional, podemos aplicar directamente la fórmula de aceleración:

$$a = \frac{v_f - v_i}{t} = \frac{14 - 5\ m/s}{6\ s} = 1,5\ m/s^2$$

### Actividad resuelta 4

Un cuerpo con una aceleración de 3,5 $m/s^2$ alcanza una velocidad de 120 m/s al cabo de 30 s. ¿Cuál es la velocidad inicial de este cuerpo?

Partimos de la ecuación de la aceleración: $a = \frac{v_f - v_i}{t}$

Despejamos el valor de la velocidad inicial. Su fórmula será, por tanto:

$$v_i = v_f - a \cdot t$$

Si sustituimos los datos, obtenemos:

$$v_i = 120 - 3,5 \cdot 30 = 120 - 105 = 15\ m/s$$

### Actividad resuelta 5

Un cuerpo tiene una aceleración de 2,5 $m/s^2$ y una velocidad de 20 m/s. ¿Cuánto tiempo tardará en alcanzar 35 m/s?

Partimos de la ecuación de la aceleración: $a = \frac{v_f - v_i}{t}$

Despejamos el valor de la velocidad inicial. Su fórmula será, por tanto:

$$t = \frac{v_f - v_i}{a}$$

Si sustituimos los datos, obtenemos:

$$t = \frac{35 - 20}{2,5} = 6\ s$$

## Actividades

11. Un conductor circula a 12 m/s. Acelera y su velocidad pasa a ser de 20 m/s al cabo de 10 segundos. Calcula la aceleración del coche.

12. Una pelota que rueda por un plano con una velocidad de 2 m/s, tarda en detenerse 10 segundos. ¿Cuál es el valor de la aceleración de frenado?

# 3 • Movimientos rectilíneo uniforme y rectilíneo uniformemente acelerado

A continuación, vamos a estudiar dos movimientos en los cuales la trayectoria es una **recta.** Por lo tanto, se hablará indistintamente de desplazamiento y espacio recorrido, ya que coinciden.

## 3.1 • El movimiento rectilíneo uniforme (MRU)

El **movimiento rectilíneo uniforme** es aquel en el que un móvil describe una trayectoria rectilínea con rapidez constante.

Por lo tanto, como no hay un cambio de velocidad, el móvil no tendrá aceleración, es decir, el móvil tiene **velocidad constante.**

En este movimiento, el móvil recorre distancias iguales en tiempos iguales. La relación entre la distancia recorrida y el tiempo empleado en recorrerla proporciona el valor de la velocidad ($v$), que es constante (Ejemplo 4).

**Ejemplo 4**

Se han tomado las siguientes medidas referentes al movimiento de un objeto que se mueve en línea recta:

| **x (m)** | 4 | 8 | 12 | 16 | 20 | 24 |
|---|---|---|---|---|---|---|
| **t (s)** | 2 | 4 | 6 | 8 | 10 | 12 |
| **v (m/s)** | 2 | 2 | 2 | 2 | 2 | 2 |

Observamos que el móvil recorre 4 m cada 2 s.

Por tanto, la velocidad es constante e igual a:

$$v = \frac{4}{2} = \frac{8}{4} = \frac{12}{6} = \frac{16}{8} = \frac{20}{10} = \frac{24}{12} = 2 \text{ m/s}$$

Al no haber aceleración, y al ser la velocidad constante, la única magnitud que varía con el tiempo es la posición ($x$).

Para determinar la posición de un móvil en cada instante debemos aplicar la **ecuación del movimiento rectilíneo uniforme,** que se obtiene al despejar $x$ en la fórmula de la velocidad media:

$$v = \frac{\Delta x}{\Delta t} = \frac{x - x_0}{t - t_0} \Leftrightarrow x = x_0 + v(t - t_0)$$

Donde $x_0$ es la posición inicial del móvil respecto al origen del sistema de referencia.

Como $t_0$ es 0, entonces:

$$\boldsymbol{x = x_0 + v \cdot t}$$

**Velocidad de la luz y del sonido** +

La luz se propaga en línea recta con una velocidad constante, en el vacío, de aproximadamente $3 \cdot 10^8$ m/s.

El sonido se propaga también en línea recta, con una velocidad constante, en el aire, de aproximadamente 340 m/s.

## Actividades

13. La luz del Sol tarda 8,31 minutos en llegar a la Tierra. ¿Cuál es la distancia de la Tierra al Sol si la velocidad de la luz es de $3 \cdot 10^8$ m/s?

14. Se produce una detonación a 1,5 km de donde se encuentra cierta persona. ¿Cuánto tarda la persona en oír la detonación si la velocidad del sonido en el aire es de 340 m/s?

15. Dos pueblos que distan 15 km están unidos por una carretera recta. Un ciclista viaja de un pueblo al otro con una velocidad constante de 12 m/s. Calcula el tiempo que emplea el ciclista en recorrer esa distancia.

16. La ecuación de un MRU es $x = 4 + 2t$. Explica qué representa esta ecuación.

## 3.2 • El movimiento rectilíneo uniformemente acelerado (MRUA)

El **movimiento rectilíneo uniformemente acelerado** es aquel en el que un móvil se mueve en línea recta con rapidez variable.

Por lo tanto, en este movimiento el móvil posee aceleración, ya que la velocidad varía. Esta aceleración es **constante** en todo el movimiento.

En este movimiento, las magnitudes que varían con el tiempo son la posición ($x$) y la velocidad ($v$). La aceleración ($a$) no varía con el tiempo porque es constante. Las ecuaciones de este movimiento son:

$$\boldsymbol{x = x_0 + v_0 \cdot t + \frac{1}{2} \cdot a \cdot t^2} \qquad \boldsymbol{v = v_0 + a \cdot t}$$

Donde $x_0$ es la posición inicial (para $t = 0$) del móvil respecto al origen del sistema de referencia, y $v_0$ es la velocidad inicial, es decir, la velocidad para $t = 0$.

### Actividad resuelta 6

En el instante inicial ($t = 0$), un móvil pasa por el origen del sistema de referencia, alejándose de él, con una velocidad de 10 m/s. Si el móvil se mueve en línea recta con una aceleración constante de 0,5 m/s$^2$, determina:

a) Su posición al cabo de 4 s.

b) La velocidad que tiene al cabo de ese tiempo.

Puesto que el móvil se mueve en línea recta, con aceleración constante de 0,5 m/s$^2$, lleva un MRUA. Como en $t = 0$ s está en el origen, $x_0 = 0$. Su velocidad inicial, $v_0$, es igual a 10 m/s.

a) Posición para $t = 4$ s es:

$$x = x_0 + v_0 \cdot t + \frac{1}{2} \cdot a \cdot t^2 = 0 + 10 \cdot 4 + 0{,}5 \cdot 4^2 = 48 \text{ m}$$

b) La velocidad para $t = 4$ s es: $v = v_0 + a \cdot t = 10 + 0{,}5 \cdot 4 = 12$ m/s

### Actividad resuelta 7

Un móvil que se mueve en línea recta tiene una velocidad de 90 km/h y decelera uniformemente, durante 8 s, hasta alcanzar una velocidad de 72 km/h. Determina cuál es su aceleración en ese intervalo de tiempo.

Puesto que el móvil se mueve en línea recta, con aceleración constante, lleva un MRUA. En primer lugar, expresamos los datos en unidades del SI.

$$v = 72 \frac{\text{km}}{\text{h}} \cdot \frac{1\,000 \text{ m}}{\text{km}} \cdot \frac{\text{h}}{3\,600 \text{ s}} = 20 \text{ m/s}$$

$$v_0 = 90 \frac{\text{km}}{\text{h}} \cdot \frac{1\,000 \text{ m}}{\text{km}} \cdot \frac{\text{h}}{3\,600 \text{ s}} = 25 \text{ m/s}$$

A continuación, aplicamos la fórmula de la velocidad y despejamos la aceleración:

$$v = v_0 + a \cdot t \Rightarrow a = \frac{v - v_0}{t} = \frac{20 - 25}{8} = -0{,}625 \text{ m/s}^2$$

En el MRUA se puede definir también una ecuación que relaciona el espacio recorrido por el móvil ($S$), que es igual al desplazamiento, con la velocidad inicial ($v_0$), la velocidad final ($v$) y la aceleración ($a$):

$$\boldsymbol{S = \frac{v^2 - v_0^2}{2a}}$$

## Actividades

17. Un móvil que circula a 18 m/s mantiene una aceleración cons- ...25 m/s$^2$ durante 15 s. Calcula la velocidad que ha alcan- ...o de ese tiempo.

18. Un ciclista inicialmente en reposo acelera durante 10 s con una aceleración constante de 0,45 m/s$^2$. Calcula qué espacio recorre durante ese tiempo y qué velocidad alcanzará.

## La caída libre y el lanzamiento vertical

En estos dos MRUA los objetos son atraídos por la fuerza gravitatoria de la Tierra y poseen una aceleración, que se supone constante, llamada **aceleración de la gravedad (*g*).** Su valor aproximado es de 9,8 m/s$^2$ y es independiente de la masa de los objetos. En dichos movimientos, para simplificar su estudio, se supone despreciable el rozamiento de los objetos con el aire.

- En la **caída libre** se deja caer un objeto desde cierta altura sobre el suelo, sin velocidad inicial ($v_0 = 0$). A medida que el cuerpo cae, aumenta su velocidad, ya que el sentido de $g$ es el mismo que el del movimiento. Las ecuaciones de este movimiento son:
  - Ecuación de la posición (altura que ha descendido): $h = \frac{1}{2} \cdot g \cdot t^2$
  - Ecuación de la velocidad: $v = g \cdot t$

**Efecto del rozamiento en la caída libre**

Cuando un cuerpo cae, la resistencia a causa del rozamiento con el aire ejerce un efecto importante y frena su caída.

Por eso, un objeto con una superficie muy grande cae más lentamente que otro del mismo peso con una superficie mucho más pequeña.

### Actividad resuelta 8

Desde una azotea de 15 m de altura dejamos caer hacia abajo una piedra. Si no tenemos en cuenta el rozamiento con el aire, calcula el tiempo que tarda en llegar al suelo y su velocidad en ese momento.

Se trata de un movimiento del tipo MRUA (su velocidad cambia y posee aceleración, la de la gravedad, que es constante).

Ecuación de la velocidad: $v = g \cdot t \Rightarrow v = 9{,}8 \cdot t$

Ecuación de la posición: $h = \frac{1}{2} \cdot g \cdot t^2 \Rightarrow 15 = \frac{1}{2} \cdot 9{,}8 \cdot t^2$

Cuando llega al suelo ha recorrido los 15 m de altura. Despejando de la ecuación de posición, obtenemos el tiempo que tarda en llegar al suelo.

$$15 = \frac{1}{2} \cdot 9{,}8 \cdot t^2 \Rightarrow t = 1{,}7 \text{ s}$$

Para calcular la velocidad en ese momento, sustituimos el tiempo obtenido en la ecuación de la velocidad: $v = 9{,}8 \cdot 1{,}7 \Rightarrow v = 17$ m/s

- En el **lanzamiento vertical hacia arriba** se impulsa un objeto con una velocidad inicial ($v_0$). Conforme el objeto sube, disminuye su velocidad, ya que el sentido de $g$ es opuesto al sentido del movimiento. Cuando alcanza la altura máxima, su velocidad es nula y cae. Las ecuaciones de este movimiento son:
  - Ecuación de la posición (altura que ha alcanzado): $h = v_0 \cdot t - \frac{1}{2} \cdot g \cdot t^2$
  - Ecuación de la velocidad: $v = v_0 - g \cdot t$

### Actividad resuelta 9

Un niño arroja una pelota hacia arriba con una velocidad de 12 m/s. Calcula la altura máxima que alcanza la pelota.

Se trata de un movimiento del tipo MRUA (su velocidad cambia y posee aceleración, la de la gravedad, que es constante).

Ecuación de la velocidad: $v = v_0 - g \cdot t \Rightarrow v = 12 - 9{,}8 \cdot t$

Ecuación de la posición: $h = v_0 \cdot t - \frac{1}{2} \cdot g \cdot t^2 \Rightarrow h = 12 \cdot t - \frac{1}{2} \cdot 9{,}8 \cdot t^2$

Cuando llega a su altura máxima, su velocidad se hace cero en ese instante (se detiene, para luego volver a caer). Por tanto, $v = 0$

$0 = 12 - 9{,}8 \cdot t \Rightarrow t = 1{,}2$ s tarda en alcanzar la altura máxima.

Sustituimos ese tiempo en la ecuación de la posición, para calcular la altura a la que se encuentra:

$$h = 12 \cdot 1{,}2 - 1/2 \cdot 9{,}8 \cdot 1{,}2^2 \Rightarrow h = 7{,}34 \text{ m}$$

## Actividades

19. Se lanza un cuerpo verticalmente hacia arriba con una velocidad de 50 m/s. Calcula la altura máxima alcanzada y el tiempo que tarda en alcanzarla.

20. Para hallar la altura de un edificio se deja caer un objeto desde su punto más alto y tarda 7 s en llegar al suelo. ¿Cuál es la altura del edificio?

# 4 • Fuerzas e interacciones

La **fuerza** es la medida de la intensidad de una interacción entre los cuerpos capaz de modificar su estado de reposo o de movimiento.

Su unidad en el Sistema Internacional es el **newton (N).**

Las interacciones entre los cuerpos pueden producirse por contacto o a distancia:

- **Interacciones por contacto:** se producen cuando dos objetos colisionan o cuando sus superficies se encuentran juntas.
- **Interacciones a distancia:** se producen sin que haya contacto entre los objetos que interaccionan.

| Interacciones fundamentales en la naturaleza | |
|---|---|
| Gravitatoria | Es la fuerza que ocasiona la atracción entre los cuerpos. Es muy débil pero de alcance infinito. Esta fuerza gobierna el movimiento de las galaxias, de las estrellas y de los planetas. Es la fuerza con que la Tierra atrae a los cuerpos causando la caída libre. |
| Electromagnética | Se debe a las interacciones entre cargas eléctricas de igual signo (interacción repulsiva) o de diferente signo (interacción atractiva). Mantiene ligados a los electrones con los protones del núcleo atómico y es la responsable de que se formen agregados estables de átomos. Se trata de una interacción de largo alcance, muchísimo más intensa que la interacción gravitatoria. |
| Nuclear fuerte | Es la más intensa de todas. Mantiene confinados a los protones y neutrones en el núcleo atómico y, por tanto, es una fuerza de muy corto alcance, ya que sus efectos solo se pueden apreciar a distancias inferiores al diámetro del núcleo atómico. |
| Nuclear débil | Su intensidad es mucho menor que la de la interacción nuclear fuerte. Es la responsable del fenómeno de la desintegración radiactiva de algunos núcleos atómicos. |

7 Si dos bolas de billar chocan, se produce una interacción por contacto.

8 El satélite y la Tierra interaccionan a distancia.

## Actividades

21. Pon dos ejemplos de interacciones que sean por contacto y dos interacciones que sean a distancia.

22. Explica qué tipo de interacción está presente en el movimiento de los planetas alrededor del Sol.

# 5 • Composición de fuerzas

Cuando sobre un cuerpo actúa más de una fuerza, hay que sumar o restar estas fuerzas para determinar la **fuerza resultante.**

Las fuerzas son magnitudes **vectoriales** y, por tanto, se representan mediante vectores. Sus elementos son:

- **Módulo:** es su intensidad, un número grande o pequeño, lo que depende de si la fuerza es intensa o débil, respectivamente.
- **Dirección:** es la de la recta donde se aplica la fuerza.
- **Sentido:** es el que apunta la flecha del vector fuerza.
- **Punto de aplicación:** es el punto de la recta donde se aplica la fuerza.

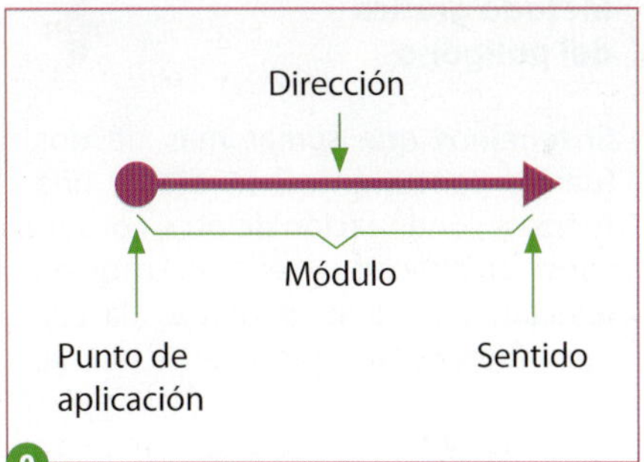


9 Las fuerzas se representan mediante vectores que tienen un módulo, una dirección, un sentido y un punto de aplicación.

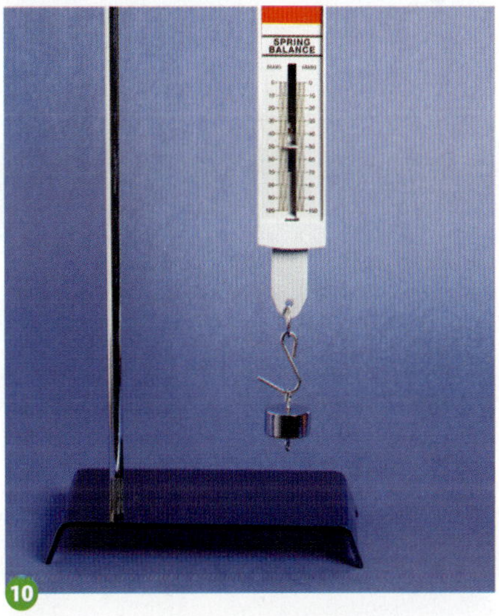

10 Las fuerzas se miden con dinamómetros, que son muelles calibrados.

## 5.1 • Composición de fuerzas con la misma dirección

Cuando las fuerzas que actúan sobre un cuerpo tienen la misma dirección, la fuerza resultante tendrá también esta misma dirección. Se pueden dar dos casos:

- **Fuerzas que tienen la misma dirección y sentido:** la fuerza resultante tiene la misma dirección y sentido que las fuerzas que actúan sobre el cuerpo, y su módulo es la suma de los módulos de las fuerzas (Ejemplo 5).

**Ejemplo 5**

Si dos perros tiran horizontalmente de dos cuerdas atadas a un trineo, con fuerzas de 10 N y de 15 N, respectivamente, la fuerza resultante es de 25 N.

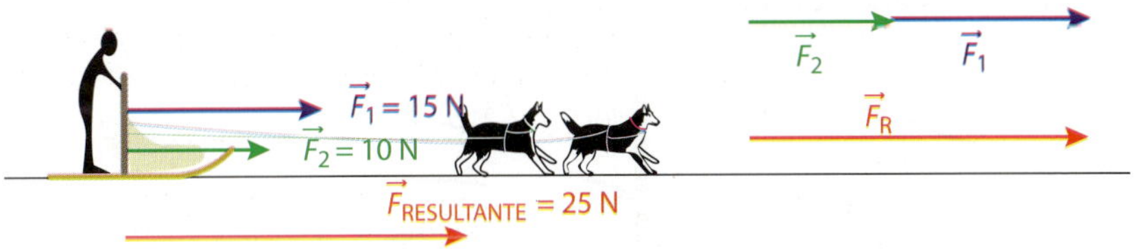


- **Fuerzas que tienen la misma dirección y sentidos opuestos:** la fuerza resultante tiene la misma dirección que las fuerzas que actúan sobre el cuerpo; su módulo es la diferencia entre los módulos de las fuerzas y su sentido es el de la fuerza que tiene mayor módulo (Ejemplo 6).

**Ejemplo 6**

Si dos personas tiran horizontalmente de una cuerda, con fuerzas de 10 N y de 15 N, respectivamente, en sentidos opuestos, la fuerza resultante tiene la dirección de la cuerda; su módulo es de 15 – 10 = 5 N, y su sentido es el de la fuerza de mayor intensidad, la que ejerce la persona más fuerte (la de 15 N).

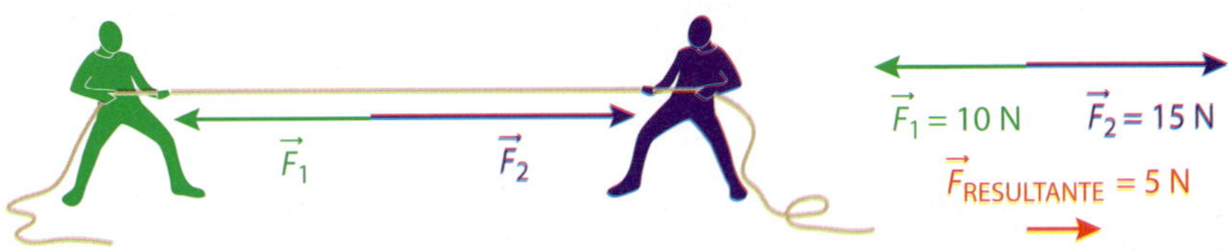


## Actividades

23. Dos personas empujan en el mismo sentido un frigorífico con fuerzas de 5 N y de 8 N, respectivamente. Si las fuerzas se aplican paralelamente al suelo, ¿cuál es la fuerza resultante? Realiza un esquema gráfico de la situación.

24. Dos equipos, A y B, tiran de una cuerda cada uno en un sentido. Si el equipo A tira con una fuerza de 150 N y el equipo B lo hace con una fuerza de 125 N, ¿cuál es la fuerza resultante? Realiza un esquema gráfico de la situación.

## Método gráfico del polígono

Si tenemos que sumar más de dos fuerzas concurrentes, se dibuja una fuerza a continuación de otra, conservando su dirección y sentido. La fuerza resultante tiene su origen en la primera fuerza y su extremo en la última.

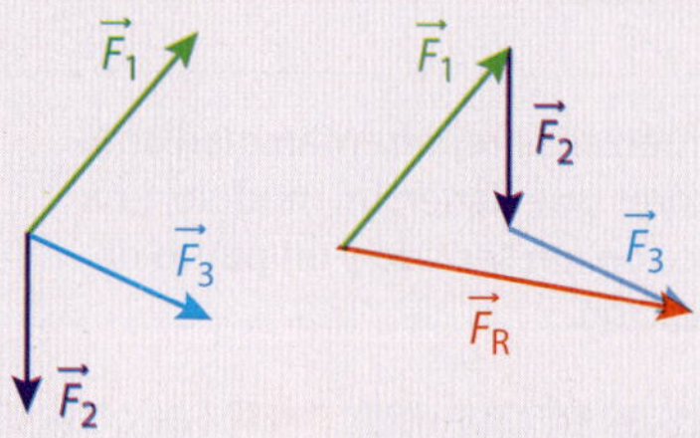


## 5.2 • Composición de fuerzas con distinta dirección

En muchas ocasiones, las fuerzas que actúan sobre un cuerpo tienen diferentes direcciones y forman un ángulo. Se pueden dar dos situaciones:

- **Fuerzas perpendiculares:** el cuadrado del módulo de la fuerza resultante es la suma de los cuadrados de los módulos de las fuerzas (teorema de Pitágoras): $F_R = \sqrt{F_1^{\ 2} + F_2^{\ 2}}$

### Actividad resuelta 10

Dos personas tiran de una anilla con una fuerza $F_1$ de 4 N y otra fuerza $F_2$ de 3 N, como se muestra en la imagen. ¿Cuál es la fuerza resultante?

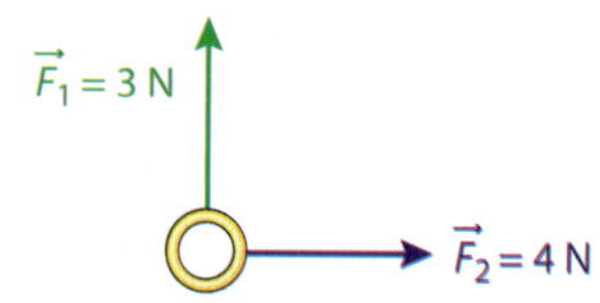


Para calcular la fuerza resultante, aplicamos el teorema de Pitágoras:

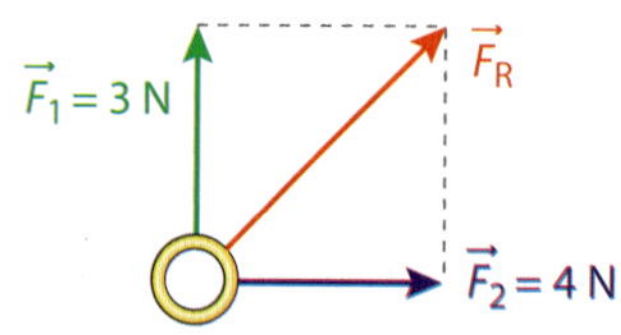


$$F_R = \sqrt{F_1^{\ 2} + F_2^{\ 2}} = \sqrt{4^2 + 3^2} = 5 \text{ N}$$

- **Fuerzas que forman un ángulo distinto de 90°:** para sumar las fuerzas se emplea la regla gráfica del paralelogramo. Se trazan rectas paralelas desde los extremos de las fuerzas; se formará un paralelogramo y la fuerza resultante coincide con la diagonal de este paralelogramo.

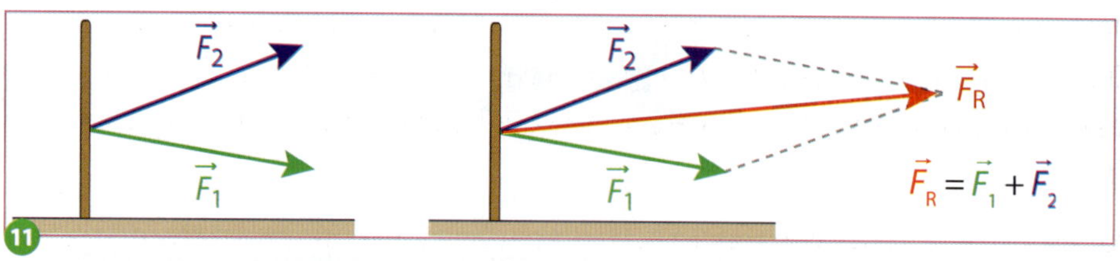


11 Regla gráfica del paralelogramo.

## 5.3 • Situación de equilibrio

Un cuerpo está en equilibrio si la suma de las fuerzas que actúan sobre él es **cero.** Si dos fuerzas tienen el mismo módulo y la misma dirección pero sus sentidos son opuestos, la suma de dichas fuerzas es igual a cero.

### Ejemplo 7

En los casos siguientes, la anilla está en equilibrio:

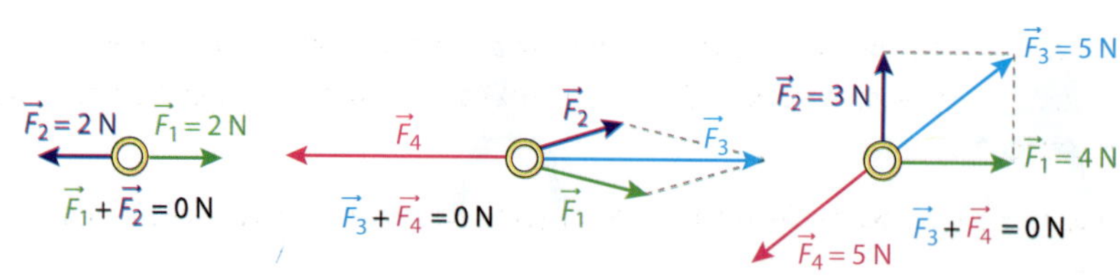


## Actividades

25. Dibuja en tu cuaderno la fuerza que actúa sobre una anilla en estas situaciones:

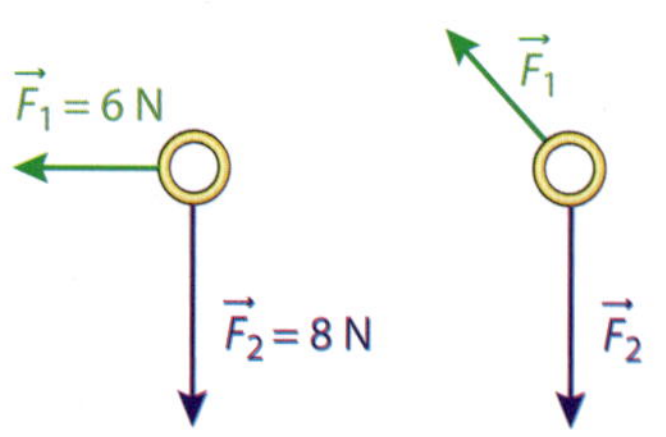


26. En tu cuaderno, determina la fuerza que haría estar en equilibrio a la anilla en las siguientes situaciones:

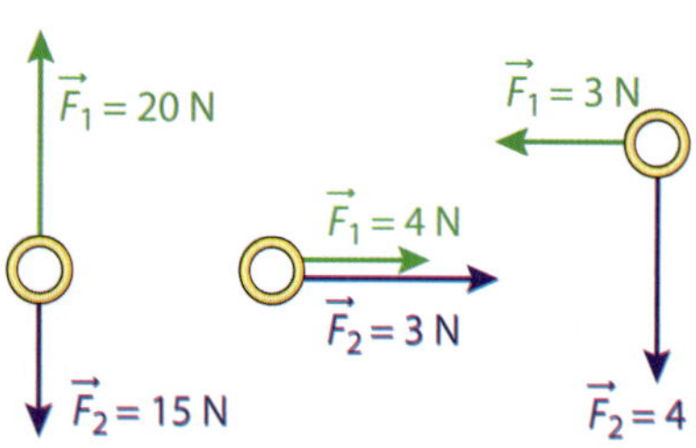

# 6 • Las leyes de la dinámica

En el año 1684, el científico inglés Isaac Newton publicó la obra titulada *Principios matemáticos de filosofía natural.* En dicha obra expone las leyes de la dinámica o leyes del movimiento de los cuerpos. Estas tres leyes, describen la relación entre un cuerpo y las fuerzas que actúan sobre él. Gracias a ellas Newton explicó el movimiento de los objetos y diversos sistemas físicos.

Newton supuso que la masa de los cuerpos estaba concentrada en un punto llamado **centro de masa** o **centro de gravedad.** Así, los cuerpos se pueden tratar como si fueran partículas puntuales.

## 6.1 • Primera ley de la dinámica: ley de la inercia

La **primera la ley de la dinámica** afirma que todo objeto mantendrá su estado de reposo o de movimiento en línea recta con velocidad constante, a no ser que sobre este cuerpo actúen fuerzas que le obliguen a cambiar dicho estado.

Suponemos que tenemos dos carritos de supermercado, uno vacío y otro lleno con la compra de la semana. Será más difícil poner en movimiento el carrito lleno que el vacío. Si los dos carritos anteriores están en movimiento, será más difícil detener el carrito lleno. En ambos casos es necesario que actúe una fuerza para cambiar el estado de reposo o de movimiento que tienen los carritos.

El hecho de que sea más difícil cambiar el estado de reposo o de movimiento del carrito que está lleno se explica por la **inercia.**

Decimos que la masa de los cuerpos es la medida cuantitativa de su inercia. Cuanto mayor es la masa, mayor es la inercia o, lo que es lo mismo, mayor es la resistencia que presentan los cuerpos a que les cambien su estado de reposo o de movimiento.

Por ello, es más difícil cambiar el estado de reposo o de movimiento del carrito que está lleno, porque tiene más masa que el carrito que está vacío.

**Primera ley de Newton** ?

Según la primera ley de Newton, un cuerpo en movimiento tiende a seguir en movimiento si no hay una fuerza que lo detenga.

Al caer un ciclista de la bicicleta, este tenderá a seguir moviéndose con la misma dirección y velocidad que llevaba.

## Actividades

27. Un elefante y una hormiga están en reposo. Si se les empuja con la misma fuerza, ¿a cuál es más fácil poner en movimiento? ¿Cómo lo explicas?

28. En una furgoneta que reparte periódicos se observa que, al acelerar, los periódicos se mueven hacia atrás, pero cuando frena, los periódicos se mueven hacia delante. ¿Cómo explicas estos hechos?

29. ¿Por qué crees que es importante llevar puesto el cinturón de seguridad en los coches?

30. Trata de explicar por qué un automóvil en movimiento, con el motor desconectado, se detiene al cabo de un tiempo y por qué para arrastrar una caja por el suelo hay que empujarla continuamente.

31. ¿Por qué crees que no se deben colocar objetos sobre las repisas del salpicadero de un vehículo?

## 6.2 • Segunda ley de la dinámica

La **segunda ley de la dinámica** afirma que, cuando sobre un cuerpo actúa una fuerza, dicho cuerpo adquiere una aceleración.

Esta aceleración no depende únicamente de la fuerza aplicada, sino que también depende de la masa del cuerpo.

La expresión matemática de la segunda ley de la dinámica es:

$$F = m \cdot a$$

La anterior expresión se conoce con el nombre de **ecuación fundamental de la dinámica.**

La unidad de medida de la fuerza en el Sistema Internacional es el **newton (N),** y por la anterior ecuación sabemos que "una fuerza es de 1 N cuando aplicada sobre un cuerpo de 1 kg le proporciona una aceleración de 1 m/s$^2$".

### Actividad resuelta 11

Calcula qué fuerza le proporciona el motor a un coche de 2 000 kg para que adquiera una aceleración de 0,5 m/s$^2$.

Si aplicamos la segunda ley de la dinámica, se obtiene:

$$F = m \cdot a = 2\,000 \cdot 0{,}5 = 1\,000 \text{ N}$$

El motor proporciona una fuerza de 1 000 N.

### Actividad resuelta 12

¿Qué aceleración adquieren dos cuerpos de masas $m_1 = 100$ kg y $m_2 = 50$ kg si se les aplica una misma fuerza de 2 000 N?

De la expresión matemática de la segunda ley de la dinámica despejamos el valor de la aceleración:

$$F = m \cdot a \Rightarrow a = \frac{F}{m}$$

Aplicamos la fórmula para los datos de las dos masas y obtenemos:

$$a_1 = \frac{F}{m_1} = \frac{2000}{100} = 20 \text{ m/s}^2 \quad a_2 = \frac{F}{m_2} = \frac{2000}{50} = 40 \text{ m/s}^2$$

Por tanto, el cuerpo de masa $m_1$ adquiere una aceleración de 20 m/s$^2$ y el cuerpo de masa $m_2$ de 40 m/s$^2$.

El cuerpo de masa $m_2$ adquiere el doble de aceleración que el cuerpo de masa $m_1$, ya que tiene la mitad de masa que el cuerpo de masa $m_1$.

### Fuerzas en las interacciones entre dos cuerpos

En las interacciones entre dos cuerpos siempre aparecen pares de fuerzas.

Las fuerzas tienen la misma intensidad (módulo) y dirección, pero sus sentidos son opuestos.

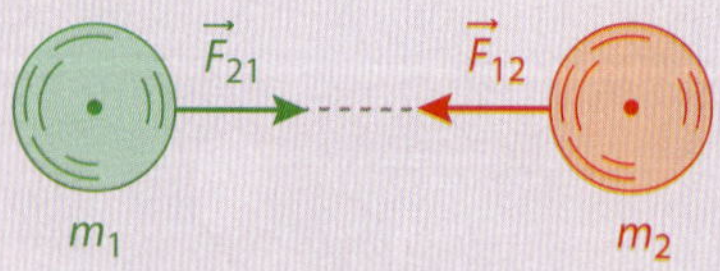


$\vec{F}_{21}$: fuerza que ejerce la masa 2 ($m_2$) sobre la masa 1 ($m_1$).

$\vec{F}_{12}$: fuerza que ejerce la masa 1 ($m_1$) sobre la masa 2 ($m_2$).

## 6.3 • Tercera ley de la dinámica: principio de acción y reacción

La **tercera ley de la dinámica** afirma que cuando un cuerpo ejerce una fuerza sobre otro, recibe de este una fuerza de la misma intensidad y dirección, pero de sentido opuesto.

Es decir, en las interacciones siempre aparecen pares de fuerzas. Cuando un cuerpo ejerce una fuerza (acción) sobre otro, este ejerce sobre el primero una fuerza de la misma intensidad y dirección, pero de sentido contrario (reacción).

Las fuerzas de **acción** y **reacción** se ejercen simultáneamente entre los cuerpos y no se anulan porque se aplican sobre cuerpos diferentes.

Por ejemplo, al completar un largo de la piscina los nadadores se impulsan con la pared para continuar con la competición. Este impulso genera la misma fuerza pero de sentido contrario.

## Actividades

32. Se tienen dos partículas de la misma masa. Si sobre la partícula 1 se aplica una fuerza que es el doble de la fuerza que se aplica sobre la partícula 2, ¿cómo son entre sí las aceleraciones que adquieren las partículas?

33. Si acoplamos una bombona de gas en la parte de atrás de un triciclo y dejamos salir el gas, ¿qué ocurre? Trata de explicar el fenómeno mediante la tercera ley de la dinámica.

# 7 • Fuerzas de interés en la naturaleza

Las fuerzas se manifiestan en la naturaleza de diferentes maneras, y sus efectos pueden percibirse. Vamos a estudiar algunas de estas fuerzas.

## 7.1 • Fuerza gravitatoria

En su obra *Principios matemáticos de filosofía natural*, Newton también enunció la ley de la gravitación universal, que explica el movimiento de los cuerpos en la Tierra y los movimientos planetarios.

La **ley de la gravitación universal** afirma que, cuando dos cuerpos interaccionan, la fuerza con la que se atraen es directamente proporcional al producto de sus masas, e inversamente proporcional al cuadrado de la distancia que los separa.

Esta fuerza se denomina **fuerza gravitatoria:**

$$F = G \frac{m_1 \cdot m_2}{r^2}$$

En esta fórmula, $F$ es el módulo de la fuerza, $m_1$ y $m_2$ son las masas de los cuerpos, $r$ es la distancia que los separa y $G$ es la constante de gravitación universal, que no depende ni de las masas ni del medio en el que se encuentran:

$$G = 6{,}67 \cdot 10^{-11} \frac{\mathrm{N \cdot m^2}}{\mathrm{kg^2}}$$

**Las mareas**

Antes de conocerse la ley de la gravitación, los habitantes de las costas sospechaban que había una relación entre las mareas y la Luna, pero no sabían explicar por qué había cuatro mareas en un día.

Fue Newton quien explicó que las mareas se debían a la diferente atracción gravitacional de la Luna sobre las caras opuestas de la Tierra.

### Actividad resuelta 13

Si la masa de Ester es de 60 kg y se encuentra en la superficie de la Tierra, ¿con qué fuerza le atrae la Tierra? ¿Con qué fuerza atrae Ester a la Tierra?

*Datos:* masa de la Tierra: $5{,}98 \cdot 10^{24}$ kg; radio de la Tierra: 6 370 km

La fuerza con la que la Tierra atrae a Ester es la misma con la que Ester atrae a la Tierra. Dicha fuerza es la fuerza gravitatoria. La distancia entra la Tierra y Ester, en la superficie terrestre, es igual al radio de la Tierra. Sustituimos los datos (en unidades del SI) en la expresión de la fuerza gravitatoria y obtenemos:

$$F = G \frac{m_1 \cdot m_2}{r^2} = 6{,}67 \cdot 10^{-11} \frac{5{,}98 \cdot 10^{24} \cdot 60}{(6{,}37 \cdot 10^6)^2} = 587{,}8\ \mathrm{N}$$

De acuerdo a la segunda ley de la dinámica, esta fuerza hace que Ester y la Tierra estén acelerados. Si despejamos el valor de la aceleración de la expresión matemática, obtenemos:

$$F = m \cdot a \Rightarrow a = \frac{F}{m}$$

Aplicamos la fórmula para los datos de las dos masas y obtenemos:

$$\text{Tierra} \rightarrow a_1 = \frac{F}{m_1} = \frac{587{,}8}{5{,}98 \cdot 10^{24}} = 9{,}8 \cdot 10^{-23}\ \mathrm{m/s^2} \qquad \text{Ester} \rightarrow a_2 = \frac{F}{m_2} = \frac{587{,}8}{60} = 9{,}8\ \mathrm{m/s^2}$$

Como observamos en los resultados, el efecto de la interacción entre la Tierra y los cuerpos que están en ella es insignificante para la Tierra: la aceleración que adquiere es extremadamente pequeña. Sin embargo, es muy relevante para los cuerpos que están en la superficie, ya que la aceleración que adquieren es bastante más alta. Se trata del valor de $g$, la aceleración de la gravedad terrestre.

## 7.2 • La fuerza peso

El **peso** es la manifestación de la atracción gravitatoria que ejerce un astro, como la Tierra, sobre un cuerpo que está en sus cercanías.

Su expresión matemática es: $\boldsymbol{F = m \cdot g}$

Donde $m$ es la masa del cuerpo y $g$ es la aceleración de la gravedad del astro.

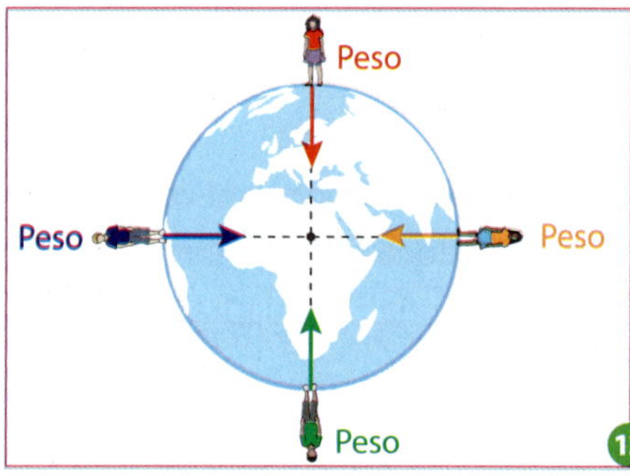


12 La fuerza peso se aplica sobre el centro de gravedad del cuerpo, su dirección es la de la vertical del lugar en el que se encuentra el cuerpo, sobre la Tierra, y su sentido apunta hacia el centro de la Tierra.

### Diferencias entre masa y peso +

| Masa ($m$) | Peso ($F = m \cdot g$) |
|---|---|
| Magnitud escalar | Magnitud vectorial (fuerza) |
| Unidad SI: kg | Unidad SI: N |
| Se mide con una balanza | Se mide con un dinamómetro |
| Invariable | Variable, ya que depende de $g$ |

### Actividad resuelta 14

Halla el peso de una persona de 75 kg en la Tierra ($g$ = 9,8 m/s$^2$) y en la Luna ($g$ = 1,63 m/s$^2$).

En la Tierra, la persona tiene un peso de: $F = m \cdot g = 75 \cdot 9{,}8 = 735$ N

En la Luna, la persona tiene un peso de: $F = m \cdot g = 75 \cdot 1{,}63 = 122{,}25$ N

## 7.3 • La fuerza normal

Si hay objetos apoyados sobre una superficie, esta ejerce sobre ellos una fuerza llamada **normal,** que es perpendicular a la superficie sobre la que se encuentra el cuerpo.

Por ejemplo, si tenemos un cuerpo que se apoya sobre un plano horizontal y sobre un plano inclinado, respectivamente, la fuerza normal se representaría como se muestra:

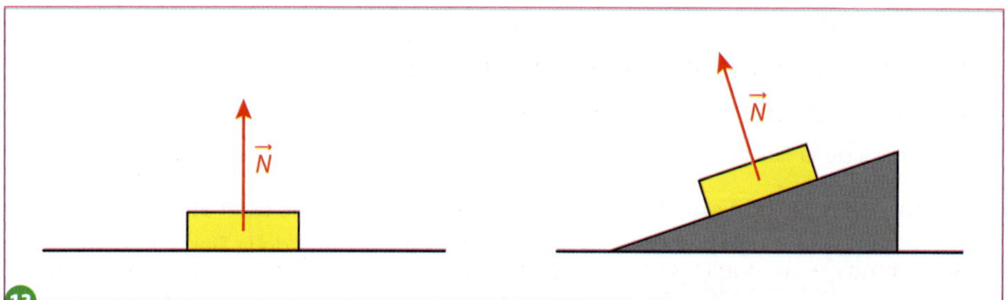


13 Fuerzas normales en cuerpos sobre plano horizontal y plano inclinado.

### Intensidad de la fuerza normal en un plano horizontal +

En un plano horizontal, la fuerza normal tiene la misma intensidad que la fuerza peso:

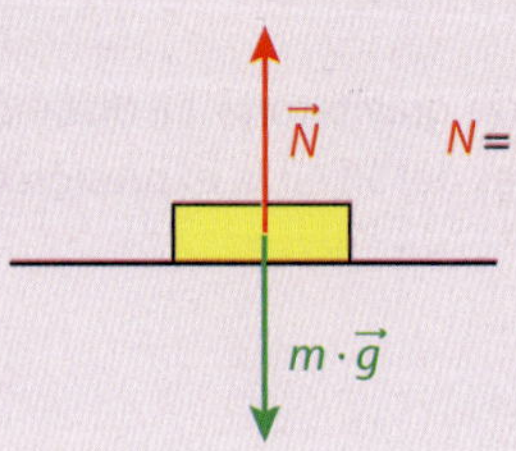


## Actividades

34. Si la masa son 70 kg y el peso 271,8 N en Mercurio, ¿cuál es la aceleración de la gravedad en este planeta? ¿Cuál será la masa y el peso de esa persona en la Tierra?

35. Determina cuál es el valor de la fuerza normal en los casos que muestran las imágenes:

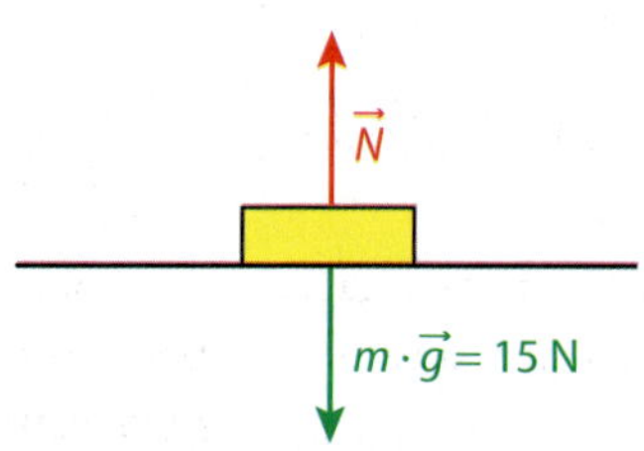


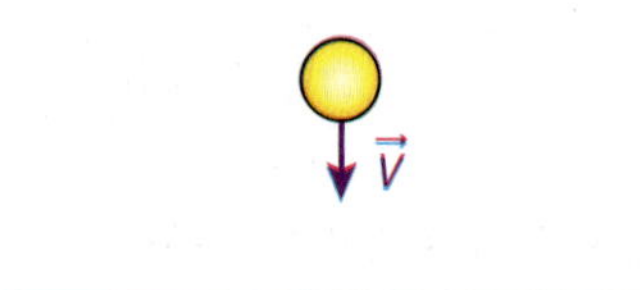

## 7.4 • La fuerza de rozamiento

La **fuerza de rozamiento** es aquella fuerza que surge cuando dos cuerpos están en contacto y se deslizan el uno sobre el otro; es paralela a las superficies de los cuerpos y se opone al movimiento de un cuerpo sobre otro.

Su expresión matemática es la siguiente: $\boldsymbol{F_R = \mu \cdot N}$

Donde $\boldsymbol{F_R}$ es la fuerza de rozamiento; $\boldsymbol{N}$ es la fuerza normal y $\boldsymbol{\mu}$ es el coeficiente de rozamiento característico de cada superficie (será mayor si la superficie es rugosa que si es lisa). El coeficiente es un número comprendido entre 0 y 1 y no tiene unidades.

Las fuerzas de rozamiento nos permiten andar por el suelo, son responsables de que los cuerpos apoyados sobre el suelo no se desplacen, hacen posible el frenado de los objetos, etc. También son las responsables del desgaste de las superficies de los cuerpos en contacto.

**Características de la fuerza de rozamiento**

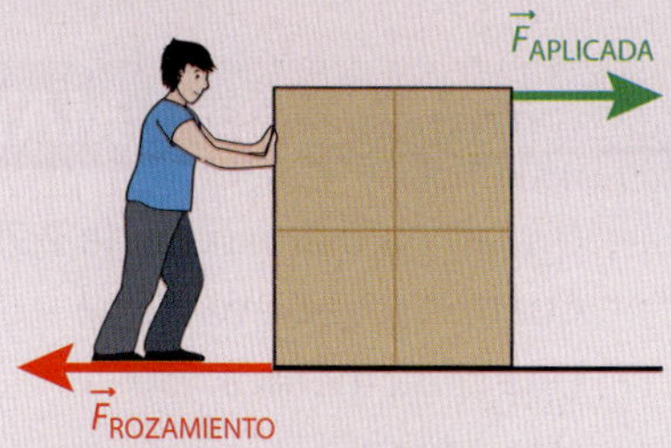


- Es proporcional al peso del cuerpo que se desliza. Cuanto más pesado es el objeto, mayor es la fuerza de rozamiento.
- Depende de la naturaleza de las superficies en contacto (no es lo mismo deslizar por el suelo el borrador de la pizarra sobre la parte de madera que sobre la parte de fieltro).
- No depende del tamaño de las áreas de contacto de los cuerpos.
- Cuanto mayor es la velocidad del cuerpo, mayor es la fuerza de rozamiento.

## 7.5 • Fuerzas elásticas. Ley de Hooke

Cuando se cuelga una masa del extremo de un muelle, que es un cuerpo elástico, este se alarga, se deforma, debido al peso de la masa. Cuanto mayor sea la masa colgada del muelle, mayor será el estiramiento del muelle.

Este hecho experimental se expresa en la **ley de Hooke:**

$$\boldsymbol{F = k \cdot \Delta L}$$

Donde:

- $\boldsymbol{k}$ es la constante elástica del muelle. Sus unidades en el SI son newton/metro (N/m).
- $\boldsymbol{\Delta L}$ es lo que se ha estirado el muelle. $\Delta L = L - L_0$
- $L_0$: longitud inicial del muelle; $L$: longitud final del muelle.
- La unidad de longitud en el SI es el metro (m).

### Actividad resuelta 15

Del extremo de un muelle de constante elástica 15 N/m, cuya longitud es de 10 cm, se cuelga una masa que hace que la longitud final del muelle sea de 16 cm. ¿Cuál es el peso de esta masa?

En primer lugar expresamos las unidades de longitud en unidades del Sistema Internacional: 10 cm = 0,10 m y 16 cm = 0,16 m

Sustituimos los datos en la expresión matemática de la ley de Hooke:

$$F = k \cdot \Delta L = 15 \cdot (0{,}16 - 0{,}10) = 0{,}9 \text{ N}$$

Es decir, el peso de la masa es de 0,9 N.

## Actividades

36. Un cuerpo que se mueve sobre un plano horizontal tiene una masa de 2 kg. Determina cuál es la fuerza de rozamiento si el coeficiente de rozamiento es de 0,24.

37. Sobre un muelle de constante elástica 20 N/m se cuelga un peso de 12 N. Determina cuánto se ha deformado el muelle y elabora en tu cuaderno un dibujo esquemático.

## Observación de un movimiento rectilíneo uniformemente acelerado

En el movimiento rectilíneo uniformemente acelerado, un objeto describe una trayectoria rectilínea con aceleración constante. En esta técnica mediremos un movimiento rectilíneo uniformemente acelerado.

### MATERIAL

- Un tablón de madera de 2,20 m de longitud y 16 cm de ancho.
- Cuatro tacos de madera.
- Una cinta métrica.
- Una canica.
- Un cronómetro.
- Una regla milimetrada.
- Papel milimetrado.

1

2

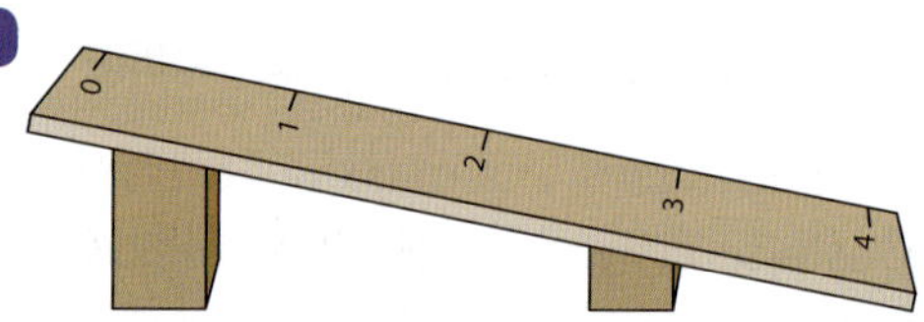

3

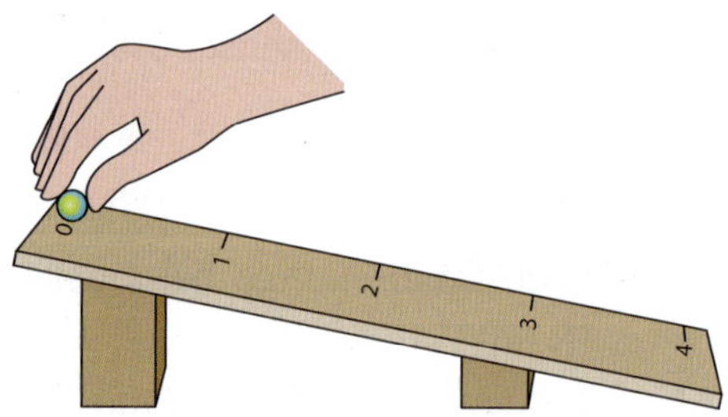

4

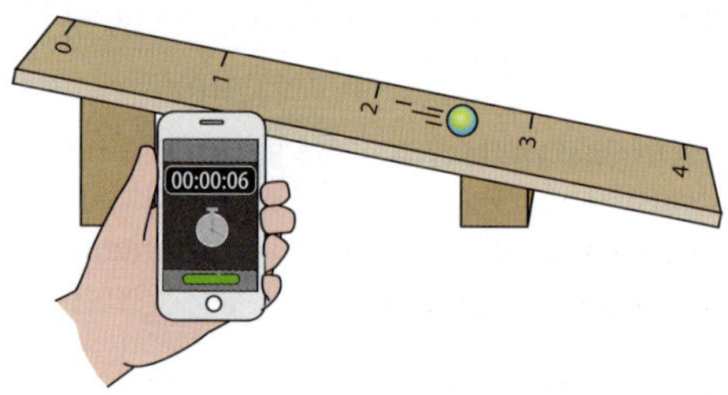


### PROCEDIMIENTO

1. Con ayuda de la cinta métrica realiza cuatro marcas, espaciadas por 50 cm, en el tablón de madera y numéralas (1, 2, 3 y 4).
2. Eleva ligeramente un extremo del tablón, con unos tacos de madera, para conseguir el plano inclinado con el que vas a estudiar el MRUA.
3. Coloca la canica al inicio (posición 0) del plano inclinado y déjala caer.
4. Mide el tiempo que tarda la canica en llegar a cada marca. Repite esta medida al menos tres veces con cada una de las marcas. El tiempo que tarda en llegar a cada marca será la media de los tres tiempos tomados.
5. Completa en tu cuaderno la siguiente tabla:

| **Posición ($x$)** | **Marca 1 (50 cm)** | **Marca 2 (100 cm)** | **Marca 3 (150 cm)** | **Marca 4 (200 cm)** |
|---|---|---|---|---|
| **Tiempo ($t$)** | .... | .... | .... | .... |

## Actividades

1. Realiza un informe de laboratorio de la experiencia.
2. Determina que la aceleración de la canica en cada una de las cuatro marcas es constante
3. Determina la velocidad de la canica para cada instante de tiempo ($t$).
4. Representa, en papel milimetrado, las gráficas espacio – tiempo ($x - t$) y velocidad – tiempo ($v - t$) con los datos obtenidos anteriormente. ¿Corresponden a las gráficas de un MRUA? Representa las gráficas también con una hoja de cálculo.

**1.** Responde a la siguiente pregunta: ¿está la cama de tu habitación en reposo o en movimiento? Justifica tu respuesta.

**2.** Pon ejemplos de objetos móviles que haya en tu entorno que describan una trayectoria rectilínea, una trayectoria circular y una trayectoria parabólica.

**3.** ¿Qué trayectoria describe la Luna si su movimiento se observa desde la Tierra? ¿Qué trayectoria describe la Luna si su movimiento se observara desde el Sol?

**4.** En el instante inicial, un móvil que se mueve en línea recta se encuentra en $x = -10$ m. Dos segundos más tarde, se encuentra en $x = +2$ m. ¿Qué desplazamiento ha efectuado? ¿Qué espacio habrá recorrido?

**5.** En un viaje, la velocidad media de un autobús ha sido de 70 km/h. Si ha tardado 1,5 h en llegar a su destino, ¿qué distancia ha recorrido?

**6.** En un automóvil, que se mueve en línea recta, el cuentakilómetros marca 30 km/h, y pasados unos segundos marca 60 km/h. ¿Se mueve con aceleración?

**7.** Si la velocidad del sonido en el aire es de 340 m/s, ¿cuánto tiempo tarda una persona en oír el sonido de un trueno de una tormenta que se encuentra a 75 km?

**8.** El conductor de un vehículo que circula a 108 km/h por una carretera ve un obstáculo y frena con una aceleración de $-5$ m/s$^2$.
a) ¿Cuánto tiempo tarda en pararse el vehículo?
b) ¿Qué espacio recorre antes de detenerse?

**9.** Un coche que lleva una velocidad inicial de 4 m/s, acelera durante 15 segundos con aceleración constante de 2,5 m/s$^2$.
a) ¿Qué velocidad tendrá a los 15 segundos?
b) ¿Qué espacio habrá recorrido en dicho tiempo?

**10.** Un móvil parte del reposo y se mueve en línea recta con una aceleración constante de 0,75 m/s$^2$. Cuando ha recorrido 70 m, ¿cuál es su velocidad?

**11.** Desde la ventana de un quinto piso se cae un objeto y tarda 4 s en llegar al suelo. ¿A qué altura está dicho piso y con qué velocidad llega al suelo el objeto?

**12.** Si se lanza una pelota verticalmente con una velocidad de 20 m/s:
a) ¿Qué velocidad lleva cuando ha transcurrido 1 s desde su lanzamiento?
b) ¿A qué altura se encuentra en ese tiempo?

**13.** ¿Cuál es la interacción más débil de la naturaleza? ¿A qué crees que se debe que sea tan débil?

**14.** Cuando una manzana está en el árbol, ¿qué interacción hace posible que esté unida al manzano? Si la manzana cae hacia el suelo, ¿qué interacción hace posible esta caída?

**15.** Dos personas empujan, en el mismo sentido, un bloque con fuerzas de 10 N y de 8 N, respectivamente. Si las fuerzas se aplican paralelamente al suelo, ¿cuál es la fuerza resultante? Realiza un esquema gráfico de la situación.

**16.** Dos equipos tiran, con sentidos opuestos, de una cuerda con fuerzas de 110 N cada una. Si las fuerzas se aplican paralelamente al suelo, ¿cuál es la fuerza resultante? Realiza un esquema gráfico de la situación.

**17.** Una barca, que se encuentra en un río, está sometida a dos fuerzas perpendiculares entre sí. La fuerza debida a la corriente es de 15 N, mientras que la fuerza debida al movimiento de los remos es de 12 N. Determina la fuerza resultante que actúa sobre la barca. Realiza un esquema gráfico de la situación.

**18.** Dibuja en tu cuaderno la fuerza resultante y calcula su valor para los siguientes casos:

a) b) c)

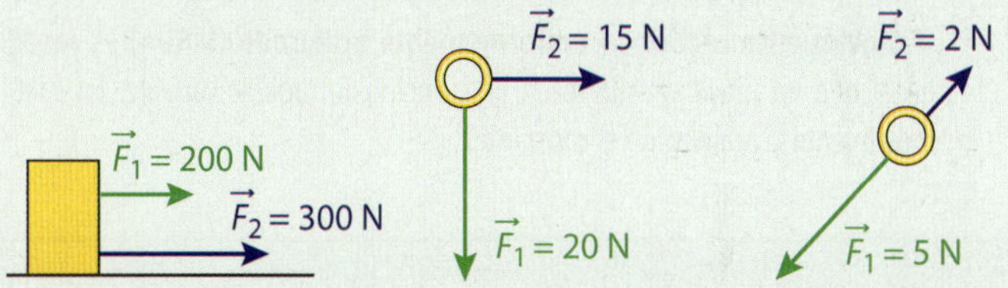


**19.** Dibuja en tu cuaderno la fuerza resultante para los siguientes casos:

a) b) c)

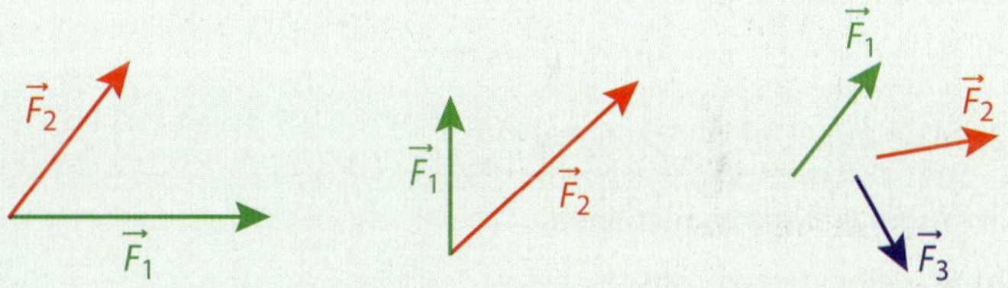


**20.** Se aplica una fuerza de 25 N sobre un bloque de 20 kg. Si se considera despreciable la fuerza de rozamiento, ¿qué aceleración se le comunica al bloque?

**21.** Determina la masa de un cuerpo sobre el que actúa una fuerza de 400 N, si sabemos que consigue comunicarle una aceleración de 5 m/s$^2$.

**22.** Un coche de 2 000 kg pasa de 54 km/h a 72 km/h en 4 s. ¿Cuál es su aceleración supuesta constante? ¿Qué fuerza actúa sobre el coche?

**23.** Un satélite de 600 kg de masa gira alrededor de la Tierra describiendo una órbita circular de $8 \cdot 10^7$ m de radio. Calcula la fuerza gravitatoria que lo mantiene en órbita.

**24.** Dos masas iguales, separadas por una distancia de 2 m, se atraen con una fuerza de 0,45 N. ¿Cuál es el valor de las masas?

Datos: $G = 6{,}67 \cdot 10^{-11}$ N $\cdot \dfrac{m^2}{kg^{-2}}$; $M_T = 6 \cdot 10^{24}$ kg

**25.** La masa de un cuerpo en la Tierra es de 30 kg. Si en Marte el cuerpo pesa 111 N, ¿cuál es la aceleración de la gravedad en ese planeta?

# 8 IDEAS CLAVE Y AUTOEVALUACIÓN

### Elementos del movimiento

- La **trayectoria** es la línea geométrica que describe un objeto al desplazarse respecto de un sistema de referencia.
- El **desplazamiento** es la distancia medida en línea recta, entre la posición final y la inicial. El **espacio recorrido** por un móvil es la distancia medida sobre la trayectoria entre la posición final y la inicial.
- La **velocidad** de un móvil es la rapidez con la que cambia de posición. La **aceleración** es la rapidez con la que varía la velocidad.

### Movimientos rectilíneo uniforme y rectilíneo uniformemente acelerado

- El **movimiento rectilíneo uniforme (MRU)** es aquel en el que un móvil describe una trayectoria rectilínea con rapidez constante.
- El **movimiento rectilíneo uniformemente acelerado (MRUA)** es aquel en el que un móvil se mueve en línea recta con rapidez variable. En este movimiento la aceleración es constante.

### Fuerzas e interacciones

- La **fuerza** es la medida de la intensidad de una interacción entre los cuerpos capaz de modificar sus estados de reposo o de movimiento.
- Interacciones fundamentales en la naturaleza: **gravitatoria, electromagnética, nuclear fuerte** y **nuclear débil.**

### Las leyes de la dinámica

- La **primera ley de la dinámica** afirma que todo objeto mantendrá su estado de reposo o de movimiento en línea recta con rapidez constante, a no ser que sobre dicho cuerpo actúen fuerzas que le obliguen a cambiar dicho estado.
- La **segunda ley de la dinámica** afirma que, cuando sobre un cuerpo actúa una fuerza, dicho cuerpo adquiere una aceleración.
- La **tercera ley de la dinámica** afirma que, cuando dos cuerpos interaccionan, se ejercen entre sí fuerzas de la misma intensidad y dirección, pero de sentidos opuestos.

---

**Anota en tu cuaderno la opción correcta:**

1. El espacio recorrido por un móvil:

a) Es el desplazamiento.
b) Es la distancia medida sobre la trayectoria.
c) Es la trayectoria.
d) Es la distancia medida en línea recta.

2. Si un móvil no lleva aceleración:

a) Su trayectoria es rectilínea.
b) Su velocidad es constante.
c) Su velocidad es variable.
d) Su trayectoria es circular.

3. Si un coche se mueve en línea recta con aceleración constante:

a) Su movimiento es MRU.
b) Su movimiento es MRUA.
c) Su movimiento es variable.
d) Su movimiento es acelerado.

4. La caída libre es:

a) Un MRU.
b) Un MRUA.
c) Un movimiento forzado.
d) Un movimiento decelerado.

5. En el lanzamiento vertical:

a) La velocidad del objeto aumenta.
b) La aceleración del objeto aumenta.
c) La velocidad del objeto es constante.
d) La aceleración del objeto es constante.

6. Las fuerzas pueden modificar:

a) Solo el estado de reposo de los cuerpos.
b) Solo el estado de movimiento de los cuerpos.
c) Solo la forma de los cuerpos.
d) El estado de reposo o de movimiento de los cuerpos.

7. Cuando un imán atrae a una aguja:

a) La interacción se produce por contacto.
b) La interacción se produce a distancia.
c) No hay interacción.
d) La interacción es gravitatoria.

8. Si dos fuerzas son perpendiculares, la fuerza resultante:

a) Se halla restando el módulo de las fuerzas.
b) Se halla sumando el módulo de las fuerzas.
c) Es nula.
d) Se halla con el teorema de Pitágoras.

9. Si se aplica una fuerza a dos cuerpos diferentes:

a) Se acelera más el de mayor masa.
b) Se acelera más el de menor masa.
c) Sus aceleraciones son iguales.
d) Se acelera menos el de menor masa.

10. Si la masa de un objeto es de 10 kg:

a) Tiene un peso en la Tierra de 10 N.
b) Tiene un peso en la Tierra de 98 kg.
c) Tiene un peso en la Tierra de 98 N.
d) Tiene un peso en la Tierra de 10 kg.

# Unidad 9

# Energía eléctrica

## SUMARIO

- La corriente eléctrica
- Circuitos y centrales eléctricas
- Transporte y distribución de la energía eléctrica
- Consumo y ahorro energético
- Prevención de riesgos eléctricos

## TÉCNICAS DE TRABAJO

- Construcción de un electroscopio casero

# 1 • La corriente eléctrica

El fundamento de la electricidad se encuentra en los **átomos,** que están compuestos por un núcleo con **protones** (con carga eléctrica positiva) y **neutrones** (sin carga eléctrica), alrededor de los cuales orbitan **electrones** (con carga negativa).

Los átomos tienden a mantener una carga eléctrica neutra, pero los electrones pueden transferirse de un átomo a otro, lo que provoca un flujo de estos electrones entre los átomos. Este desplazamiento de cargas por el interior de la materia es lo que se conoce como **corriente eléctrica.**

## 1.1 • Electrización de los cuerpos

Los átomos pueden adquirir carga eléctrica ganando o perdiendo electrones. Si ganan electrones se quedan cargados negativamente y si pierden electrones se quedan cargados positivamente. Los cuerpos pueden adquirir carga eléctrica de tres maneras diferentes:

- **Por frotamiento:** cuando se frotan dos cuerpos entre sí, uno de los cuerpos adquiere carga positiva o negativa según la facilidad con la que pierde o gana electrones en comparación al otro cuerpo. Por ejemplo, si se frota una barra de vidrio con lana, el vidrio se carga positivamente y la lana negativamente.
- **Por contacto:** si se toca con una barra cargada negativamente una esfera metálica neutra, pasan electrones de la barra a la esfera y ambos objetos adquieren carga negativa.

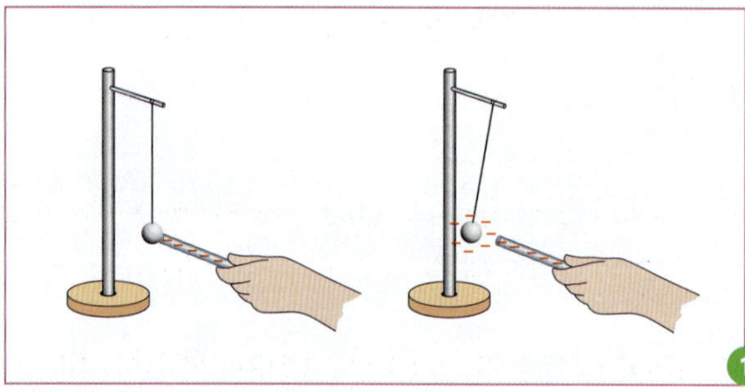

1 Electrización por contacto.

- **Por inducción:** si se se acerca un cuerpo electrizado a un cuerpo neutro, se establece una interacción eléctrica entre las cargas del primero y las del cuerpo neutro. Como resultado de esta interacción, la distribución inicial se altera: el cuerpo electrizado provoca el desplazamiento de los electrones libres del cuerpo neutro. Se dice que aparecen cargas eléctricas inducidas.

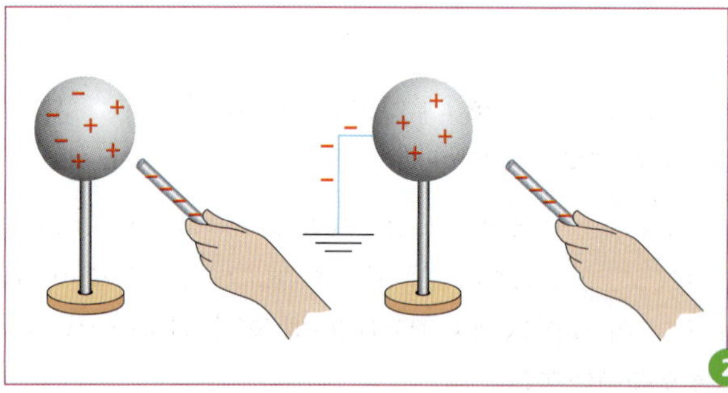

2 Electrización por inducción.

## Actividades

1. Busca información para explicar por qué los protones no pueden abandonar el átomo para producir energía eléctrica.

2. Investiga o experimenta qué sucede en los siguientes casos:

a) Si frotamos una varilla de vidrio con papel de periódico.
b) Si frotamos un globo con un jersey de lana.

3. Explica por qué, en ocasiones, sentimos una descarga cuando vamos a introducir la llave en la cerradura.

## 1.2 • Magnitudes eléctricas

Las principales magnitudes eléctricas son las siguientes:

### Carga eléctrica

La **carga eléctrica** es el exceso o defecto de electrones que posee un determinado objeto a consecuencia del flujo de electrones entre átomos.

Los materiales que permiten el paso de las cargas se denominan **conductores** y los que no lo permiten se llaman **aislantes.**

Los átomos que no son eléctricamente neutros reciben el nombre de **iones.** Existen dos tipos de iones: **aniones** (átomos con carga negativa) y **cationes** (átomos con carga positiva).

Los cuerpos con cargas eléctricas de distinto signo se **atraen** y los cuerpos con cargas eléctricas del mismo signo se **repelen.**

La unidad de medida de carga eléctrica en el Sistema Internacional es el **culombio (C),** que equivale a **$6{,}25 \cdot 10^{18}$ electrones.**

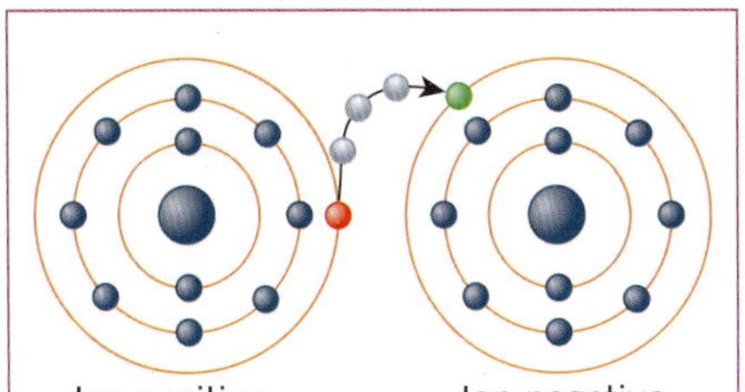


3 Esquema del flujo de electrones entre átomos.

### Diferencia de potencial

La **diferencia de potencial** entre dos cuerpos indica la diferencia entre sus cargas eléctricas. Cuanto mayor sea, más fácilmente se producirán transferencias de electrones de uno de los cuerpos hacia el otro.

La diferencia de potencial eléctrico se denomina también **voltaje** o **tensión eléctrica,** y su unidad de medida es el **voltio (V).**

**Tensión de la corriente eléctrica en España** ?

En España, la tensión que proporciona la red eléctrica es de 230 V; esto debe tenerse en cuenta a la hora de enchufar cualquier aparato eléctrico.

Muchos dispositivos electrónicos (por ejemplo, los ordenadores) trabajan con tensiones muy inferiores (entre 5 V y 12 V); por eso sus fuentes de alimentación eléctrica incluyen transformadores de voltaje.

### Intensidad

La **intensidad** de una corriente eléctrica es la cantidad de electrones que pasa por un determinado conductor en cada unidad de tiempo.

La unidad de medida de la intensidad eléctrica es el **amperio (A),** que equivale a un flujo de un culombio de carga por segundo: **1 A = 1 C/s.** En los circuitos electrónicos se mide en **miliamperios (mA).**

### Potencia eléctrica

La **potencia eléctrica** es la cantidad de energía suministrada por unidad de tiempo: $\boldsymbol{P = V \cdot I}$

Se mide en **vatios (W)** o, cuando se quieren medir cantidades más grandes, en **kilovatios** (1000 W), cuyo símbolo es **kW.**

Los **kilovatios hora** o **kWh** son una unidad de medida de la energía que se utiliza para representar la potencia eléctrica (kW) producida o consumida en un periodo de tiempo (h). Por ejemplo, el consumo en las facturas de la electricidad viene expresado de esta forma.

### Actividades

4. Busca información e indica si los siguientes materiales son conductores o aislantes: madera, acero, cobre, plástico y agua destilada.

5. Una tostadora de pan tiene una potencia eléctrica de 750 W. Calcula la intensidad de la corriente eléctrica que pasa por el aparato cuando está conectado a una diferencia de potencial de 230 V.

### Resistencia eléctrica

La **resistencia** es la cualidad de los materiales para oponerse con mayor o menor intensidad al paso de la corriente eléctrica.

La unidad de medida de la resistencia es el **ohmio (Ω).**

Cuando los electrones circulan por un conductor y van pasando de un átomo a otro, se produce un rozamiento que genera calor. Es el llamado **efecto Joule.**

En los materiales que son buenos conductores de la electricidad ese rozamiento es menor que en los malos conductores.

## 1.3 • Ley de Ohm

De todas las magnitudes eléctricas, las tres más importantes son la intensidad, la tensión y la resistencia, pues identifican los tres elementos esenciales de la electricidad. La siguiente ley relaciona las tres magnitudes.

La **ley de Ohm** afirma que la intensidad de corriente que atraviesa un elemento del circuito es directamente proporcional a la tensión entre sus extremos e inversamente proporcional a la resistencia de este.

Su expresión matemática es: $\boldsymbol{I} = \dfrac{\boldsymbol{V}}{\boldsymbol{R}}$

Por tanto, al aumentar el voltaje, la intensidad de corriente que pasará por un conductor será mayor (siempre que no varíe la resistencia).

**El triángulo de Ohm**

Se trata de un truco muy útil para conocer la relación entre las magnitudes eléctricas.

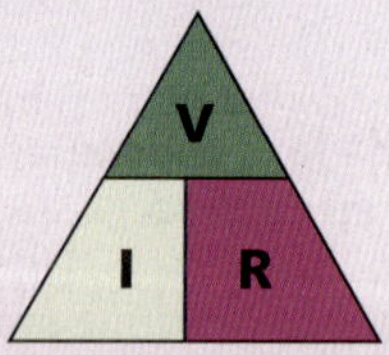


Así, si se oculta con un dedo la magnitud que se desea conocer, se obtiene la relación entre las otras dos:

$$I = \frac{V}{R}$$

$$V = I \cdot R$$

$$R = \frac{V}{I}$$

**Actividad resuelta 1**

Dispones de un circuito eléctrico alimentado por una batería de 12 V, con una resistencia de 20 Ω. Calcula la intensidad de la corriente que pasa por ese circuito.

Si se aplica la ley de Ohm, tenemos: $I = \dfrac{V}{R} = \dfrac{12}{20} = 0{,}60$ A

**Actividad resuelta 2**

Halla la resistencia de una estufa que consume 3 A a una tensión de 120 V.

Aplicamos la ley de Ohm:

$$I = \frac{V}{R}$$

Despejando la resistencia de la fórmula, se obtiene su valor:

$$R = \frac{V}{I} = \frac{120}{3} = 40\ \Omega$$

## Actividades

6. Por un conductor circula una corriente de 2,5 A y en sus extremos hay un voltaje de 70 V. Calcula la resistencia del conductor.

7. Se conecta a una batería de 12 V un circuito con una resistencia de 100 Ω. ¿Cuál es la intensidad de la corriente que circula por el circuito?

8. Por un circuito pasa una corriente de 0,1 A. Si la resistencia total del circuito es de 50 Ω, ¿cuál es la tensión entre los extremos del circuito?

## 1.4 • Tipos de corriente eléctrica

Existen dos tipos de corriente eléctrica: la corriente continua y la corriente alterna.

### Corriente continua

La **corriente continua** (⎓) o *Direct Current* (DC) hace referencia al flujo de electrones en un conductor cuando este flujo se da siempre en el mismo sentido (desde el polo negativo hasta el polo positivo que los atrae). Es el tipo de corriente que proporcionan las baterías de los coches o las pilas eléctricas. Los aparatos electrónicos (equipos informáticos, equipos de música, televisores, etc.) funcionan con corriente continua; por ello, cuentan con transformadores para poder enchufarse a la red (que proporciona corriente alterna).

### Corriente alterna

Como su nombre indica, la **corriente alterna** (~) o *Alternating Current* (AC) es aquella en la que los electrones cambian de sentido de forma cíclica, primero se desplazan en un sentido y luego en el sentido contrario. Así, el voltaje sube y baja, lo cual se representa mediante una onda cíclica. Esto es debido a que los extremos del conductor van cambiando su polaridad.

La ventaja de la corriente alterna es que puede transmitirse a grandes distancias con poca pérdida de energía. Además, se puede alterar su voltaje fácilmente (mediante **transformadores**) y se puede convertir en corriente continua (mediante unos aparatos denominados **rectificadores**).

**Transporte de la energía eléctrica** +

La energía eléctrica que se produce en las centrales se transporta mediante tendidos de cables conductores de alta tensión (220 000 V-240 000 V) a largas distancias.

La tensión disminuye cerca de las industrias (3 000 V-30 000 V) y de los núcleos de población, hasta alcanzar niveles de baja tensión (125 V-220 V).

En las poblaciones, la electricidad se distribuye mediante conductos enterrados. Las estaciones eléctricas transformadoras, encargadas de aumentar o disminuir la tensión, se sitúan a la salida de las centrales, a la entrada de las ciudades y de las industrias y en los nudos de distribución de la red.

## 1.5 • Medición de las distintas magnitudes eléctricas

Para medir cada una de las distintas magnitudes eléctricas se utilizan aparatos específicos: el voltaje se mide con el **voltímetro,** la intensidad con el **amperímetro** y la resistencia con el **ohmímetro.** Además de estos dispositivos específicos, existe un dispositivo electrónico, denominado **multímetro** o **polímetro,** que es capaz de medir todas estas magnitudes seleccionando una u otra mediante un conmutador.

Además del multímetro en sí mismo, una parte esencial del dispositivo son las **puntas de prueba.** Se trata de dos cables, uno de color rojo y otro negro, que tienen en uno de sus extremos un conector que se inserta en el aparato de medición y, en el otro, una punta metálica que se coloca en la fuente de la señal eléctrica, que así se conecta con el multímetro.

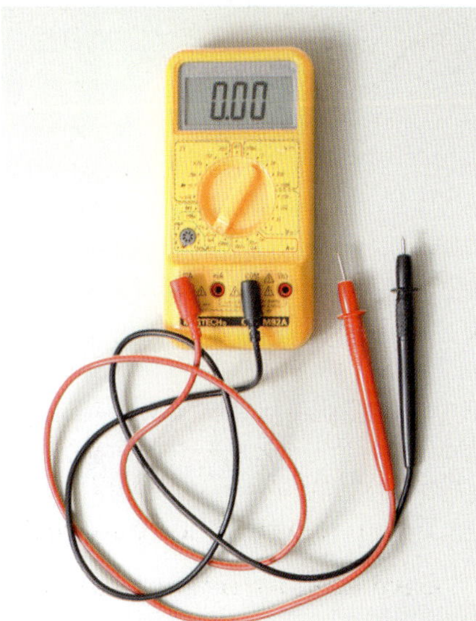


4
Multímetro o polímetro con puntas de prueba listo para realizar una medición.

### Actividades

9. ¿En qué casos se utiliza la corriente continua? ¿Y la corriente alterna?
10. ¿Qué magnitudes eléctricas pueden ser medidas con un multímetro?
11. Averigua qué ocurre si se mide con un multímetro una magnitud habiendo seleccionado en la escala un valor menor que la medida realizada.

## 2 • Circuitos eléctricos

Un **circuito eléctrico** es un camino cerrado que recorren los electrones.

Los circuitos eléctricos deben estar constituidos por, al menos, un generador y cables conductores, pero para que el circuito tenga alguna utilidad práctica debe incluir otros elementos, como:

- **Elementos receptores:** transforman la energía eléctrica en otro tipo de trabajo útil. Son los siguientes:
  - **Bombillas o lámparas:** transforman la energía eléctrica en luz.
  - **Motores eléctricos:** transforman la energía eléctrica en movimiento.
  - **Resistencias:** transforman la energía eléctrica en calor.
  - **Timbres:** transforman la energía eléctrica en sonido.
- **Elementos de control:** impiden o dirigen el paso de la corriente eléctrica. Son los siguientes:
  - **Interruptores:** tienen dos posiciones estables, circuito abierto y circuito cerrado.
  - **Pulsadores:** solo tienen una posición estable (por ejemplo, circuito abierto). Cuando se pulsa, cambia a la posición inestable (en el ejemplo sería circuito cerrado), que se mantiene mientras se esté pulsando. Cuando se deja de pulsar, vuelve a la posición estable.
  - **Conmutadores:** cambian la dirección de la corriente.
- **Elementos de protección:**
  - **Fusibles:** protegen de sobreintensidades, fundiéndose antes de que lo haga el circuito.

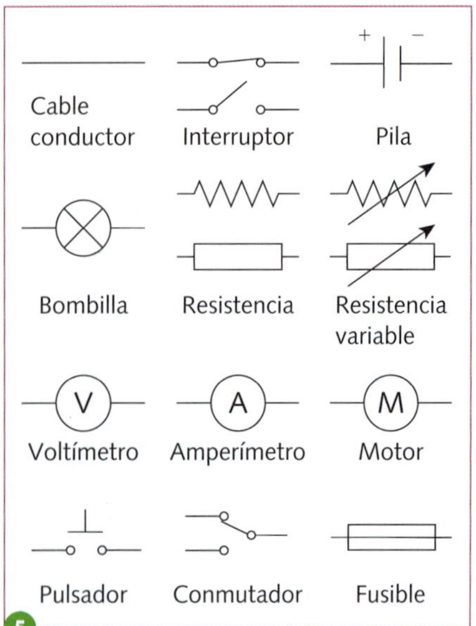

5 Símbolos eléctricos.

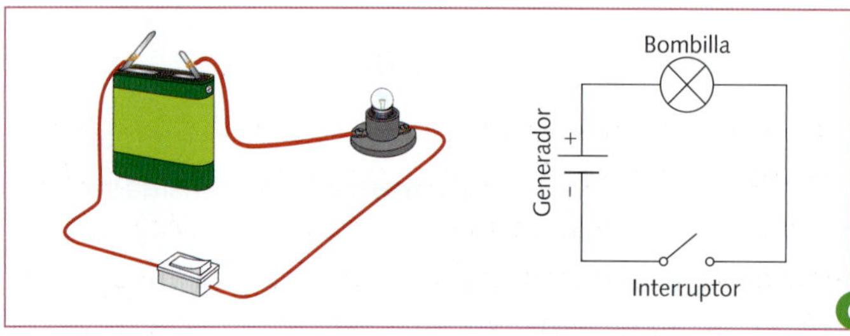

6 Representación de un circuito eléctrico.

A continuación, explicaremos el **funcionamiento** de un circuito eléctrico. Así, al cerrar el interruptor de un circuito eléctrico que contiene un generador, se produce en él una serie de transformaciones que dan origen a la energía. La separación de cargas eléctricas que se establece en el generador de corriente continua mantiene una diferencia de potencial entre los extremos de los conductores conectados a sus terminales, lo que provoca el movimiento ordenado y duradero de electrones por el circuito.

### Actividades

12. Utiliza los símbolos eléctricos y dibuja un circuito en el que tengas dos resistencias en paralelo, una bombilla y un generador.

13. ¿Qué transformaciones de la energía se producen en los siguientes aparatos eléctricos: lámpara, radiador, secador de pelo y batidora?

## Tipos de circuitos eléctricos

Los circuitos eléctricos pueden ser de dos clases distintas según la conexión de sus elementos.

- **Circuitos en serie:**

La corriente pasa por todos los dispositivos, uno después del otro. La corriente solo tiene un camino, por lo que si uno de los dispositivos **falla, se corta la corriente en todo el circuito.**

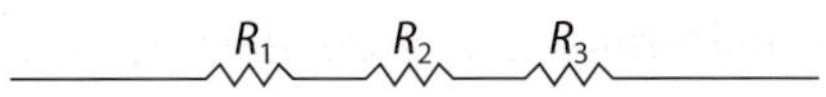


$$I_T = I_1 = I_2 = I_3$$
$$V_T = V_1 + V_2 + V_3$$
$$R_T = R_1 + R_2 + R_3$$

- **Circuitos en paralelo:**

Los dispositivos están conectados al mismo par de puntos del circuito eléctrico, por lo que la diferencia de potencial entre sus extremos es la misma. Si uno de los dispositivos **falla, los demás siguen funcionando.**

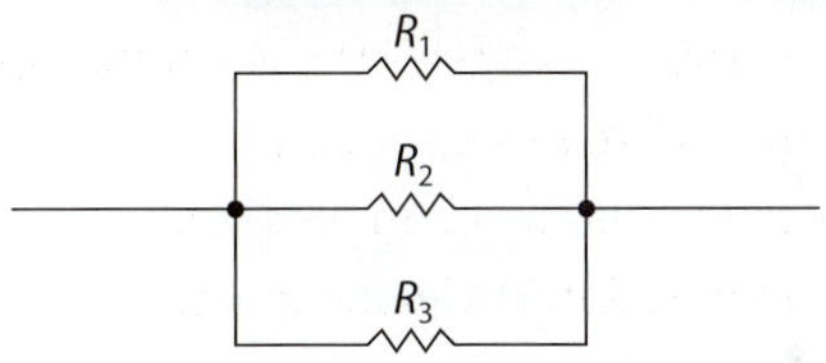


$$I_T = I_1 + I_2 + I_3$$
$$V_T = V_1 = V_2 = V_3$$
$$\frac{1}{R_T} = \frac{1}{R_1} + \frac{1}{R_2} + \frac{1}{R_3}$$

La mayoría de los circuitos eléctricos están conectados en paralelo, de tal forma que los aparatos eléctricos puedan funcionar de forma independiente.

- **Circuitos mixtos:**

Son aquellos que combinan circuitos en serie y en paralelo. Lógicamente, estos circuitos tendrán más de dos receptores. En la vida cotidiana, estos circuitos están presentes, por ejemplo, en las instalaciones eléctricas domésticas. La conexión entre las bombillas de una misma habitación está en paralelo, de manera que si una bombilla se funde, las demás quedan encendidas. Pero entre el interruptor y las bombillas el circuito está en serie, de manera que si se interrumpe el suministro eléctrico, se apagan todas las bombillas.

## Actividades

14. Enumera las tres partículas que forman un átomo. En un circuito eléctrico, ¿cuál de ellas se desplaza por los conductores?

15. ¿Qué ocurre si se mide con un multímetro una magnitud habiendo seleccionado en la escala un valor menor que la medida realizada?

16. Indica cuál de las dos afirmaciones siguientes se refiere a un circuito en serie y cuál a uno en paralelo:

a) La resistencia total que opone el circuito al paso de la corriente es la suma de las resistencias individuales.
b) El voltaje será el mismo en cualquier punto del circuito.

# 3 • Centrales eléctricas

**Demanda y producción de energía eléctrica en España** ?

En la página web de la empresa Red Eléctrica de España (www.ree.es) puedes consultar, en el apartado "Actividades", la demanda y producción en tiempo real de la energía eléctrica en nuestro país.

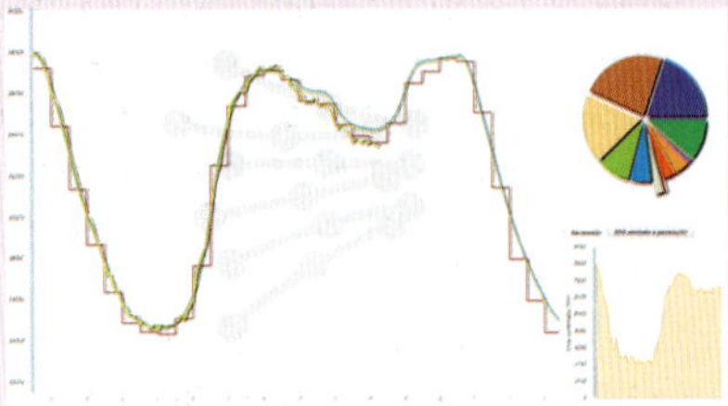

Las **centrales eléctricas** son instalaciones donde se transforma la energía mecánica, procedente de una fuente de energía (sol, agua, viento, uranio, gas, etc.), en energía eléctrica.

La transformación de la energía mecánica en energía eléctrica se lleva a cabo por unas máquinas llamadas **generadores.**

Según la fuente de energía primaria que utilizan, las centrales eléctricas pueden ser de varios tipos:

- **Centrales hidroeléctricas:** son instalaciones en las que la energía potencial de un desnivel de agua se transforma en energía cinética, que mueve las turbinas acopladas al eje de un generador, que posteriormente se transformará en energía eléctrica.

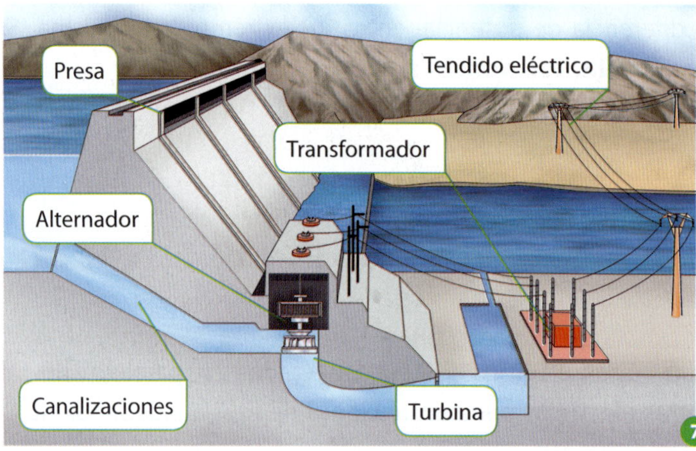


7 Elementos de una central hidroeléctrica.

- **Centrales térmicas convencionales:** son instalaciones en las que la energía mecánica se obtiene de la combustión de combustibles fósiles (carbón, gas natural y fueloil).
- **Centrales nucleares:** son instalaciones en las que la fisión de los átomos de uranio libera gran cantidad de energía, que se utiliza para obtener vapor de agua; este, como en las centrales térmicas convencionales, se emplea en un grupo turbina-alternador para producir electricidad.
- **Centrales eólicas:** son instalaciones en las que la energía cinética del viento se transforma directamente en energía mecánica rotatoria en un aerogenerador.
- **Centrales de biomasa o de residuos sólidos urbanos:** su funcionamiento es el mismo que el de una central térmica convencional. El combustible utilizado en la caldera proviene de nuestros residuos.
- **Centrales termoeléctricas solares:** son instalaciones en las que la energía del Sol calienta agua que se transforma en vapor (a alta presión) que acciona la turbina-alternador, produciendo electricidad.
- **Centrales solares fotovoltaicas:** en estas centrales, la radiación solar se transforma directamente en energía eléctrica, por efecto fotovoltaico, mediante células solares. Son las únicas centrales en las que no se obtiene energía mecánica, y, por lo tanto, no se utilizan alternadores.

## Actividades

17. De las centrales expuestas en la unidad, ¿cuáles pueden ser consideradas de energías limpias por no generar residuos contaminantes y cuáles no?

18. Busca información sobre centrales eléctricas en España. ¿Hay alguna central eléctrica cercana a la localidad donde vives? ¿De qué tipo es?

19. Averigua cuál es la composición del gas natural. ¿De dónde procede? ¿Dónde se encuentra? ¿Cómo llega a España la mayor parte del gas natural? ¿Cuál es su principal inconveniente?

20. Averigua qué zonas geográficas de España tienen las centrales de energía solar más importantes y elabora una presentación sobre el tema.

# 4 • Transporte y distribución de la energía eléctrica

Una vez que la energía eléctrica ha sido generada en las centrales eléctricas, es necesario hacerla llegar hasta los consumidores, a veces a miles de kilómetros de distancia.

El proceso de transporte y distribución de la energía eléctrica se lleva a cabo **en tres fases:**

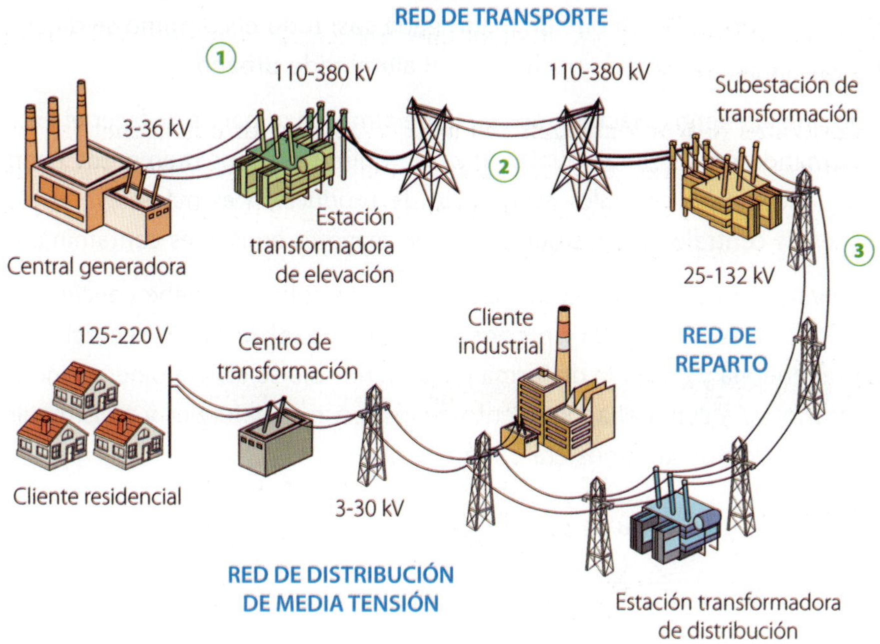


(1) La energía generada en las centrales eléctricas es de media tensión y alta intensidad. La **ley de Joule** establece que, al pasar por un conductor, la energía eléctrica se transforma en calor. Por ello, en las propias centrales existen transformadores que elevan la tensión y reducen la intensidad de la corriente, para que pueda viajar con la menor pérdida posible.

(2) La corriente de alta tensión se transporta a través de las **líneas de transporte** (tendidos de cables y torres de alta tensión o líneas subterráneas).

(3) La red de distribución suele estar dividida en **tres subredes:** reparto, media tensión y baja tensión. En todos los casos, la corriente pasa por una subestación eléctrica que transforma la corriente para bajar su voltaje y aumentar su intensidad. Así, llega al consumidor final (hogares y empresas) con la tensión necesaria (las fábricas suelen enlazar directamente con la red de media tensión o de reparto).

## La electricidad en casa

La red de distribución de la compañía suministradora conecta con la instalación eléctrica de enlace del edificio en el que está ubicada la vivienda. Esta **instalación de enlace** incluye los elementos necesarios para llevar la energía hasta los contadores individuales de cada domicilio (son medidores del consumo de cada usuario).

A partir de los contadores, comienza la instalación individual de cada vivienda, cuyo elemento principal es el **cuadro general de distribución.**

A la entrada de este se encuentra el limitador o **interruptor de control de potencia (ICP),** que corta la corriente si la potencia de aparatos conectados supera a la que se ha contratado con la compañía suministradora.

Luego están **el interruptor general (IG),** que sirve para cortar la corriente en toda la vivienda, y el **interruptor diferencial (ID),** que es un sistema de seguridad frente a posibles descargas eléctricas.

Finalmente, existen los interruptores individuales de cada circuito eléctrico (los de alumbrado, lavadora, horno, enchufes, etc., deben estar separados).

A partir del cuadro general se distribuye la energía por toda la casa mediante la instalación eléctrica, compuesta por conductores, cajas de derivación y circuitos derivados.

## Actividades

21. ¿De qué protege el interruptor diferencial a las personas?

22. ¿Cuál es el voltaje de la corriente que llega a tu casa? ¿Es continua o alterna?

23. ¿Qué interruptor saltará en el cuadro general de electricidad si hay una sobrecarga de energía? ¿Y si se sobrepasa la energía contratada?

# 5 • Consumo y ahorro energético

El consumo de energía eléctrica en una población no es constante a lo largo del tiempo. Hay unas horas en las que se consume mucha más energía **(horas punta)** que a otras **(horas valle).**

Por ejemplo, en invierno son horas punta las 12:00 h y las 19:00 h, ya que a esas horas se consume gran cantidad de electricidad de forma simultánea en hogares (cocina, lavadora, etc.), industrias, comercios, etc. En cambio, las 4:00 sería hora valle, ya que de madrugada casi todo el consumo se da en las empresas que trabajan de noche y en el alumbrado urbano.

Dado que la energía eléctrica no se puede almacenar, para satisfacer el exceso de demanda en las horas punta, hay que utilizar en esos momentos energía procedente de las centrales cuyo coste de producción es más elevado. Además, estas centrales son las que producen mayores emisiones contaminantes.

Para evitar un consumo excesivo de energía, la población debe concienciarse de la necesidad de realizar un **consumo responsable** de la electricidad. Al ahorrar energía y utilizarla de forma racional no solo se ahorra dinero, sino que se contribuye a evitar el agotamiento de los recursos naturales y a disminuir la contaminación de la atmósfera e hidrosfera.

**Distribución de los periodos de máximo consumo ?**

Se sabe que las horas de máximo consumo eléctrico son diferentes en las distintas estaciones (en verano se consume más en las horas de más calor por el uso del aire acondicionado), y en los diferentes días de la semana (el consumo en fin de semana es diferente al de un día de diario).

**Buenos hábitos de ahorro eléctrico**

- Contratar una tarifa eléctrica con discriminación horaria, que facture más caras las horas punta y más baratas las horas valle. De ese modo, gracias a temporizadores, se puede concentrar el consumo en horas en que el coste de la energía es más barato.
- Utilizar electrodomésticos con la máxima eficiencia energética (A o similares).
- Desconectar los electrodomésticos cuando no se están utilizando. No dejarlos en modo de espera. Apagar las luces de una habitación si no se está en ella.
- Utilizar bombillas de bajo consumo (reducen en un 80% el consumo de las tradicionales).
- Disminuir el uso de los electrodomésticos (poner la lavadora o lavavajillas solo a carga completa, etc.).
- Iluminación, frigorífico, calefacción y televisión acaparan más del 50% del consumo. Cualquier medida de ahorro que llevemos a cabo con ellos se notará mucho en el total.
- Aislar adecuadamente la vivienda, con objeto de disminuir el uso de la calefacción y el aire acondicionado. Seleccionar una temperatura razonable cuando se programa la calefacción y el aire acondicionado.

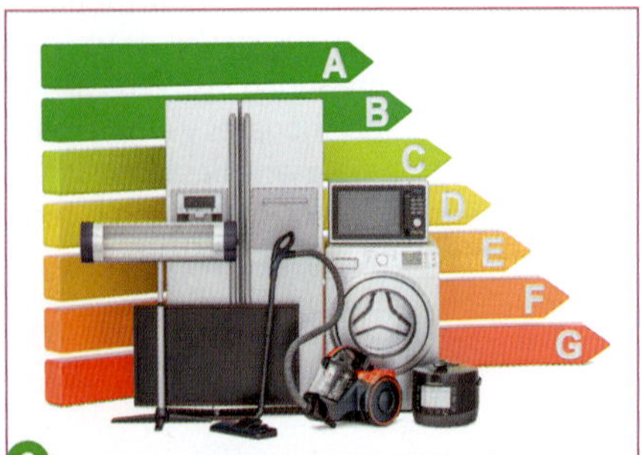

8 La utilización de electrodomésticos con buena calificación energética supone un considerable ahorro en el consumo eléctrico.

## Actividades

24. ¿Por qué crees que se aconseja instalar toldos y cerrar las persianas en las viviendas en los días de verano?

25. Busca información complementaria y cita las principales ventajas de la utilización de lámparas tipo LED.

# 6 • Prevención de riesgos eléctricos

La corriente eléctrica puede convertirse en un riesgo para las personas si se carece de los conocimientos o de los medios necesarios para su correcta utilización.

Los **riesgos eléctricos** son todos aquellos riesgos derivados del uso de la electricidad.

En caso de producirse una descarga eléctrica a través del cuerpo humano, esta puede provocar desde un calambre, asfixia o quemaduras hasta la muerte por infarto cardiaco. Esto dependerá de la resistencia que la persona presente al paso de la corriente, que depende, entre otros factores, del grado de humedad de la piel y de la duración de la descarga.

Por tanto, el peligro que puede provocar la corriente eléctrica aumenta considerablemente cuando nos encontramos en lugares húmedos, por ejemplo el cuarto de baño, ya que la piel mojada tiene una resistencia baja al paso de la corriente.

A continuación, enumeramos una serie de medidas de prevención que conviene tener en cuenta en el hogar para evitar riesgos eléctricos que puedan poner en peligro la salud.

9 Símbolo de peligro que advierte sobre la proximidad de elementos eléctricos.

| Medidas de prevención de riesgos eléctricos |
|---|
| Evitar utilizar aparatos eléctricos que estén húmedos o manipularlos con las manos húmedas. |
| Utilizar calzado que no esté húmedo cuando se usa algún aparato eléctrico. |
| No usar aparatos con cables pelados ni enchufes rotos. |
| No dejar aparatos conectados cerca de los niños y tapar los enchufes a los que tengan acceso. |
| No cambiar bombillas sin desenchufar las lámparas. |
| No desenchufar aparatos eléctricos tirando de los cables. |
| Revisar que las tuberías metálicas no estén en contacto con cables eléctricos. |
| Desconectar los interruptores del cuadro de mandos antes de salir de vacaciones. |
| Solicitar la revisión periódica de la instalación eléctrica del hogar. |
| Actualizar la instalación eléctrica de acuerdo al diagnóstico realizado por un profesional. |
| No cortar ramas de árboles que se encuentren cercanos o en contacto directo con líneas eléctricas. Este trabajo lo debe realizar personal especializado. |

## Actividades

26. Pregunta en tu casa a familiares o amigos por las medidas de prevención de riesgos eléctricos que llevan a cabo. Ponlas en común con tus compañeros y elaborad entre todos un cartel informativo con las medidas más importantes.

27. Averigua cuáles son los primeros auxilios que se deben aplicar a una persona que ha sufrido un accidente eléctrico. Realiza una presentación a tus compañeros.

## Construcción de un electroscopio casero

El electroscopio es un instrumento que permite detectar cargas eléctricas y su signo. Se puede construir uno casero con un alambre rígido que tenga una esfera de aluminio en la parte superior y en el extremo opuesto dos láminas de aluminio muy delgadas. Al acercar un objeto electrizado a la esfera, el alambre se electrifica y las laminillas cargadas con igual signo que el objeto se repelen.

Explicaremos cómo detectar cargas eléctricas y su signo con un electroscopio casero.

### Materiales

- Bote de vidrio ancho con tapa de plástico.
- Taladro manual.
- Punzón.
- Trozo de alambre rígido de unos 12 cm de longitud.
- Papel de aluminio.
- Globo.
- Varilla de vidrio.
- Tapón de corcho.
- Pegamento de contacto.
- Trapo de seda.
- Trapo de lana.

### Procedimiento

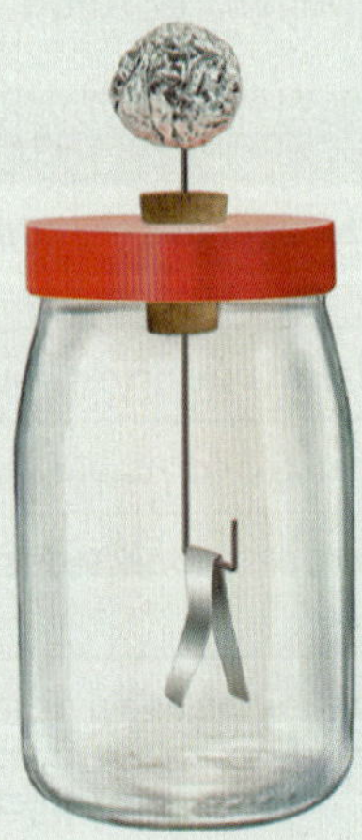

1. Con el punzón hacemos un agujero en el tapón de corcho para pasar por él, sin holgura, el alambre.
2. Realizamos un agujero con el taladro en la tapa de plástico que permita insertar el corcho. Insertamos el corcho y sellamos el agujero a su alrededor con pegamento de contacto.
3. Insertamos el alambre en el corcho de forma que sobresalga por la parte superior unos 3 cm. Sellamos el agujero a su alrededor con pegamento de contacto.
4. Doblamos el extremo inferior del alambre en ángulo recto, de tal forma que el lado menor mida unos 3 cm.
5. Recortamos una tira de papel de aluminio de 0,5 cm de ancho y de 6 cm de largo. Doblamos por la mitad y la colgamos del lado corto del alambre.
6. Insertamos una bola de papel de aluminio en el extremo superior del alambre.
7. Cerramos el bote con la tapadera de plástico.
8. Acercamos la varilla de vidrio, previamente frotada con el trapo de seda, a la esfera del electroscopio, sin llegar a tocarla. Observamos qué sucede.
9. Descargamos el electroscopio tocándolo con la mano y repetimos la operación del punto anterior, pero ahora frotamos un globo con el trapo de lana y observamos qué sucede.

## Actividades

1. Realiza un informe de laboratorio de esta experiencia.
2. ¿Qué le sucede al electroscopio descargado cuando se acerca la varilla de vidrio?
3. ¿Por qué se descarga el electroscopio al tocarlo con la mano?
4. ¿Qué le sucede al electroscopio cuando se acerca el globo?
5. En ambos casos, ¿por qué se separan las laminillas?

1. ¿Qué es la carga eléctrica? ¿Qué tipo de iones existen en función de ella? ¿En qué unidades se mide la carga eléctrica en el Sistema Internacional?

2. Indica cuáles de estos objetos son conductores de la corriente eléctrica y cuáles son aislantes: anillo de oro, pinza de madera, mina de grafito, clip sujetapapeles, goma de borrar y clavo de hierro.

3. Investiga para qué se utilizan los materiales semiconductores.

4. ¿Qué son los superconductores? Busca información en Internet.

5. ¿Por qué se mueve una lata de refresco de aluminio cuando se le acerca, sin tocarla, un globo que ha sido frotado con un paño de lana?

6. ¿Por qué se desplaza un chorrito de agua cuando le acercamos, sin tocarlo, un peine de plástico que hemos frotado contra nuestro pelo?

7. Averigua por qué algunos camiones que transportan combustible inflamable arrastran una cadena.

8. ¿Qué es un circuito eléctrico? Describe sus elementos básicos.

9. La siguiente imagen muestra un circuito eléctrico.

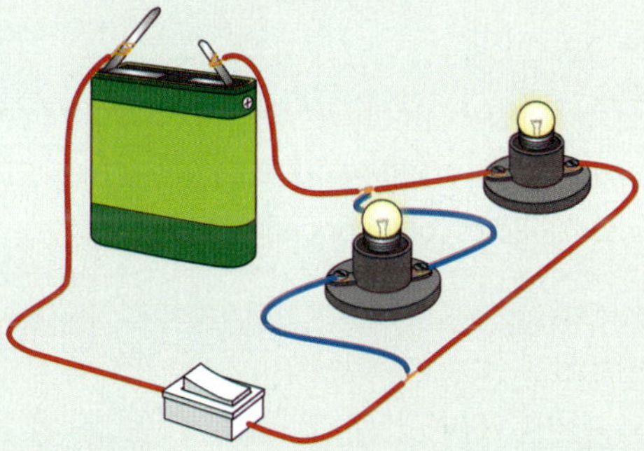

   a) Identifica los distintos elementos que lo componen.
   b) Dibuja en tu cuaderno el esquema que lo representa.
   c) ¿Qué tipo de circuito es?
   d) ¿Cuál sería la resistencia total en el circuito?

10. Tenemos un ventilador que funciona a 220 V y 50 Hz de frecuencia. Si viajamos a Brasil, donde la red alterna funciona a 220 V y 60 Hz, ¿cómo afectará al funcionamiento del ventilador? ¿Se moverá más rápido o más lento?

11. Queremos conectar un determinado aparato eléctrico a una base de enchufe de 16 A. Si sabemos que la corriente es de 250 V, ¿cuál será la potencia máxima de dicho aparato eléctrico?

12. Tienes una bombilla LED con un voltaje de 1,8 V y una resistencia de 2 Ω. ¿Cuál será la intensidad de corriente de esa bombilla LED?

13. Te has comprado unos altavoces para el ordenador con un voltaje de 230 V y una resistencia de 4 Ω. ¿Cuál será la intensidad de corriente de esos altavoces?

14. Indica si las siguientes características corresponden a un circuito eléctrico en serie o en paralelo:
   a) Los dispositivos están conectados al mismo par de puntos del circuito eléctrico.
   b) La corriente pasa por todos los dispositivos, uno después del otro.
   c) La diferencia de potencial entre los extremos del circuito es la misma.
   d) La corriente solo tiene un camino.
   e) Si uno de los dispositivos falla, se corta la corriente en todo el circuito.
   f) Si uno de los dispositivos falla, los demás siguen funcionando.

15. ¿Qué tipo de energías son las que más se producen en España, renovables o no renovables? Explica los motivos.

16. Realiza un cuadro comparativo que resuma las ventajas y desventajas de los distintos tipos de centrales eléctricas.

17. Explica el procedimiento básico de generación de energía en una central eléctrica, independientemente del tipo de fuente de energía primaria que utilice.

18. ¿Qué problemas medioambientales pueden causar las centrales hidroeléctricas?

19. Explica las diferencias y semejanzas entre la producción de energía eléctrica por los dos sistemas representados en las fotografías.

a)

b)

20. Busca información complementaria y cita las principales ventajas de la utilización de lámparas del tipo led.

21. Explica por qué se está potenciando el uso de vehículos híbridos y eléctricos.

22. ¿Qué son las horas punta y las horas valle en el consumo eléctrico?

23. ¿En qué consiste el consumo eficiente de energía? ¿Por qué es necesario?

24. En todas las viviendas existe un cuadro general de distribución de la electricidad. Explica las funciones de los tres tipos de interruptores que incluye.

25. ¿Qué harías para promover un consumo responsable de energía eléctrica?

# 9 IDEAS CLAVE Y AUTOEVALUACIÓN

### La corriente eléctrica

- Los cuerpos pueden adquirir carga eléctrica de tres maneras diferentes: **por frotamiento, por contacto** y **por inducción.**
- La **diferencia de potencial** entre dos cuerpos indica la diferencia entre sus cargas eléctricas.
- La **intensidad** de una corriente eléctrica es la cantidad de electrones que pasa por un determinado conductor en cada unidad de tiempo.
- La **potencia** es la cantidad de energía suministrada por unidad de tiempo.
- La **resistencia** es la cualidad de los materiales para oponerse con mayor o menor intensidad al paso de la corriente eléctrica.
- La **ley de Ohm** afirma que la intensidad de corriente que atraviesa un elemento del circuito es directamente proporcional a la tensión entre sus extremos e inversamente proporcional a la resistencia de este.
- La corriente puede ser **alterna** o **continua.**

### Circuitos eléctricos

- Un **circuito eléctrico** es un camino cerrado que recorren los electrones.
- Tipos de circuitos: **en serie, en paralelo** y **mixtos.**

### Centrales eléctricas

- Se distinguen centrales **hidroeléctricas, térmicas, nucleares, eólicas, de biomasa, termoeléctricas solares** y **solares fotovoltaicas.**

### Consumo y ahorro energético y prevención de riesgos

- Es necesario realizar un **consumo responsable** de energía.
- Se deben llevar a cabo **medidas de prevención** para llevar a cabo en el hogar y evitar riesgos eléctricos que pueda poner en peligro la salud.

**Anota en tu cuaderno la opción correcta:**

1. ¿Qué es la corriente eléctrica?

a) La carga eléctrica de los electrones.
b) La suma de las cargas eléctricas de un átomo.
c) El desplazamiento de cargas por el interior de la materia.
d) Todas las respuestas anteriores son incorrectas.

2. ¿Cómo se llaman los materiales que no conducen electricidad?

a) Aislantes eléctricos.
b) Semiconductores eléctricos.
c) Conductores eléctricos.
d) Las respuestas b) y c) son correctas.

3. Cuanto mayor sea la diferencia de potencial entre dos cuerpos:

a) Más fácilmente se producirán transferencias de electrones de uno de los cuerpos hacia el otro.
b) Menos fácilmente se producirán transferencias de electrones de uno de los cuerpos hacia el otro.
c) Más fácilmente se producirán transferencias de protones de uno de los cuerpos hacia el otro.
d) Menos fácilmente se producirán transferencias de protones de uno de los cuerpos hacia el otro.

4. ¿Cuál de estas fórmulas se corresponde con la ley de Ohm?

a) $I = \frac{V}{R}$
b) $V = R \cdot I$
c) $R = \frac{V}{I}$
d) $R = V \cdot I$

5. Los electrones cambian el sentido de su movimiento en la:

a) Corriente eléctrica positiva.
b) Corriente eléctrica continua.
c) Corriente eléctrica negativa.
d) Corriente eléctrica alterna.

6. ¿Cuál de estos elementos no es indispensable para montar un circuito eléctrico?

a) Cable.
b) Interruptor.
c) Bombilla.
d) Generador.

7. Si a un circuito de 2,5 Ω de resistencia se le aplica un voltaje de 20 V, ¿qué intensidad circulará por el circuito?

a) 4 A.
b) 16 A.
c) 8 A.
d) 2 A.

8. ¿Qué es la resistencia eléctrica?

a) La oposición que presenta un material a ser atravesado por la corriente eléctrica.
b) La diferencia de potencial eléctrico entre dos puntos.
c) La cantidad de corriente eléctrica que pasa por un punto en un tiempo determinado.
d) La transmisión de electrones de un punto a otro.

9. ¿Cuál es la fuente de energía natural más contaminante?

a) La eólica.
b) La que procede de combustibles fósiles.
c) La que procede del calor de la tierra.
d) La hidroeléctrica.

10. Con respecto al consumo de electricidad, las horas punta son:

a) Aquellas en las que hay menor consumo de energía.
b) Aquellas en las que hay mayor consumo de energía.
c) Aquellas en las que el consumo de energía es cero.
d) Aquellas en las que el consumo de energía es constante.

# Proyectos finales

## Creación de un póster informativo sobre una ruta de tu localidad

## Presentación sobre el camino que recorre la electricidad hasta su destino

## Creación de carteles de concienciación sobre consumo responsable

# Anexo

**PROYECTO FINAL 1**

# Creación de un póster informativo sobre una ruta de tu localidad

En tu futuro inmediato como ciudadano y trabajador, será importante que conozcas el entorno en el que te vas a mover, sus recursos naturales, el paisaje y el relieve de la zona donde piensas vivir o trabajar. Con esta información podrás realizar gran cantidad de actividades lúdicas que te resulten motivadoras e interesantes para tu crecimiento personal.

**Forma un grupo con algunos de tus compañeros para realizar un folleto informativo sobre alguna zona de tu localidad en la que tengas especial interés; podría ser una playa, un pulmón verde o un parque natural protegido.**

## Investigación

El paisaje, el relieve y los recursos naturales de nuestro entorno van a determinar la mayor parte de las actividades laborales que se realizan en nuestra localidad. Si en tu zona hay gran cantidad de agua, predominarán los cultivos de regadío; si por el contrario este recurso escasea, el cultivo será de secano. Una zona montañosa permitirá que se desarrollen gran cantidad de actividades relacionadas con este medio, como escalada, senderismo o rutas invernales con raquetas.

**Analizad los recursos disponibles en vuestra localidad y diseñad una actividad lúdica en la que se haga uso de esos recursos.**

### Análisis geológico de mi ciudad

Lo primero que debéis hacer es analizar lo que ofrece vuestro entorno:

- ¿Nace cerca algún río, hay aguas bravas o un embalse?
- ¿Cómo es la flora de la zona?
- ¿Hay parques naturales protegidos cercanos?
- ¿Es una ciudad? En este caso, escoge su pulmón verde.

Luego, buscad un plano: podría ser de relieve, de imágenes en 3D, con curvas de nivel, etc. Con el plano debéis localizar una zona de interés.

Centraos ahora en una sola ruta, y recopilad información, como su dificultad, si es o no circular, su desnivel, sus puntos de interés:

- Vegetación: tipo, sus posibilidades gastronómicas o medicinales.
- Fauna: si es salvaje, si existen explotaciones ganaderas, etc.
- Fuentes naturales de energía: centrales eólicas o solares, aerogeneradores, etc.

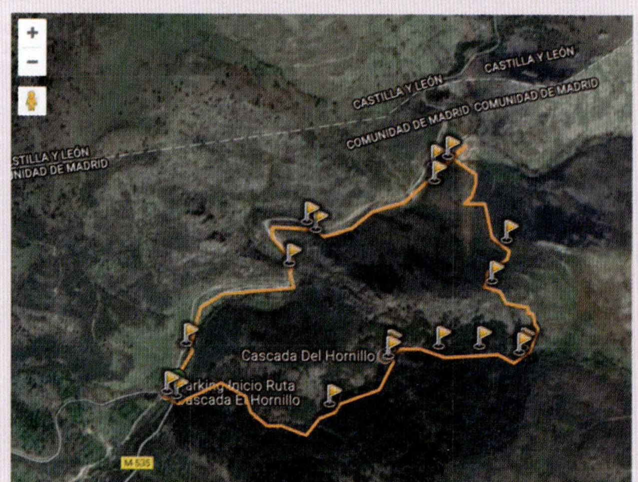

Ruta Cascada del Hornillo, en Santa María de la Alameda, en la Comunidad de Madrid.

## Puesta en común

Una vez que hayáis pensado las actividades, ponedlas en común con el resto de compañeros y debatid si la propuesta realizada se ajusta a los recursos y a la población de vuestra localidad.

## Reflexión, crítica y revisión

Es importante reflexionar sobre la importancia de los recursos que nos aporta nuestra localidad para saber explotarlos de forma correcta y poder aprovechar todas sus posibilidades. Comparad las actividades propuestas entre los diferentes grupos de trabajo y reflexionad sobre el aprovechamiento de dichos recursos, y revisadlos para hacer propuestas de mejora.

**Comparad los esquemas que habéis elaborado, vuestras conclusiones y las fuentes de información que habéis utilizado a lo largo del proceso de documentación para el proyecto. Completad y depurad la información si lo creeis oportuno.**

## Producto final

Elaborad un folleto informativo de una ruta que explote los diferentes recursos, paisajes y relieves que aporta vuestra localidad, que pueda resultar útil para vuestros compañeros y habitantes de vuestro entorno.

### Ruta Chorrera del Hornillo en Santa María de la Alameda

**Distancia:** 4,72 km
**Desnivel:** 200 metros
**Circular:** Sí
**Tiempo:** 3 horas
**Material:** Senderismo
**Cota máxima:** 1 380 m
**Cota mínima:** 1 152 m

#### LUGARES DE INTERÉS CERCANOS

**Zarzalejo:** tiene numerosas canteras de las que se extraía granito, roca volcánica, rica en biotita y feldespato. Existen dos elevaciones montañosas de granito, las Machotas, de gran valor botánico; esta zona sirve como zona de pasto para la ganadería; a sus pies se encuentran las lagunas de El Castrejón.

**El Escorial:** destaca el Monte Abantos, formado por esquistos, gneis y granito. No alcanza los 2 000 m de altitud. En sus laderas podemos encontrar robles, fresnos, encinas y pinos.

**Navas del Marqués:** en esta localidad se encuentra el parque eólico del mismo nombre. Cuenta con 16 turbinas eólicas.

#### FLORA

**Árboles**
Pino, arce blanco, castaño de indias, abetos, fresnos, roble melojo, encina, chopos, sauces, etc.

**Arbustos y herbáceas**
Escaramujo, majuelo, zarzamora, enebro, cantueso, jara, helechos, hongos y líquenes, etc.

## Evaluación

**Para este proyecto contarás con la evaluación de tu profesor, tus compañeros y tu propia autoevaluación. Pídele a cada uno de ellos que cumplimenten una tabla como la siguiente, recoge los datos y saca tus propias conclusiones.**

| | Escaso (1) | Medio (2) | Bueno (3) | Excelente (4) |
|---|---|---|---|---|
| Originalidad | • • • • | • • • • | • • • • | • • • • |
| Precisión del contenido | • • • • | • • • • | • • • • | • • • • |
| Actitud | • • • • | • • • • | • • • • | • • • • |
| Trabajo en equipo | • • • • | • • • • | • • • • | • • • • |
| Producto final | • • • • | • • • • | • • • • | • • • • |

PROYECTO FINAL 2

# Presentación sobre el camino que recorre la electricidad hasta su destino

La electricidad es una forma de energía que está muy presente en nuestras vidas. Se usa con diversos fines domésticos, como hacer funcionar los dispositivos móviles, los electrodomésticos, la climatización, pero también industriales, como el funcionamiento de los motores, o en la investigación científica.

La energía recorre un largo camino desde su lugar de producción hasta llegar al usuario final, que la puede utilizar para diversos fines, ya sea en su hogar, en su puesto de trabajo, en su automóvil, o en la calle. En cualquiera de estos casos, la energía nos hace la vida más sencilla, y resuelve algunos problemas como, por ejemplo, la falta de luz natural en días nublados o por la noche.

Pero, ¿alguna vez te has preguntado cómo llega la electricidad a su destino?

**Forma un grupo con algunos de tus compañeros para realizar las siguientes tareas en equipo.**

## Investigación

Realizad un recorrido por vuestra localidad o por el centro escolar para localizar elementos de la red de distribución de la electricidad. Tomad fotografías de los diferentes elementos urbanos e identificad las empresas privadas que gestionan la distribución de la energía.

**Investigad sobre la producción, transporte y distribución de la energía eléctrica, desde que se produce hasta que llega a su destino.**

### Foto mural sobre la electricidad en mi localidad

## Puesta en común

Una vez que volváis de vuestro recorrido, poned en común las fotografías con el resto de compañeros. Ordenad las imágenes tomadas en relación al recorrido que hace la electricidad desde que se produce hasta que llega a su destino.

Seleccionad las imágenes más adecuadas para ser incorporadas a la presentación que debéis elaborar como producto final.

Debatid sobre las posibles fuentes de producción de la energía que llega a vuestra localidad.

## Reflexión, crítica y revisión

Vuestro trabajo de investigación os va a permitir comprender la importancia que la energía eléctrica ha tenido y tiene en la evolución de la sociedad, al contribuir a incrementar nuestra calidad de vida. Analizando las imágenes de los elementos eléctricos que habéis tomado, podréis reflexionar sobre cómo se consigue la electricidad que llega a nuestros hogares. Tomando ideas de las aportaciones de otros grupos, podéis ampliar la información que vais a plasmar en vuestra presentación.

## Producto final

Haced una presentación con todos los datos relevantes que hayáis conseguido, que también incluya los resultados a los que habéis llegado en el equipo y compartid la experiencia.

### Presentación "De camino a casa"

A través de la red de transporte de alta tensión, la electricidad va desde los puntos de generación hasta los puntos de distribución a los consumidores.

Durante este recorrido se reduce el voltaje de la electricidad, de tal forma que llega a nuestros hogares a una tensión de 220 V. De lo contrario quemaríamos nuestros electrodomésticos.

Una central hidroeléctrica aprovecha la energía potencial del agua acumulada por una presa, que soporta y retiene el peso de millones de metros cúbicos de agua.

La presa es una estructura de hormigón y otros materiales construida en el cauce de un río. Con la fuerza de la caída se general energía eléctrica. El agua al caer mueve una turbina hidráulica que transmite energía a un generador eléctrico que produce electricidad.

## Evaluación

**Para este proyecto contarás con la evaluación de tu profesor, tus compañeros y tu propia autoevaluación. Pídele a cada uno de ellos que cumplimenten una tabla como la siguiente, recoge los datos y saca tus propias conclusiones.**

| | Escaso (1) | Medio (2) | Bueno (3) | Excelente (4) |
|---|---|---|---|---|
| Originalidad | • • • • | • • • • | • • • • | • • • • |
| Precisión del contenido | • • • • | • • • • | • • • • | • • • • |
| Actitud | • • • • | • • • • | • • • • | • • • • |
| Trabajo en equipo | • • • • | • • • • | • • • • | • • • • |
| Producto final | • • • • | • • • • | • • • • | • • • • |

PROYECTO FINAL 3

# Creación de carteles de concienciación sobre consumo responsable

Una de las actividades más frecuentes en tu vida adulta, como ciudadano y como trabajador, será la de consumir, es decir, comprar bienes y servicios para satisfacer diferentes tipos de necesidades, deseos y objetivos. Al tomar tus decisiones de compra, estarás dirigido de alguna manera por las modas y los estereotipos sociales definidos en muchas ocasiones por la publicidad.

En las unidades de química en este curso, has visto que esta ciencia puede resultar muy útil en la lucha contra algunos problemas sociales y medioambientales de nuestro tiempo. La llamada química verde o química sostenible está orientada al diseño de productos y procesos químicos que impliquen la reducción o eliminación de sustancias nocivas, por ejemplo en la fabricación de ropa.

**Forma un grupo con algunos de tus compañeros para realizar carteles informativos con recomendaciones para modificar los hábitos de consumo de ropa. Podréis colgar los carteles para concienciar al alumnado y al profesorado del centro educativo.**

## Investigación

La industria textil resulta muy contaminante para el planeta. Investiga en tu grupo de trabajo el concepto de *fast fashion*. Tratad de responder a preguntas como: ¿qué es la *fast fashion*?, ¿cuáles son sus objetivos?, ¿qué consecuencias tienen este tipo de actividades?

**Realizad un esquema sobre los temas a tratar en esta investigación.**

@ Algunas webs útiles para obtener información son:
www.ecologiapolitica.info/
www.ecodes.org
http://sellocomerciojusto.org/es/
http://www.consumoresponsable.org/

## Esquema sobre *fast fashion*

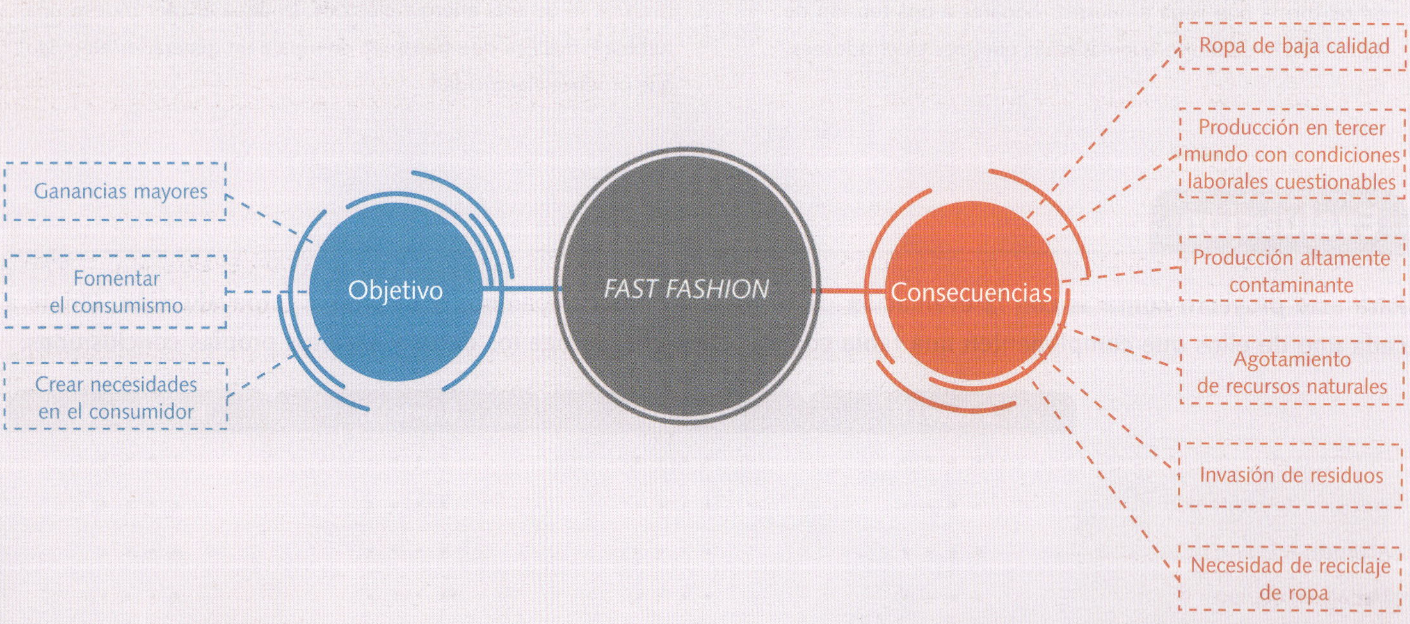

## Puesta en común

Una vez que tengáis la información recopilada, ponedla en común y debatid si puede resultar útil para desarrollar vuestro proyecto. Muchos de los temas que surgirán en el debate tendrán que ver con el agotamiento de los recursos naturales, la gestión de residuos, el reciclaje de ropa o las condiciones laborales de las personas que trabajan en esta industria.

## Reflexión, crítica y revisión

Consumir de forma responsable consiste en comprar solo lo necesario y seleccionar los productos y servicios teniendo en cuenta la calidad y el precio, el impacto ambiental y social que genera su producción, y cómo tratan a sus trabajadores las empresas que los fabrican.

Una de las conclusiones a las que llegaréis es que la educación del consumidor permite adaptar sus pautas de consumo. Para ello la ciudadanía debe concienciarse de su corresponsabilidad en la conservación del medio ambiente y en el desarrollo sostenible.

**Comparad los esquemas que habéis elaborado, vuestras conclusiones y las fuentes de información que habéis utilizado a lo largo del proceso de documentación para el proyecto. Completad y depurad el esquema si lo creéis oportuno.**

## Producto final

Elaborad carteles informativos con recomendaciones sobre hábitos responsables de consumo. Si colocáis estos carteles en lugares visibles de vuestro centro, podéis concienciar a la comunidad educativa que os rodea.

### Campaña de concienciación sobre el consumo responsable

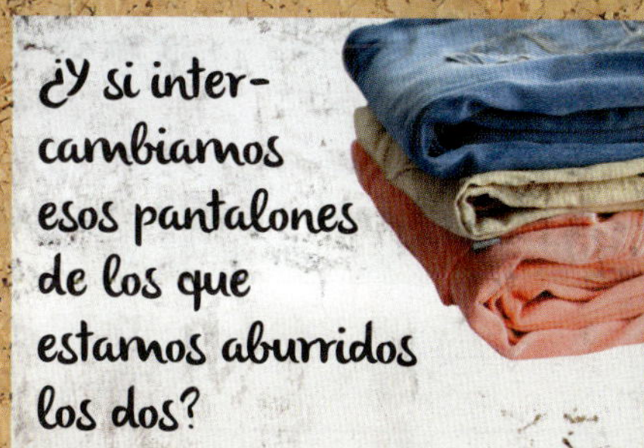


## Evaluación

**Para este proyecto contarás con la evaluación de tu profesor, tus compañeros y tu propia autoevaluación. Pídele a cada uno de ellos que cumplimenten una tabla como la siguiente, recoge los datos y saca tus propias conclusiones.**

| | Escaso (1) | Medio (2) | Bueno (3) | Excelente (4) |
|---|---|---|---|---|
| Originalidad | .... | .... | .... | .... |
| Precisión del contenido | .... | .... | .... | .... |
| Actitud | .... | .... | .... | .... |
| Uso y manejo de herramientas | .... | .... | .... | .... |
| Trabajo en equipo | .... | .... | .... | .... |
| Producto final | .... | .... | .... | .... |

# El laboratorio

## DOCUMENTO DE NORMAS DE SEGURIDAD E HIGIENE

**Normas de seguridad e higiene en el Laboratorio**

1. El área de trabajo debe estar despejada, sin libros, bolsas, ropa o productos que no se vayan a utilizar.
2. En el laboratorio no se debe comer ni beber.
3. Los recipientes utilizados para almacenar sustancias se deben cerrar después de cada uso.
4. Se deben usar guantes y gafas de seguridad cuando sea oportuno y siempre al calentar una sustancia.
5. Es conveniente usar una bata para evitar salpicaduras de sustancias químicas a la piel.
6. Nunca se debe encender un mechero, si hay algún líquido inflamable cerca.
7. Los recipientes calientes deben manipularse con la ayuda de guantes adecuados o pinzas.
8. Los tubos de ensayo se calentarán, sujetándolos con una pinza. Se acercarán inclinados a la llama, procurando que esta actúe sobre la mitad superior para evitar ebulliciones violentas. No se debe mirar por la abertura de un tubo que contenga productos ni enfocarla hacia otra persona.
9. Para extraer los productos de los tubos de ensayo, se deben utilizar siempre las pipetas de seguridad.

## EL INFORME DE LABORATORIO

Los **apartados** que debe incluir un **informe de laboratorio** son:

1. Portada.
2. Introducción.
3. Metodología.
4. Resultados y cálculos.
5. Conclusiones.
6. Bibliografía.

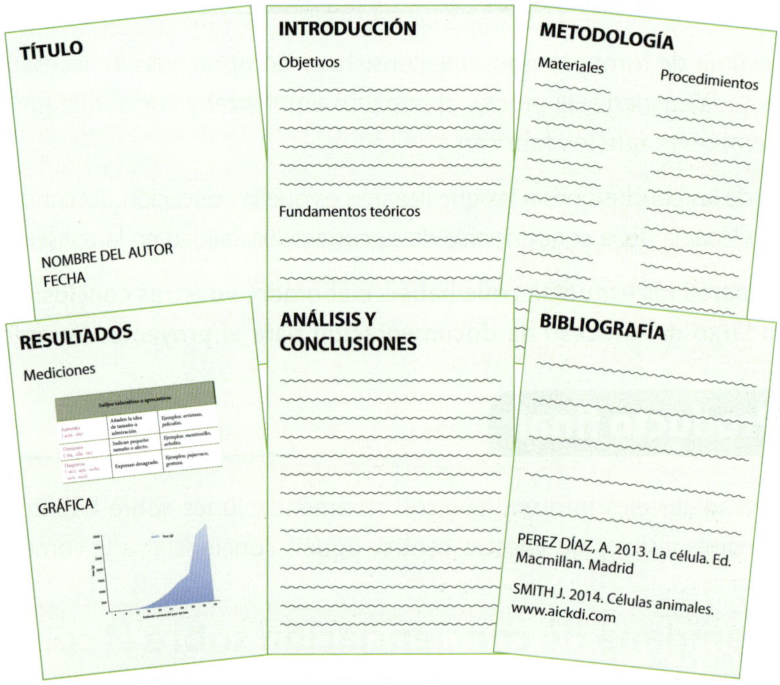


## LA MEDIDA

| Magnitudes fundamentales del SI | | |
|---|---|---|
| Magnitud | Unidad | Símbolo |
| Longitud | metro | m |
| Masa | kilogramo | kg |
| Tiempo | segundo | s |
| Temperatura | kelvin | K |
| Intensidad de corriente | amperio | A |
| Intensidad luminosa | candela | cd |
| Cantidad de sustancia | mol | m |

| Magnitudes derivadas | | |
|---|---|---|
| Magnitud | Unidad | Símbolo |
| Superficie | metro cuadrado | $m^2$ |
| Volumen | metro cúbico | $m^3$ |
| Densidad | kilogramo/metro cúbico | $kg/m^3$ |
| Fuerza | newton | N |
| Diferencia de potencial | voltio | V |
| Potencia | vatio | W |
| Resistencia eléctrica | ohmio | Ω |
| Carga eléctrica | culombio | C |
| Radioactividad | sievert | Sv |

# Medio ambiente

### LA ATMÓSFERA

- La **atmósfera** es una capa gaseosa que envuelve la Tierra. Está formada por una mezcla de gases denominada **aire.**
- La **atmosfera** está dividida en estas **capas:** troposfera, estratosfera, mesosfera, termoesfera y exosfera.

### PROBLEMAS AMBIENTALES

| | |
|---|---|
| **Consecuencias de la contaminación atmosférica** | Lluvia ácida |
| | Agujero en la capa de ozono |
| | Efecto invernadero |
| | Cambio climático |
| **Impactos ambientales en la hidrosfera** | Consecuencias de la contaminación de las aguas |
| | Otros impactos negativos |
| **Problemas ambientales del suelo** | Deforestación |
| | Desertización |

### LA REGLA DE LAS TRES R

- Los principios del consumo responsable son:
  - **Reducir** el consumo de productos y volumen de residuos.
  - **Reutilizar** los materiales en vez de desechar.
  - **Reciclar** para transformar los materiales de desecho en nuevos productos.

# Movimiento

### CONCEPTO DE MOVIMIENTO

- El **movimiento** es un cambio de posición de un cuerpo con respecto a otro fijo, que denominamos **sistema de referencia,** durante un periodo de tiempo.
- Se denomina **trayectoria** a la línea que une los puntos que representan las posiciones que va ocupando un cuerpo en movimiento con el transcurso del tiempo. Según sea la forma de la trayectoria a, el movimiento puede ser **rectilíneo** o **circular.**

- La **distancia recorrida** por un móvil es la longitud de la trayectoria que ha descrito ese móvil.

$$\Delta s = s_f - s_i$$

- El **desplazamiento** es la diferencia entre la posición inicial y la final del móvil, medida en línea recta.

$$\Delta x = \vec{x}_f - \vec{x}_i$$

- La **velocidad media** de un móvil es el cociente entre la distancia recorrida por este y el tiempo empleado en recorrerla:

$$v = \frac{\Delta x}{\Delta t}$$

### MOVIMIENTO RECTILÍNEO UNIFORME

- El **movimiento rectilíneo uniforme** es un movimiento que se realiza a una velocidad constante y siempre en la misma dirección y sentido. Su trayectoria es una línea recta cuya y su ecuación es:

$$x = x_0 + v(t - t_0)$$

### MOVIMIENTO RECTILÍNEO UNIFORMEMENTE ACELERADO

- El **movimiento rectilíneo uniformemente acelerado** es un tipo de movimiento que se realiza con aceleración constante. En este caso, la velocidad no es constante.
- La **aceleración media** es la variación que experimenta la velocidad de un móvil entre dos momentos del tiempo:

$$a = \frac{\Delta v}{\Delta t} = \frac{v - v_0}{t - t_0}$$

- La ecuación de la **posición** de un móvil que sigue un **movimiento rectilíneo uniformemente acelerado** es:

$$x = x_0 + v_0 t + \frac{a(t - t_0)^2}{2}$$

- La ecuación de la **velocidad** de un móvil que sigue un **movimiento rectilíneo uniformemente acelerado** es:

$$v = v_0 + a(t - t_0)$$

### CAÍDA LIBRE DE LOS CUERPOS

- La **caída libre** es un movimiento rectilíneo, cuya dirección es perpendicular a la superficie terrestre, con sentido hacia el centro de la Tierra, uniformemente acelerado, ya que está sometido a la **aceleración de la gravedad (*g*).**
- La ecuación del **movimiento** de caída libre es:

$$y = y_0 + v_0 t - \frac{9{,}8(t - t_0)^2}{2}$$

- La ecuación de la **velocidad** de un móvil que sigue un movimiento de caída libre es:

$$v = v_0 - 9{,}8(t - t_0)$$

# Fuerzas

### CONCEPTO DE FUERZA

- Una **fuerza** es toda interacción entre cuerpos capaz de producir un cambio de su forma o modificar su estado de reposo o movimiento.
- Fuerzas básicas, que actúan a distancia, **fuerzas fundamentales del universo:** gravitatoria, electromagnética, nuclear fuerte y nuclear débil.
- Las **fuerzas** son **magnitudes vectoriales.** Se representan mediante un **vector,** $\vec{F}$, que indica el punto en el que se aplica la fuerza, la **dirección** en la que se ejerce, el **sentido** y el **módulo** o la intensidad ejercida (módulo del vector), *F*.

### LEYES DE NEWTON

- Principio de inercia.
- Principio fundamental de la dinámica.
- Principio de acción y reacción.

# Energía eléctrica

## COMPOSICIÓN DE FUERZAS

- Sobre un cuerpo se puede aplicar de forma simultánea 2 o más fuerzas, llamadas **fuerzas concurrentes.** Su efecto es el mismo que si se aplica una sola **fuerza resultante.**
- **Fuerzas con la misma dirección.**

### Distinto sentido

La resultante tiene el sentido de la fuerza mayor y la intensidad la diferencia entre las intensidades de las dos fuerzas:

$$F_R = F_1 - F_2$$

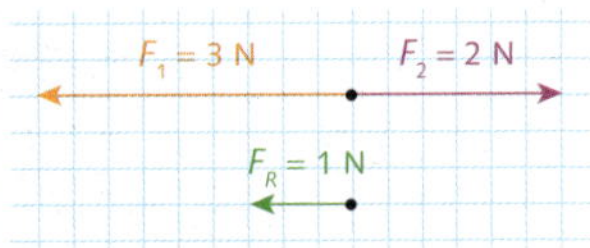


### Mismo sentido

La resultante tiene el mismo sentido y la intensidad es la suma de las intensidades de todas las fuerzas:

$$F_R = F_1 + F_2$$

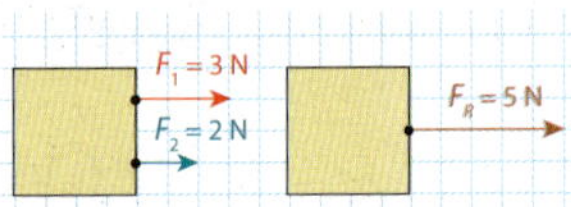


- **Fuerzas con distintas direcciones.** Para hallar la resultante en este caso, depende del número de fuerzas resultantes:

### Dos fuerzas

Se aplica la regla del paralelogramo.

$$\vec{F}_R = \vec{F}_1 + \vec{F}_2$$

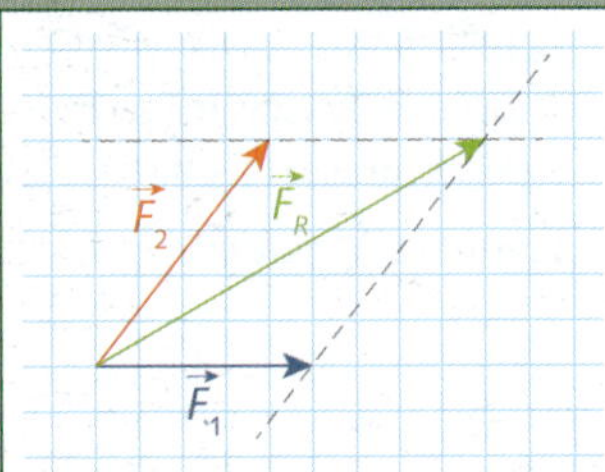


Si las dos fuerzas concurrentes son perpendiculares, la intensidad de FR es:

$$F_R = \sqrt{F_1^2 + F_2^2}$$

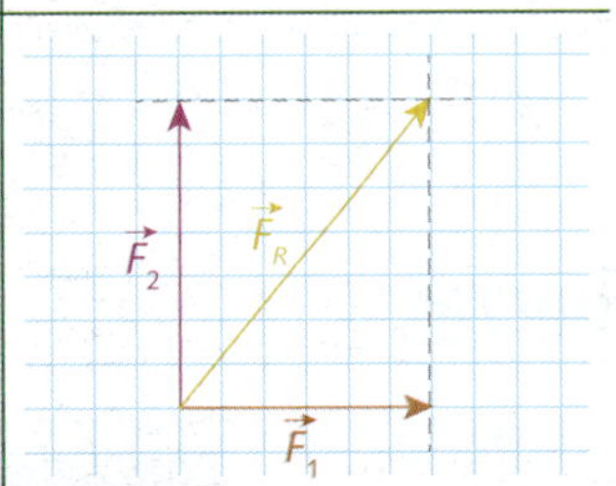


### Más de dos fuerzas

Se aplica la regla del polígono:

$$\vec{F}_R = \vec{F}_1 + \vec{F}_2 + \ldots + \vec{F}_n$$

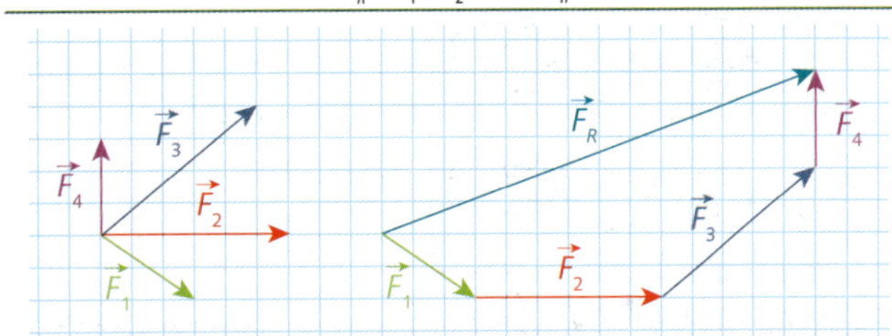


## LEY DE OHM

- **Ley de Ohm.** La **intensidad de una corriente eléctrica** que pasa por un circuito es directamente proporcional al **voltaje** aplicado e inversamente proporcional a la resistencia del **circuito:**

$$I = \frac{V}{R}$$

## CIRCUITOS ELÉCTRICOS

- Un **circuito eléctrico** es cualquier vía por la que pueden fluir electrones. El circuito, para que funcione, debe estar cerrado, no debe tener interrupciones.
- **Elementos** de un **circuito eléctrico:**
  - **Generador.** Que los electrones fluyan, creando un diferencial de potencial.
  - **Conductor.** Es el camino por el que fluyen los electrones.
  - **Receptor.** Es una resistencia que necesita energía eléctrica para funcionar (bombilla o motor eléctrico).
  - Los circuitos suelen tener **otros elementos** como: interruptor, fusibles o diodos.

## SÍMBOLOS ELÉCTRICOS

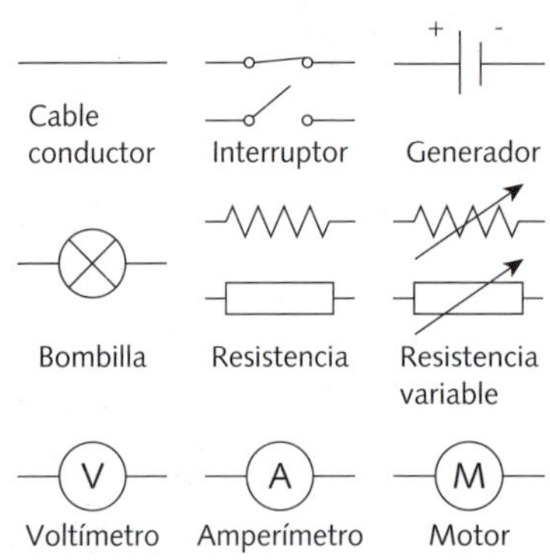


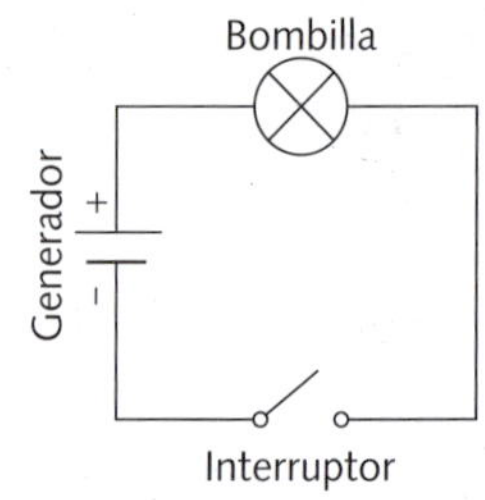


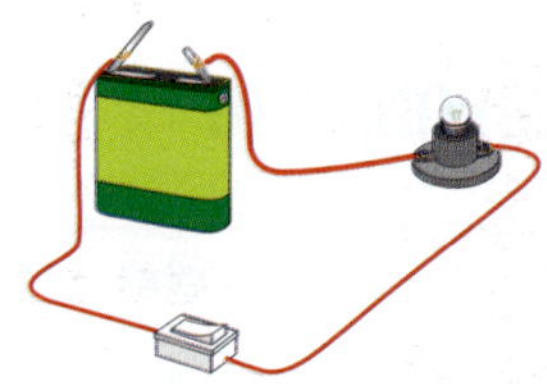

## TIPOS DE CIRCUITOS ELÉCTRICOS

- Dependiendo de cómo se conecten los dispositivos de los **circuitos eléctricos,** estos pueden ser de dos **tipos:** en **serie** y en **paralelo.**

**Tipos de circuitos eléctricos**

| Circuito en serie | Circuito en paralelo |
|---|---|
| $I_T = I_1 = I_2 = I_3$<br>$V_T = V_1 + V_2 + V_3$<br>$R_T = R_1 + R_2 + R_3$ | $I_T = I_1 + I_2 + I_3$<br>$V_T = V_1 = V_2 = V_3$<br>$\frac{1}{R_T} = \frac{1}{R_1} + \frac{1}{R_2} + \frac{1}{R_3}$ |
| 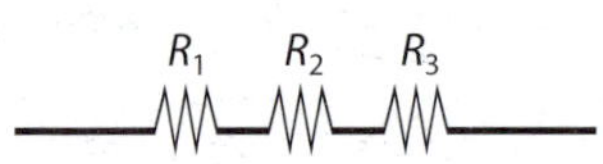 | 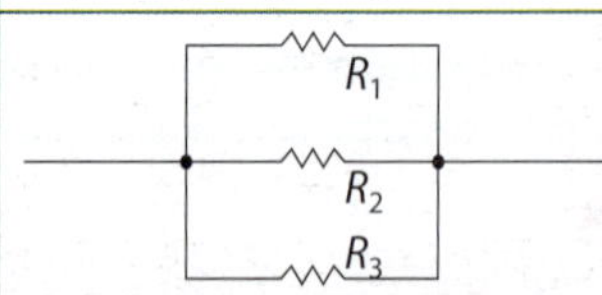 |

# Tabla periódica de los elementos

**Número atómico:** es el número de **protones** que existen en el núcleo del átomo.

**Masa atómica:** es la suma del número de **protones** y del número de **neutrones** que existen en el núcleo del átomo.

**Símbolo** del elemento químico

**Nombre** del elemento químico

Ejemplo: 1 1,0 **H** Hidrógeno

Leyenda: sólido · gaseoso · líquido · sintéticos

GRUPO

| PERIODO | 1 | 2 | 3 | 4 | 5 | 6 | 7 | 8 | 9 | 10 | 11 | 12 | 13 | 14 | 15 | 16 | 17 | 18 |
|---|---|---|---|---|---|---|---|---|---|---|---|---|---|---|---|---|---|---|
| 1 | 1 1,0<br>**H**<br>Hidrógeno | | | | | | | | | | | | | | | | | 2 4,0<br>**He**<br>Helio |
| 2 | 3 6,9<br>**Li**<br>Litio | 4 9,0<br>**Be**<br>Berilio | | | | | | | | | | | 5 10,8<br>**B**<br>Boro | 6 12,0<br>**C**<br>Carbono | 7 14,0<br>**N**<br>Nitrógeno | 8 16,0<br>**O**<br>Oxígeno | 9 19,0<br>**F**<br>Flúor | 10 20,2<br>**Ne**<br>Neón |
| 3 | 11 23,0<br>**Na**<br>Sodio | 12 24,3<br>**Mg**<br>Magnesio | | | | | | | | | | | 13 27,0<br>**Al**<br>Aluminio | 14 28,1<br>**Si**<br>Silicio | 15 31,0<br>**P**<br>Fósforo | 16 32,1<br>**S**<br>Azufre | 17 35,5<br>**Cl**<br>Cloro | 18 39,9<br>**Ar**<br>Argón |
| 4 | 19 39,1<br>**K**<br>Potasio | 20 40,1<br>**Ca**<br>Calcio | 21 45,0<br>**Sc**<br>Hidrógeno | 22 47,9<br>**Ti**<br>Titanio | 23 50,9<br>**V**<br>Vadanio | 24 52,0<br>**Cr**<br>Cromo | 25 54,9<br>**Mn**<br>Manganeso | 26 55,8<br>**Fe**<br>Hierro | 27 58,9<br>**Co**<br>Cobalto | 28 58,7<br>**Ni**<br>Níquel | 29 63,5<br>**Cu**<br>Cobre | 30 65,4<br>**Zn**<br>Cinc | 31 69,7<br>**Ga**<br>Galio | 32 72,6<br>**Ge**<br>Germanio | 33 74,9<br>**As**<br>Arsénico | 34 79,0<br>**Se**<br>Selenio | 35 79,9<br>**Br**<br>Bromo | 36 83,8<br>**Kr**<br>Criptón |
| 5 | 37 85,5<br>**Rb**<br>Rubidio | 38 87,6<br>**Sr**<br>Estroncio | 39 88,9<br>**Y**<br>Itrio | 40 91,2<br>**Zr**<br>Circonio | 41 92,9<br>**Nb**<br>Niobio | 42 95,9<br>**Mo**<br>Molibdeno | 43 (99)<br>**Tc**<br>Tecnecio | 44 101,1<br>**Ru**<br>Rutenio | 45 102,9<br>**Rh**<br>Rodio | 46 106,4<br>**Pd**<br>Paladio | 47 107,9<br>**Ag**<br>Plata | 48 112,4<br>**Cd**<br>Cadmio | 49 114,8<br>**In**<br>Indio | 50 118,7<br>**Sn**<br>Estaño | 51 121,8<br>**Sb**<br>Antimonio | 52 127,6<br>**Te**<br>Teluro | 53 126,9<br>**I**<br>Yodo | 54 131,3<br>**Xe**<br>Xenón |
| 6 | 55 132,9<br>**Cs**<br>Cesio | 56 137,3<br>**Ba**<br>Bario | | 72 178,5<br>**Hf**<br>Hafnio | 73 180,9<br>**Ta**<br>Tantalo | 74 183,8<br>**W**<br>Volframio | 75 186,2<br>**Re**<br>Renio | 76 190,2<br>**Os**<br>Osmio | 77 192,2<br>**Ir**<br>Iridio | 78 195,1<br>**Pt**<br>Platino | 79 197,0<br>**Au**<br>Oro | 80 200,6<br>**Hg**<br>Mercurio | 81 204,4<br>**Tl**<br>Talio | 82 207,2<br>**Pb**<br>Plomo | 83 209,2<br>**Bi**<br>Bismuto | 84 (210)<br>**Po**<br>Polonio | 85 (210)<br>**At**<br>Astato | 86 (222)<br>**Rn**<br>Radón |
| 7 | 87 (223)<br>**Fr**<br>Francio | 88 (226)<br>**Ra**<br>Radio | | 104 (261)<br>**Rf**<br>Rutherfordio | 105 (262)<br>**Db**<br>Dubnio | 106 (266)<br>**Sg**<br>Seaborgio | 107 (264)<br>**Bh**<br>Bohrio | 108 (277)<br>**Hs**<br>Hassio | 109 (268)<br>**Mt**<br>Meitnerio | 110 (271)<br>**Ds**<br>Darmstadio | 111 (272)<br>**Rg**<br>Roentgenio | 112<br>**Cn**<br>Copernicio | 113<br>**Nh**<br>Nihonio | 114<br>**Fl**<br>Fleronio | 115<br>**Mc**<br>Moscovio | 116<br>**Lu**<br>Livermorio | 117<br>**Ts**<br>Teneso | 118<br>**Og**<br>Oganesón |

| PERIODO | | | | | | | | | | | | | | | |
|---|---|---|---|---|---|---|---|---|---|---|---|---|---|---|---|
| 6 | 57 138,9<br>**La**<br>Lantano | 58 140,1<br>**Ce**<br>Cerio | 59 140,9<br>**Pr**<br>Praseodimio | 60 144,2<br>**Nd**<br>Neodimio | 61 (147)<br>**Pm**<br>Prometio | 62 150,3<br>**Sm**<br>Samario | 63 152,0<br>**Eu**<br>Europio | 64 157,2<br>**Gd**<br>Gadolinio | 65 158,9<br>**Tb**<br>Terbio | 66 162,5<br>**Dy**<br>Disprosio | 67 164,9<br>**Ho**<br>Holmio | 68 167,3<br>**Er**<br>Erbio | 69 168,9<br>**Tm**<br>Tulio | 70 173,0<br>**Yb**<br>Iterbio | 71 175,0<br>**Lu**<br>Lutecio |
| 7 | 89 (227)<br>**Ac**<br>Actinio | 90 232,0<br>**Th**<br>Torio | 91 (231)<br>**Pa**<br>Protactinio | 92 238,0<br>**U**<br>Uranio | 93 (237)<br>**Np**<br>Neptunio | 94 (242)<br>**Pu**<br>Plutonio | 95 (243)<br>**Am**<br>Americio | 96 (247)<br>**Cm**<br>Curio | 97 (247)<br>**Bk**<br>Berquelio | 98 (251)<br>**Cf**<br>Californio | 99 (252)<br>**Es**<br>Einstenio | 100 (257)<br>**Fm**<br>Fermio | 101 (256)<br>**Md**<br>Mendelevio | 102 (259)<br>**No**<br>Nobelio | 103 (262)<br>**Lr**<br>Laurencio |

# RESPUESTAS AUTOEVALUACIÓN

**1**

| | |
|---|---|
| 1 – a | 6 – c |
| 2 – b | 7 – a |
| 3 – a | 8 – b |
| 4 – a | 9 – a |
| 5 – b | 10 – a |

**4**

| | |
|---|---|
| 1 – b | 6 – c |
| 2 – a | 7 – d |
| 3 – d | 8 – c |
| 4 – d | 9 – a |
| 5 – c | 10 – a |

**7**

| | |
|---|---|
| 1 – c | 6 – d |
| 2 – a | 7 – c |
| 3 – d | 8 – b |
| 4 – b | 9 – d |
| 5 – c | 10 – d |

**2**

| | |
|---|---|
| 1 – a | 6 – b |
| 2 – b | 7 – b |
| 3 – c | 8 – c |
| 4 – b | 9 – a |
| 5 – a | 10 – d |

**5**

| | |
|---|---|
| 1 – b | 6 – b |
| 2 – d | 7 – d |
| 3 – a | 8 – a |
| 4 – c | 9 – a |
| 5 – a | 10 – d |

**8**

| | |
|---|---|
| 1 – b | 6 – b |
| 2 – b | 7 – d |
| 3 – b | 8 – d |
| 4 – d | 9 – b |
| 5 – d | 10 – c |

**3**

| | |
|---|---|
| 1 – c | 6 – b |
| 2 – c | 7 – a |
| 3 – a | 8 – a |
| 4 – c | 9 – b |
| 5 – b | 10 – d |

**6**

| | |
|---|---|
| 1 – d | 6 – d |
| 2 – b | 7 – d |
| 3 – c | 8 – c |
| 4 – a | 9 – c |
| 5 – c | 10 – b |

**9**

| | |
|---|---|
| 1 – d | 6 – c |
| 2 – a | 7 – c |
| 3 – a | 8 – a |
| 4 – a | 9 – b |
| 5 – d | 10 – b |